国家社科基金抗日战争研究专项工程项目
"南京大屠杀档案文献与研究资料的搜集整理和数据库建设"
(批准号：19YJYW04)阶段性成果
国家记忆与国际和平研究院资助成果

对话拉贝

陈民　常暄　主编

南京大学出版社

图书在版编目(CIP)数据

对话拉贝 / 陈民,常咺主编. — 南京 : 南京大学
出版社,2024.6(2025.1重印)
ISBN 978 - 7 - 305 - 28063 - 4

Ⅰ. ①对… Ⅱ. ①陈… ②常… Ⅲ. ①南京大屠杀
(1937)—史料②拉贝(Rabe, John 1882—1949)—日记
Ⅳ. ①K265.606②K835.167

中国国家版本馆 CIP 数据核字(2024)第 087667 号

出版发行	南京大学出版社
社　　址	南京市汉口路 22 号　　　邮　编　210093
书　　名	**对话拉贝**
	DUIHUA LABEI
主　　编	陈 民 常 咺
责任编辑	田　甜　　　　　　编辑热线　025 - 83593947
照　　排	南京南琳图文制作有限公司
印　　刷	江苏凤凰通达印刷有限公司
开　　本	718 mm×1000 mm　1/16　印张 19.25　字数 258 千
版　　次	2024 年 6 月第 1 版　2025 年 1 月第 2 次印刷
	ISBN 978 - 7 - 305 - 28063 - 4
定　　价	98.00 元

网址:http://www.njupco.com
官方微博:http://weibo.com/njupco
官方微信号:njupress
销售咨询热线:(025)83594756

前 言

PREFACE

1996 年,当我第一次更多了解到关于我曾外祖父约翰·海因里希·德特勒夫·拉贝(John Heinrich Detlef Rabe)的事情时,我还无法理解他的故事的全部内涵。在此之前,我对他的了解并不多,只知道他在 20 世纪初去了中国,在那里工作过。

到了中国后不久,曾外祖父便把青年时代结识的女朋友朵拉·舒伯特(Dora Schubert)接到了中国,在那里成了家。1910 年 12 月 24日,我的外祖母玛格丽特(Margarethe)出生了。几年后,也就是 1917年 5 月 13 日,我的舅外公奥托(Otto)也出生了。1931 年 5 月 11 日,威廉·施莱格尔(Wilhelm Schläger)和玛格丽特·施莱格尔生下了我的母亲。我一度对他们当年在中国的情况一无所知,而且大人们似乎也不希望让孩子们知道详情。我母亲说过,她很庆幸她的孩子们能够生长在一个没有战争的时代。现在想来,她指的大概就是家族中这段对于我们这些后辈来说非常沉重的历史吧!

1996 年,曾外祖父的故事一再引起我们的注意。先是"一位美籍华裔博士生"(张纯如)与我母亲取得联系,希望她能提供约翰·拉贝在 1937 年年底日军占领南京期间的日记。我奉母命驱车往返家和机场之间接送张纯如的时候,更不知道她的工作会对我今后的生活产生多大影响。

又过了一段时间，母亲递给我一大摞手工制作的日记本，让我复印。我曾在 20 世纪 70 年代初见过这些日记，但很快它们就被收了起来。这些日记一定是外祖母搬家时存放在我们这里的。现在，我要把这几千页的记录一次复印好几份。儿子要做好他该干的事情。在大约复印了 15 000 页后，我竟忘了为自己多复印一份。直到 2019 年，我才收到其中的一份复印件。它曾被寄给埃尔温·维克特（Erwin Wickert）和德意志印书馆（Deutsche Verlags-Anstalt），用于撰写约翰·拉贝故事的德语版本。也是直到此时，我才知道原文的内容。

大约在同一时间（1996 年），德皇威廉纪念公墓的管理部门与我们取得了联系，并在一封正式信函中询问我们是否可以将墓穴清空并迁移走。在德国，安宁并不会永远持续下去！于是，在一个周末，我和一位朋友驱车前往墓地，把我曾外祖父母的墓碑搬上了车。墓碑在我父母家的车库里存放了几个月，后来捐赠给了南京市。2013 年，南京市政府慷慨地购置了墓地，并重新安置了我曾外祖父母的墓碑。

我在很早的时候就深深地感受到了与亚洲的联系。1996 年以后，我开始寻找有关曾外祖父母的见证者的资料和记录，以便形成自己对当时事件的看法。然而，时隔多年，我才有机会前往中国获得一手资料。当我抵达南京老火车站时，距离我的家人返回欧洲已经过去了 80 年之久，我感到这座城市是我生命中的重要组成部分。当天傍晚，站在曾外祖父母的故居前，我感到与他们的距离是如此之近，那种感觉无法形容。直到 2017 年 10 月的南京之行，我才真正开始理解曾外祖父以日记形式留下的关于南京大屠杀的见证所具有的世界意义。我受邀参加将于 7 周后举行的 80 周年公祭日活动，活动凸显了约翰·拉贝以及国际安全区委员会的工作对中国乃至世界的重要性。我带着长女乌尔里克（Ulrike）一起踏上了这次旅程，为延续我们家族与中国人民之间那份独一无二的友谊树立了又一座新的里程碑。作为约翰·拉贝的后代，每当我有机会和少数尚在人世的暴行幸存者见面时，总是非常动容。我感谢侵华日军南京大屠杀遇难同胞纪念馆为所有亲历者及其家属精心牵线搭桥，这让我自己也有机会成为这段历史的一部分。纪念馆还让我参加对拉贝后人的口述史项目，这使我在疫情期间能够进一步梳理对曾外祖父和家族的看法。2021年夏，南京大学的常晅博士写信联系我，希望对我进行线上采访。在"拉贝日记与和平城市"研究团队中我也遇到了非常专业的讨论伙伴。我非常高兴，对我的采访也收录进了这本书中。我也非常感谢能与中国方面有这样的接触与交流！

1937年，在约翰·拉贝的主持下，最杰出的人才齐聚一堂，在实际上不可能完成的任务中超越自我。在当时的世界政局和动乱环境中难以想象的行动，在南京以一种堪称典范的方式得以实现。来自不同民族的人们通力合作，在最困难的时刻拯救了南京城的25万居民。曾外祖父本着"患难者不轻弃"的座右铭，将安全区委员会的工作人员团结在一起，不问出身、信仰或政治信念。这是人性的胜利。直至今天，拉贝的壮举无疑也是解决世界上诸多冲突的典范。

我很高兴能为这本书作序，也希望这本书能得到广大读者的喜爱，特别是在欧洲。在约翰·拉贝的故乡德国，他甚至还是默默无闻的。

约翰·拉贝的曾外孙
克里斯托弗·莱因哈特
2023年6月于德国柏林家中
常晅 译

Vorwort

Als ich 1996 zum ersten Mal mehr über meinen Urgroßvater John Heinrich Detlef Rabe hörte konnte ich die Reichweite seiner Geschichte überhaupt nicht erfassen. Bisher hatte ich nicht viel mehr über ihn gewusst, als dass er Anfang des 20. Jahrhunderts nach China auswanderte um dort zu arbeiten.

Er hatte dann bald seine Jugendfreundin Dora Schubert nachgeholt und geheiratet. Am 24. 12. 1910 wurde meine Großmutter Margarethe geboren. Einige Jahre später folgte dann am 13. 05. 1917 mein Großonkel Otto. Am 11. 05. 1931 wurde meine Mutter als Kind von Wilhelm und Margarethe Schläger geboren. Über die näheren Umstände der Zeit in China erfuhr ich nichts und es war auch nicht erwünscht, wenn wir Kinder nach Details fragten. Meine Mutter beschrieb später ihre Dankbarkeit darüber, dass ihre Kinder in einer Zeit ohne Krieg aufwachsen durften. Sie meinte wohl damit auch ohne Kenntnis dieser den Unvorbereiteten schwer belastende Familiengeschichte?

1996 nun wurde ich dann gleich mehrmals auf meinen Urgroßvater aufmerksam gemacht. Zum einen meldete sich „eine Chinesisch-Amerikanische Doktorandin" (Iris Chang) bei meiner Mutter und fragte nach Aufzeichnungen von John Rabe über seine Zeit in Nanking während der Besetzung durch die Japanische Armee Ende 1937. Ich hatte keine Ahnung, wen ich da im Auftrag meiner Mutter zwischen Elternhaus und Flughafen herumfahren sollte und wie sehr mich die Arbeit von Iris Chang in meinem weiteren Leben beeinflussen würde.

Einige Zeit später übergab mir meine Mutter einen Stapel handgefertigter Bücher um Kopien davon anzufertigen. Ich hatte diese Bücher schon einmal in den frühen 1970er Jahren gesehen und schnell wieder weggelegt. Sie wurden wohl während des Umzugs meiner Großmutter bei uns eingelagert. Nun sollte ich gleich mehrere Kopien dieses mehrere tausend Seiten langen Dokuments anfertigen. Ein Sohn tut, was ein Sohn tun muss. Bei ca. 15.000 kopierten Seiten vergaß ich eine zusätzliche Kopie für mich anzufertigen. Erst 2019 erhielt ich eine der Kopien zurück. Sie war ehemals an Erwin Wickert und die Deutsche Verlags Anstalt geschickt worden um eine deutschsprachige Version der Geschichte von John Rabe zu schreiben. Erst jetzt kannte ich den Original-Text.

Etwa zur selben Zeit (1996) meldete sich die Verwaltung des Kaiser-Wilhelm-Gedächtnisfriedhofs bei uns und fragte in einem förmlichen Schreiben, ob wir doch bitte das Grab räumen lassen könnten. Die ewige Ruhe in Deutschland dauert keine Ewigkeit! Ich fuhr also an einem Wochenende mit einem Freund auf den Friedhof und wir luden den Grabstein meiner Urgroßeltern in mein Auto. Er lagerte dann mehrere Monate in der Garage meiner Eltern und wurde später der Stadt Nanjing geschenkt, die sich 2013 mit der großzügigen Neugestaltung des Grabes meiner Urgroßeltern revanchierte.

Ich habe schon früh eine tiefe Verbundenheit zu Asien gespürt. Nach 1996 fing ich dann an nach Quellen und Aufzeichnungen von Zeitzeugen meiner Urgroßeltern zu suchen um eine eigene Bewertung der Ereignisse in dieser Zeit zu finden. Es verging aber noch viel Zeit, bis ich die Gelegenheit hatte nach China zu reisen um mir vor Ort ein Bild zu machen. Bei meiner Ankunft im Oktober 2017 auf dem alten Bahnhof von Nanjing fühlte ich, 80 Jahre nach der Abreise meiner Familie nach Europa, dass diese Stadt einen großen Teil meiner Identität ausmacht. Als ich wenig später an diesem Abend vor dem ehemaligen Wohnhaus meiner Großeltern stand fühlte ich mich meinen Ahnen so unbeschreiblich nahe. Erst nach diesem Besuch der Stadt Nanjing im Oktober 2017 begann ich die weltweite Bedeutung des Zeitzeugnisses, dass mein Urgroßvater in Form seiner Tagebücher über das Nanjing-Massaker hinterlassen hatte wirklich zu verstehen. Eine Einladung zur 7 Wochen später stattfindenden Gedenkfeier anlässlich des 4. National Memorial Day und des 80. Jahrestages des Nanjing-Massakers unterstrich die Wichtigkeit John Rabes und die Arbeit des Internationalen Hilfekomitees für die chinesischen Welt. Ich flog also innerhalb weniger Wochen zum zweiten Mal nach Nanjing und nahm meine älteste Tochter Ulrike mit auf diese Reise. So legte ich einen weiteren Meilenstein für den Fortbestand der vielleicht einzigartigen Freundschaft meiner Familie mit dem chinesischen Volke, die nun schon weit mehr als 100 Jahre andauert.

Für mich als Nachfahre von John Rabe sind es immer wieder sehr bewegende Momente, wenn ich mit den wenigen noch verbliebenen Überlebenden der Gräueltaten zusammentreffen darf. Ich danke der Nanjing Memorial Hall für das akribische Zusammenhalten der Fäden zu allen Beteiligten und deren Familien. So habe ich die Möglichkeit selbst ein Teil dieser Geschichte zu werden.

Bei meinem Besuch des John-Rabe-Hauses im Sommer 2019 lernte ich die Verwalterin der Ausstellung Frau Yu Qing kennen. Sie stellte den Kontakt zu Herrn Dr. Chang Xuan von der Nanjing Universität und seiner Studiengruppe mit dem Thema „John-Rabe-Tagebuch und die Friedensstadt" her. Gerade während der Pandemie halfen mir diese Interviews und Gespräche meine Gedanken über meinen Urgroßvater und unsere Familie zu schärfen.

1937 trafen unter dem Vorsitz John Rabes die brillantesten Köpfe zusammen und wuchsen anhand der eigentlich nicht zu bewältigenden Aufgabe über sich hinaus. Was damals weltpolitisch undenkbar war, funktionierte hier in Nanjing beispielhaft. Die Zusammenarbeit von Menschen unterschiedlichster Nationalitäten führte zur Rettung von 250.000 Einwohnern der Stadt Nanjing in ihren schwersten Momenten. John Rabes Motto „Einen Freund in Not lässt du nicht im Stich" vereinte die Mitarbeiter des Sicherheitskomitees ohne nach Herkunft, Glauben oder politischer Überzeugung zu fragen. Die Menschlichkeit hatte gesiegt. John Rabes Handeln ist ein Vorbild für die Lösung vieler Konflikte auf dieser Welt.

Ich wünsche diesem Buch, dass es eine breite Öffentlichkeit findet, besonders in der europäischen Welt, wo John Rabe immer noch weitestgehend ein Unbekannter ist.

目 录
CONTENTS ●

前　言 / 001

第一章　家国记忆 / 001

一、对话拉贝孙子托马斯·拉贝 / 002

二、对话拉贝曾外孙克里斯托弗·莱因哈特 / 004

三、对话拉贝秘书韩湘琳女儿韩云慧 / 012

四、对话拉贝助理陈文书儿子陈声德 / 018

五、对话德国驻华大使陶德曼中文秘书孙积诚
　　外孙女张同霁 / 028

六、对话南京大屠杀幸存者夏淑琴外孙女夏媛 / 035

七、对话金陵大学陈裕光校长女儿陈佩结 / 040

八、对话金陵大学陈嵘教授孙子陈宏和 / 045

第二章　重现人间 / 047

一、对话《拉贝日记》发现者张纯如的母亲张盈盈 / 048

二、对话《拉贝日记》发现者邵子平 / 059

三、对话《拉贝日记》出版者汪意云、曾偲 / 068

四、对话《拉贝日记》译者郑寿康 / 073

五、对话《拉贝日记》译者刘海宁 / 077

六、对话《拉贝日记》译者钦文 / 086

第三章　名家访谈 / 099

一、对话南京大屠杀史研究专家张连红 / 100

二、对话南京大屠杀史研究专家陆束屏 / 107

三、对话拉贝与国际安全区研究专家郁青 / 120

四、对话拉贝研究专家黄慧英 / 128

五、对话拉贝研究专家梁怡 / 137

六、对话南京大屠杀史出版专家杨金荣 / 145

七、对话联合国教科文组织和平学教席主持人刘成 / 155

第四章　对外传播：歌剧《拉贝日记》 / 161

一、对话歌剧《拉贝日记》导演周沫 / 162

二、对话歌剧《拉贝日记》编剧周可 / 169

三、对话歌剧《拉贝日记》指挥程晔 / 177

四、对话拉贝扮演者薛皓垠 / 183

五、对话韩湘琳扮演者郭亚峰 / 190

六、对话魏特琳扮演者徐晓英 / 195

七、对话歌剧德语译者罗克 / 200

第五章　海外回响 / 205

一、对话德国海德堡大学布克哈德·杜克教授 / 206

二、对话德国费希塔大学埃贡·施皮格尔教授 / 221

三、对话奥地利维也纳大学里夏德·特拉普尔教授 / 233

四、对话奥地利对外服务协会丹尼尔·舒斯特 / 239

五、对话奥地利对外服务协会米夏埃尔·普罗哈兹卡 / 245

六、对话奥地利青年志愿者吴家齐、赵家堃、莱纳斯　　／ 249

第六章　友谊长存　　／ 255

一、对话南京市外事办公室刘铮　　／ 256

二、对话南京大学国际合作与交流处纪达夫　　／ 259

三、对话拉贝与国际安全区纪念馆杨善友　　／ 266

四、对话南京大学校友总会赵国方　　／ 274

约翰·拉贝生平　　／ 280

后　记　　／ 282

第一章

家国记忆

❀ 对话拉贝孙子托马斯·拉贝

❀ 对话拉贝曾外孙克里斯托弗·莱因哈特

❀ 对话拉贝秘书韩湘琳女儿韩云慧

❀ 对话拉贝助理陈文书儿子陈声德

❀ 对话德国驻华大使陶德曼中文秘书孙积诚外孙女张同霁

❀ 对话南京大屠杀幸存者夏淑琴外孙女夏媛

❀ 对话金陵大学陈裕光校长女儿陈佩结

❀ 对话金陵大学陈嵘教授孙子陈宏和

一、对话拉贝孙子托马斯·拉贝

采访对象:托马斯·拉贝

采访时间:2021 年 7 月 19 日

采访方式:电话采访

采访人:任亚楠

采访整理:任亚楠

采访对象简介:托马斯·拉贝是约翰·拉贝的孙子,为继承其祖父的和平理念,在德国海德堡成立了约翰·拉贝交流中心(John Rabe Kommunikationszentrum e. V.)。作为和平机构,该中心旨在传播历史,推动各国人民友好共处,促进国际谅解与世界和平。2015 年,托马斯·拉贝受邀登临天安门城楼观看阅兵仪式,并从国家主席习近平手中接过"中国人民抗日战争胜利 70 周年纪念章"。

祖父的日记

2009 年我以德文出版了一本关于祖父的书①。在中国朋友的帮助下,我得到了来自南京市档案馆、南京大学拉贝与国际安全区纪念馆、侵华日军南京大屠杀遇难同胞纪念馆的支持,这本书已经被译成中文,很快

---

① 编者按:Thomas Rabe (Hg.):*John Rabe. Sein Leben und seine Zeit.* Heidelberg,2009,该书的主要内容是约翰·拉贝生平和日记节选。

将在中国发行。这本书厚达几百页,里面非常详细地介绍了我祖父的生平,还有许多关于南京大屠杀的内容。对这段历史感兴趣的中国朋友们,到时候可以找这本书来看看。

成立约翰·拉贝交流中心

2005 年,我在德国海德堡成立了约翰·拉贝交流中心,它可以被理解为一个小型的信息中心和博物馆。我的初衷是,希望通过我祖父的日记来了解或者说还原他当时的生活。目前,世界上共有六个约翰·拉贝交流中心,除了海德堡,两个在中国,分别在北京和南京,一个在西班牙,还有两个在罗马尼亚。几周前,位于蒂米什瓦拉(罗马尼亚)的交流中心刚刚搬迁,我们为它启用了一个全新的、十分漂亮的建筑。

对年轻人推动和平的看法

我非常希望能为世界和平尽一份绵薄之力,促进民族间的交流与理解,这也是我成立约翰·拉贝交流中心的初衷。我认为,不同的国家之间没有偏见地进行对话,对于推动和平来说是十分重要的。比方说,来自中国和日本的年轻人可以在各种各样的场合见面,一起谈论过去的历史,同时放下偏见,一起为更美好的未来做些什么。沟通和交流十分重要,在冲突发生之前解决冲突,这在德国是很重要的观点。要做到这一点,首先就要了解历史,知道过去究竟发生了什么。其实不仅是德国,每个国家都得学习直面和对待自己的历史。我们国家的历史,始终处于大屠杀的可怕阴影中,但我们永远不会忘记这一点,也将永远背负着它前行。中国和日本的历史也是如此,必须让年轻人了解这一点,双方都需要承认过去发生的事情,然后,两国的年轻人才能去思考未来。就这一点而言,由我编著、即将在中国出版的这本书,将成为年轻人了解那段历史的重要参考。

二、对话拉贝曾外孙克里斯托弗·莱因哈特

采访对象:克里斯托弗·莱因哈特

采访时间:2021 年 7 月 21 日

采访方式:微信视频采访

采访人:刘丽蘅、郁嬿

采访整理:刘丽蘅

采访对象简介:克里斯托弗·莱因哈特,约翰·拉贝曾外孙。其母亲莱因哈特夫人,也就是约翰·拉贝的外孙女,于 1996 年 12 月 13 日在美国纽约首次公开拉贝日记副本,由于第二次世界大战(以下简称"二战")期间德国当局的管制,该日记一度尘封,向外界公开后立刻引起轰动。日记中详细的记录和其他史料互为佐证,成为南京大屠杀翔实有力的证据之一。

迟来的日记

20 世纪 70 年代初,大约是我七八岁的时候,我在父母地下室的橱柜抽屉里发现了曾外祖父的日记。我那时曾偷偷翻阅过,但因为里面的照片十分吓人,所以没有仔细看下去。后来这些日记都不见了,我觉得应该是外祖母搬家时把它们带走了。

1996 年,张纯如给我的母亲写信,想打听约翰·拉贝的事情,并问能

不能提供什么材料。因为公开日记涉及此前对德国政府的承诺,我的外祖母、母亲和舅舅一起讨论了很久。1938年,我的曾外祖父从中国返回德国,开始在德国为中国人发声。这一行为遭到了纳粹党人的反对,警察逮捕了曾外祖父,禁止他提起相关的事情,他的日记也因为反德国政府而无法被公开,多亏了西门子公司的干预,曾外祖父才被放了出来①。几番讨论后,我的母亲还是认为,几十年的沉默已然兑现了当初对德国政府许下的承诺,让世界了解真相远远超过个人的利益。

我很高兴他们愿意公开曾外祖父的日记。当年的战争波及范围很广,而曾外祖父的日记作为证据,让受害者和加害者都不得不重新审视这一事件。在这个问题上,德国人的话语无疑更有价值,因为德国是当时的轴心国,没必要为中国人作利好证词。约翰·拉贝的日记,动摇了国际社会曾经根深蒂固的看法,也让今天的日本人有机会了解真相、正视过去,更是人类历史的重要见证。

母亲公开日记后,维克特的版本②很快便出版了。这确实是一本重要的书,但它毕竟还是维克特编著的,而不是曾外祖父日记的原件。虽然主要内容也是当时的故事,但它经过了改编,部分引用了曾外祖父的日记,用以佐证讲述的故事。

1996年以来,我复印了很多份日记,但没有留给自己一份。2017年,江苏人民出版社再版了《拉贝日记》,侵华日军南京大屠杀遇难同胞纪念馆赠送了我一本。2018年,我从母亲的遗产中获得了当年复印的、寄给DVA(德意志出版公司)的文件。2019年夏天,我在侵华日军南京大屠杀遇难同胞纪念馆的紫金草活动上收到了时任馆长张建军赠送的《拉贝日

① 根据拉贝与国际安全区纪念馆掌握的档案显示,约翰·拉贝于1938年回国后经常在公开场合做报告,放映约翰·马吉拍摄的影片,还寄给希特勒一份揭露日军暴行的报告,后来就被秘密警察逮捕了,当时西门子公司总裁卡尔·弗里德里希以拉贝在国际上享有声望为由,将他保释出狱。

② 编者按:德意志联邦共和国驻中华人民共和国大使(1976—1980)维克特选编出版的德文版《拉贝日记》。

记》（影印版），到这时，我才读到完整的版本，所以相对来说是比较晚的。

曾外祖父其人

2019 年读到曾外祖父完整的日记时，我对他的印象才清晰起来。这本书包含了和曾外祖母多拉的通信，我才发现，我善良的曾外祖父还有一位同样善良的妻子。

当然，我没有关于约翰·拉贝的个人记忆，因为他在我出生前 14 年就去世了。但在他的子孙——我的外祖母、母亲身上，我能看出他是一个非常幽默、热爱人类的人。

我们在家很少讨论约翰·拉贝。我的母亲和我的曾外祖父关系很好。他从中国回来的那个早晨，我母亲七岁，正站在门前和新买的轮滑鞋较劲。后来警察把他抓走了，这给我的母亲留下了一生的阴影。她很少谈起我的曾外祖父，只是有时候会说，我长得有点像他。我的母亲、外祖母、姨母都说过这样的话，这让我意识到，我继承了他的一部分。但老实说，我在 1996 年前对曾外祖父并没多少了解。

但是我仍然认为，约翰·拉贝可以作为全世界人民共同的榜样。做重大决定时，每个人都可以从他身上学到一些东西，比如要成为什么样的人，是做好事还是做坏事。如果人们不能清楚认识到这一点，也许就会犯错。我觉得很多人就是缺少一个榜样。

家族的荣誉——紫金草国际和平纪念奖章

我当时对这项荣誉一无所知。很长一段时间，我的舅舅托马斯·拉贝是拉贝家族的代表。2017 年夏天，我联系到他，为我的第一次中国之行做准备。2017 年 12 月 12 日清晨，时隔近 50 年，我在南京希尔顿酒店的电梯里再次见到了他，也看到了那枚紫金草国际和平纪念奖章，我们还接受了中国国家主席习近平的接见。

我和家人都很荣幸我们的家族能获得这个奖章,这个荣誉应该属于约翰·拉贝和他的妻子多拉。我很高兴,如今他的遗物(《拉贝日记》)能得到认可,这是对曾外祖父的一种褒奖,这表示另一个国度的人们还崇敬他,我由衷地感到高兴,毕竟他在德国确实不为人知。

观看歌剧《拉贝日记》

2019 年歌剧《拉贝日记》在柏林、汉堡、维也纳巡演,很遗憾我没能去现场观看,因为当时我和女儿安吉丽娜在南京参加紫金草国际和平夏令营。当时的新闻报道,约翰·拉贝被称为"中国的奥斯卡·辛德勒"或"南京好人"。遗憾的是,他在德国仍然被误解。因为二战在德国人心中仍是一个敏感的话题,不是每个人都能接受德国曾是加害者。长期以来,约翰·拉贝的纳粹党员身份不仅让他的墓地不能成为荣誉之所,也让他在德国得不到正式的认可。

2019 年 12 月,我去南京参加了第六个南京大屠杀死难者国家公祭日活动,并观看了歌剧《拉贝日记》。这场演出非常精彩,让我十分感动。一方面,这出歌剧本身很美;另一方面,它反映的历史也确实震撼人心。之后的很长一段时间,我都想不明白,在这些可怕的情势下,我的曾外祖父是如何做到的。也许是他心中的人道主义本性让他能够在至暗时刻做出正确的决定,为了"他的中国人"留在南京。我非常敬佩他,也很自豪能成为他的曾外孙。

曾外祖父胸像前的祷告

我在拉贝故居曾外祖父胸像前祷告,与我的基督教信仰有关。我试图此次将身体从外部的环境及其影响中抽离出来,与曾外祖父的思想合而为一。在拉贝故居里,我在祈祷中提到了曾外祖父、其他家人和中国人,以此表达我对曾外祖父的情感。

事实上,这一祷告也有多方面的意义。一方面混合着对受害者的祈祷,为这个国家的人民,也为世界的和平。另一个重要的方面是,为了表达对生活或特殊事件的感恩。我感恩自己有幸来到曾外祖父的故居,有幸体验旅途中所有美好的经历。许多人对自己的祖先或老宅一无所知,但在后人和祖先之间,仍存在着超越时空的纽带。当人们来到陌生的地方,感到"宾至如归"时,这种纽带才得以显现。2017年10月20日晚上,我在南京火车站下车,几分钟的时间里,我完全被一种"家"的感觉抓住了,这种体验前所未有。后来,我从珠江路地铁站出来,走在约翰·拉贝家门前的街上。尽管周围有围墙,我还是立刻认出了老宅,我感谢这些经历。祷告这个行为放在中国就好比是去祭扫墓园。

公祭日

公祭仪式中有许多象征性的元素:仪仗队列队游行、奏唱国歌、拉响空袭警报、默哀、呼吁和平的演讲、青年人朗诵"和平宣言"、敲响和平钟声、放飞和平鸽……它们让我充满悲伤、喜悦和希望。其中,空袭警报、默哀、和平钟声和放飞鸽子让我特别感动,它们充满了象征意义,任何经历过空袭警报的人都不会忘记这种感觉。在默哀时,我十分感激自己能来到南京,我的心与受害者同在,任何有幸敲响和平钟声的人都不会忘记这种感觉。不知道那天放飞了多少鸽子,我看到天空满是鸽子。如果每只鸽子象征着几位受害者,那么死难者的灵魂就遮天蔽日了吧。

患难者不轻弃

我和女儿安吉丽娜在紫金草活动第一天的演讲中,提到了"患难者不轻弃"。这指的是约翰·拉贝的座右铭"人们不能抛弃身处困境的朋友(Freunde in Not lässt man nicht im Stich)"。如今,这句话仍然在我们家族中流传。

近年来,有超过一百万难民进入德国——主要来自非洲和阿拉伯国家。在难民潮的高峰期,我们的前总理安格拉·默克尔(Angela Merkel)做出的决定也与约翰·拉贝的座右铭一致——"我们可以做到"。从那时起,作为基督教社区很小的一分子,我们家在柏林照顾了大约1 500名难民。许多人受伤、生病、受到虐待、流离失所,他们别无选择,只能逃离家园。他们中的许多人比我最小的孩子也大不了多少。

安吉丽娜回忆说,作为被收养的孩子,她自己也有过不愉快的经历。她感谢我们将她看作"身处困境的朋友","没有抛弃她"。迄今为止,我和妻子已经为36个孩子提供了庇护,有时是几周,通常是几年,有些是一生。总的说来,我们就是按照"患难者不轻弃"这句话来生活的。对个体而言,有时候想把陌生人当作落难的朋友,也不是一件容易的事。

永远的回声

曾外祖父约翰·拉贝对我来说是一个很好的榜样,我时常试图从他的角度来看待问题。我了解约翰·拉贝对中国人的重要性,而中国人对他的庄重纪念也让我印象深刻。很多中国人都知道他为中国人民做出的贡献。

不幸的是,他的事迹在德国并不为人所知,不是被媒体歪曲,就是被粗略带过。德国民众很少对此表达自己的观点。公众并不知道,在20世纪人类最黑暗的时期,一位同胞在遥远的中国发挥了模范作用。

维克特先生对六卷本《拉贝日记》进行了改编,将六卷本合而为一。然而在他的书里,很多文字是维克特自己写的,所引用的约翰·拉贝的原始记录并不多。这本书引起了关注,但它并没有完全展现在南京到底发生了什么,也没有展现约翰·拉贝在 1937 至 1938 年做了什么,拉贝的工作细节不为人知,我觉得这是个很大的问题。

2007 年,取材于这本书,佛罗瑞·加仑伯格(奥斯卡奖得主)主演了一部相关的电影,但这根本上是好莱坞影片,不是历史片,沾了点爱情片、警匪片的元素,我个人觉得这片子很一般。真正了解那段历史的人,受不了这部电影——太假、太刻意、太浪漫,没什么真实的信息。现在德国确实缺一本真实描绘约翰·拉贝所作所为的书,中国已经有了,不断在加印,还配有图片,读者可以知道南京当时发生了什么、约翰·拉贝和约翰·马吉等人做了什么,甚至精确到分秒。而这些在电影和(德国出版的)书里都是欠缺的。对此,我有两个计划。首先,要出版一本带有完整原文的日记。其次,是家庭编年史,我想写写拉贝身边的人。遗憾的是我没什么资料,所以,要么挖掘那点少得可怜的信息,要么写一部能体现家族基本特征的小说。家族小说基于历史,描述几代人的生活,其中也包括很多历史细节和史实,我认为它们有助于人们理解历史。事实上,一本好书或是电影也能触动人们分析、理解约翰·拉贝。然而,我不是一个典型的作家,我有自己的工作,时间也是有限的。

德国人眼中的中国

许多德国人对中国的印象还停留在 19 世纪,我认为这很糟糕。我读过很多和中国有关的文学作品,尤其是 1850 年以来的中国游记。我很确定,他们对中国的评价往往是对前人表述的不断重复。

到中国后,我发现这并不是事实。有人说"中国人总是唯唯诺诺",这都是长久以来的偏见，不利于公正客观的评价。中国是位于地球另一端的陌生国家，我认为，中华民族塑造自己对外的形象很重要。

我能理解，中国人对半殖民地时期的欧美没有好印象。不平等条约、被迫开放的通商口岸、香港……西方国家无时无刻不在试图干涉中国内政、规则和法律。然而中国的对外贸易如何进行，并不应由我们决定，每个国家都是独立的，这些干涉行为并不正当。人们可以谈判，可以提出自己的想法，但一切的前提是尊重对方。然而好像很少有国家意识到了这一点，不公平的事总会发生。

现如今，中国是一个生机勃勃的现代化国家，中国人必须尽快让世界认识到这一点，至少在聪明人心目中塑造起新的形象，首先要针对德国的名人，因为德国人心目中对中国的普遍印象也是由其他德国人塑造的。

三、对话拉贝秘书韩湘琳女儿韩云慧

采访对象:韩云慧

采访时间:2021 年 7 月 7 日

采访地点:韩云慧上海浦东的家中

采访人:李珂、施瑞珂、杨理雅

采访整理:李珂

采访对象简介:韩云慧,韩湘琳之女。其父韩湘琳曾担任约翰·拉贝的秘书,在南京大屠杀期间协助拉贝管理南京安全区,任南京安全区国际委员会粮食委员会主任,负责为难民采购粮食。1938 年拉贝回国后,韩湘琳仍致力于救助难民。

我们的家庭

我父母生养了四个孩子:大哥、二哥、我和弟弟,就我一个女孩。父亲对我们都很好。

我大哥大我 12 岁,大哥班上有很多进步同学参了军。我哥哥没有跟我爸妈说,就偷偷报名去参了军。爸妈后来发现他几天没回家,才知道已经参军了。爸妈虽然难过且不舍,但是也表示愿意参军就参军吧。大哥一直在大西北、大西南,然后去了西藏。当时西藏和平解放,他是先遣部队的。那里很苦,爸爸很想他,但是也没有办法。大哥在外面待了很长时间,他们那些参军的人说走就走,一走就是十来年,上面才把他们调回来。

大哥回了南京,到了浦口造纸厂工作,后来离休了,解放以前参军的是离休,他参军后不久南京就解放了。二哥在安徽。《拉贝日记》中提到的韩湘琳的两个孩子就是我的两个哥哥,现在他们俩都去世了。弟弟现在在哈尔滨。

精通外语的父亲

父亲是山东人,也是穷苦出身。我很佩服他的兄弟姐妹,虽然家庭比较苦,但是自己读书,父亲的兄弟姐妹都很了不起。我的三个姑妈,两个留美,一个留法,都是公费出去的。大姑妈一直在联合国秘书处工作,那都是很早以前的事情了。后来大家的前途都不错。父亲很好学,非常好学。他小时候是放牛娃,后来上了大学。他原在齐鲁大学读书,到大学二年级实在没有钱,没能读下去。但他自己也把外语学得那么好,父亲会说好几国语言:英语、德语、法语、俄语。英语很好,怎么学的我也搞不清。俄语能讲几句,跟来家里的俄国老太太学过一点。最好的是英语。

父亲跟拉贝先生的交流可能是用英语吧。德语我看过他打字,哒哒哒打得很快,但口语怎么样我就不知道了。他的英语很棒,拉贝走了之后他更换了很多工作,后来他学习了会计,还做过外文打字的工作。他的外文还是很精通的,他跟外国人是不需要翻译的,而且不打顿,很流利。

南京大屠杀

当时局势不稳,大家到处躲避,很多亲戚朋友都来了南京,我们一家也来到了南京。拉贝曾经说带着父亲一道走,但是父亲不肯。父亲不肯走,那么母亲也就不走了。母亲一直都很支持父亲。母亲毕业于山东一所大学的家政系。

偶尔听父亲说过,他们坐着汽车到下关去拉粮食,遍地都是尸体,触目惊心。原来小粉桥的门是铁门,两扇铁门对半开的,用来放汽车进出。其中一扇门上还有一个小门,人一般就可以从小门进来。这扇铁门上面一直有三个洞,后来我问爸爸是怎么回事。爸爸告诉我日本人要到我们家来,佣人放他进来慢了,日本人生气了,就拿起刺刀刺了几个洞。这个铁门后来被换掉了。

小粉桥 1 号

我是在鼓楼医院出生的,就在小粉桥附近。现在的小粉桥 1 号,砖的颜色还是一样的,楼梯也是原来的楼梯。二楼现在已经变成会议室了,那个时候是爸爸妈妈和我的房间。后面的平房是厨师、佣人他们的。

我不确定大屠杀的时候我们一家是不是住在小粉桥。按照时间来讲应该是的。拉贝一开始住在小粉桥,后来他离开了,我们才搬到小粉桥这里来。当时小粉桥也就住我们一家。小粉桥 1 号真正的房主是谁,我也搞不清了。① 抗战胜利之后,房主就回来了。我们搬出来了之后,就在工作地附近找房子。我们搬了很多次家,转来转去的。我们在上海路住过,在华新巷、金银街的附近都住过。

"做什么事情都要凭良心,要想到我是一个中国人"

父亲人很正直,在原则性问题上也不会妥协。快解放的时候,驻南京北平路 AB 大楼② 的美军顾问团觉得他外文好,要他跟他们走。他表示自己不去,他是中国人,他不走。那时候也需要钱养家糊口,但他就不走。

父亲从来没有为自己的选择后悔过。他一直说"我是中国人,我为什

---

① 编者按:小粉桥 1 号的房主是金陵大学农学院院长谢家声,房产登记的产权人是其夫人。
② 编者按:今北京西路华东饭店内。

么要到外国去"。这不是我问他的,是他经常说这句话。后来他没有工作,家庭条件不好,但他也没有想过要到外国去。我当时太小了,没有问父亲,父亲也没想到要跟我们说,因为他从来没有觉得自己做了什么丰功伟绩。他从来没想过自己,只觉得他是一个中国人,凭良心。他讲"做什么事都要凭良心,要想到我是一个中国人",这是他一直在跟我说的。

父亲"文革"中被批斗,因为他在西门子洋行里做过事,凡事只能靠边站。他那个时候年纪很大了,一直跟我说感到力不从心了,但他从来没有后悔过当年的事。

与拉贝后人的联系

拉贝孙子夫妻俩我都见过的。2009年上海在放《拉贝日记》的电影,是首映式,拉贝孙子也过来。他自己有工作跑不开,就找了一个中国人,来帮他为拉贝的事情到处联络。那天这个中国人就跟我们说,要放一个关于拉贝的电影,托马斯·拉贝希望我们过去。

当时电影的制片人和德国领事馆的人都是到快开演的时候才来。他们都上台讲话。我们也不想说,就坐在第一排。上面有人问:"这位女士是谁?""韩湘琳的女儿。""你怎么不早说?"然后拉贝的孙子就给了我这本签名的书①,好像还在《解放日报》上面登了照片。当时跟我们联系的中国人叫小姜,后来还有联系,还在我家吃过饭。前前后后好几年。

父亲的形象

我父亲很少发脾气。自己生气了也不会发,憋着的那种人,外面有人会说他话多,在家里倒还好。

---

① 编者按:指《约翰·拉贝画传》。

父亲欢喜拍照，给家人拍。他还欢喜拍完之后自己涂色，可他自己的照片却很少，因为他就欢喜给别人拍，自己最怕拍。有一次一个亲戚来，说她会翻拍，我找了仅有的几张照片给她，结果她搞丢了，好多照片都这样没有了。父亲生气，发誓"我再也不拍照片了"。很多相册在"文革"期间都被拿走了，我童年的照片很多也都没有了。父亲还有一个很好的照相机，很贵。刚解放时他失业了，可一家人都得吃饭，他就把相机卖掉，一家人吃了一年。

父亲欢喜写点东西，1949年前《中央日报》《金陵日报》他都会投稿，笔名就是"随笔"。登了报纸之后，他就把自己的文章剪下来，贴在本子上。但我不知道他是一直用"随笔"投稿，还是也用过别的笔名。他最欢喜的是唱戏，欢喜看京剧，还欢喜唱，高兴就哼一两句。《打渔杀家》，我家有好多道具，那个靴子特别沉。有时他还会贴个胡子，在家里走来走去。

父亲的房间除了床、马桶、床头柜、毛巾架，其他都是书。一套一套的，都是精装本。"文革"的时候都被拉走了，两板车。"文革"之后人家接他去领书，他一看，好的都没有了，一套一套的书也都被拆开来了。父亲一气之下，一本都没要。人家就通知大哥，大哥是造纸厂厂长，没办法，只好去领了一些书回来。父亲不让那些书进门。

父亲与我

父亲总说学点东西比不学好。如果不是我父亲的话，我后来怎么样可能也难说。我是南京医学院毕业的，1959年考的大学。我当时在汇文女中、市女中读书。我的语文很好，数学一般般，理化不欢喜，只能勉强及格，当时我打算学文科的。马上要考试的时候，大哥就提出韩家没有医生，让我去学医。我就这样去考了。上午考物理，当年的物理特别难，一百分我只能考几分，我觉得别的科目再继续考下去也考不取，当时上午回来之后就打算睡午觉，下午不去考试了。父亲让我不要多想，好好睡觉休息。到点父亲硬是把我拉起来,推着我走。他跟我说考得不好的,别人也不会,只要把其他的都考好了就可以。父亲这就把我劝上了考场,而我最后也考取了。我 1964 年离开南京,那个时候父亲还住在华新巷。1986年父亲去世之后,我也就不大去南京了。

四、对话拉贝助理陈文书儿子陈声德

采访对象：陈声德

采访时间：2024 年 1 月 7 日

采访地点：南京市朴阅书店

采访人：曹佳颖、周熙宜、王博言、王依欣

采访整理：曹佳颖、王依欣

采访对象简介：陈声德，陈文书之子。其父陈文书在南京大屠杀期间担任约翰·拉贝的助手，任南京安全区国际委员会助理秘书兼事务主任，参与收容和保护难民的工作、记录救助难民的亲身经历、起草各类函电文稿。1938 年拉贝回国之际，陈文书曾执笔撰写三封感谢信，此后留在"南京国际救济委员会"工作，继续救助南京难民。

父亲的足迹

父亲从小到大都在教会学校，在美以美会和长老会小学学习成长，之后到江西南昌豫章中学。因为成绩特别好，教会把他选派到耶鲁大学武昌分校。虽然他实际上是修教育学，不是英语系、中文系的学生，但是他的英语和中文都特别优秀。

在庚子赔款的时候，华中大学①有两个选派英国留学的名额，就选到

---

① 编者按：华中大学即华中师范大学前身。

了我父亲。在例行体检时,父亲查出来有肺结核,也就是肺痨,因此意外失去留学机会。在这以后,他结识了美国匹兹堡的约翰·马吉。之后,约翰·马吉曾三次引荐我父亲。

查出肺结核后,我父亲由教会送到庐山疗养。约翰·马吉就是作为国际红十字会会长去视察工作的时候认识了我父亲,当时医护人员介绍我父亲时特别提到"这是耶鲁大学武昌分校送来的""留英未果"。因为约翰·马吉是耶鲁大学神学院毕业的,所以称我父亲为小校友,对父亲特别关照。和我父亲同一病房一共住三个人,另两个都去世了。约翰·马吉来之后,长时间地站在病床前面为他们默念祈祷。

父亲在庐山疗养后病愈。据我母亲和我讲,我父亲是农家子弟,家庭并不富裕,当时马吉让他跟随自己向东走,就是到南京来。约翰·马吉说:"那里有美以美会的长老和朋友。"从武汉到南京这一路上,约翰·马吉始终陪着我父亲,通过父亲的谈吐,他也了解到父亲很优秀。经过两天一夜的考察,马吉对他的评价是"他的英语和母语一样好"。

据我母亲说,父亲从小到大在教会学校长大,他 10 岁进教会学校,离开时 30 来岁。英语的听说读写特别优秀,擅长表达。他小时候就在小朋友、父老乡亲们中朗读《圣经》,并以此为荣,乡亲虽听不懂,但都说他讲得好。凭借出色的英语水平,父亲后来还参与过一件惊心动魄的大事。1946 年 7 月 4 号菲律宾独立,因为父亲的英语口语十分出众,他去做同声传译。二战时期美国通信团 164 照相连,在菲律宾马利亚尔广场拍下了当时主席台上麦克阿瑟讲话时我父亲做现场翻译的照片。我小时候便亲眼看到过这张黑白大照片。当时我问他:"你坐过飞机吗?"他回答:"坐过。"我又问:"什么样的飞机?"他说军用飞机,是小飞机,"原来太平洋地区有个小国,我去宣布它独立"。在整个的过程中,有意义的是这个日期 7 月 4 号,美国独立日是 1776 年 7 月 4 号,我父亲的生日是 1908 年 7 月 4 号,菲律宾独立日是 1946 年 7 月 4 号,这天正好是我父亲 38 岁的生日。我父亲说这是最好的生日礼物。

　　父亲跟随马吉到南京后，约翰·马吉在国民政府里面地位很高，他根据父亲的特长推荐他在励志社担任副主编，发表了《最近关于改革教育制度的两种呼声》《如何纪念国庆》等数篇文章。父亲全名陈文书，笔名陈斐章，按德文翻译习惯是弗朗西斯 F. J. 陈。

　　后来他肺病复发被迫离开励志社，马吉把他安排到江苏太仓县浏河养病。马吉送他上车后说："我肯定会接你回来的。"经过大半年，父亲第二次养病回来后，马吉就把他安排到下关英商和记洋行，在里面承担翻译工作约有两年。

　　这时正值上海发生淞沪会战，战事告急，和记洋行已经开始停止生产、遣散雇员，准备撤离，马吉又把父亲安排给魏特琳，承担学校资产总务的工作。德本康夫人是魏特琳在金陵女子文理学院的上司。当时战事纷乱，马吉和我父亲双方还是取得联络。马吉找到我父亲，告诉他在安全区国际委员会有个新任务，于是他就被介绍到安全区国际委员会，后又任拉贝助理秘书。他当时和休伯特·索恩（又称宋煦伯）常住宿在金陵女子文理学院。1937 年 12 月 17 日晚，侵华日军闯入金女大进行搜查，一位工人因手上有老茧被怀疑是军人要被带走，一大群中国人为其求情下跪，其中就有我父亲，他曾亲口对我说过下跪的全部过程，这也在魏特林日记中有专门的描写。

战火中的姻缘

　　我父母实际上就是在救助难民的过程当中相识相爱。因为母亲①工作出色，难民所所长姜正云把同样勇敢优秀的父亲介绍给她。在旧社会需要父母之命、媒妁之言，总要找一个媒人出来，当时的粮食总干事宋煦

---

　　①　编者按：陈声德之母、陈文书之妻为徐淑德女士。陈声德小姨、徐淑德的妹妹为徐淑珍女士。徐淑德、徐淑珍都曾在金陵中学难民所担任护士。

伯、姜正云见证了他们的婚姻。我父母说,这是难民区里唯一一段明媒的婚姻。

母亲长得很漂亮,像上海制片厂《一江春水向东流》中的白杨,有倔强的精神。有次日本人想进难民所的大门,她拒绝了,还挨了日本人打。

我曾去到母亲徐淑德工作过的金陵中学难民所参观,现在那里的楼梯都革新了。当时楼梯很陡,几乎呈 70 度。校史馆的很多照片就是我提供的,其中有一张我父亲、母亲、小姨妈、马吉以及很多伤员坐在一起。

曾任德国大使秘书的孙积诚在日记中对我父母的记载共 20 余处。而在最新的调查中了解到,他曾在南京莫愁路基督教堂中参加我父母举办的婚礼,在婚礼上他曾当场赋诗四句。

在南京安全区的救助记忆

我父亲很少聊到在安全区国际委员会的故事。

我母亲当时在姜正云所长管理下的金陵中学难民所工作,她也参加过救助工作,如大屠杀幸存者夏淑琴便由我母亲和小姨妈救助。那时中华门发生惨案,约翰·马吉开车与许传音一道去现场拍摄时,发现 8 岁的夏淑琴幸存,处于昏迷状态,当即抱起她送去条件较好的金陵中学难民所。难民所姜所长的夫人则亲自背起 8 岁的小姑娘艰难爬上呈 70 度的楼梯,交给我母亲徐淑德和姨妈徐淑珍救助。她们对夏淑琴进行清洗、护理,竭尽所能地悉心照料。

母亲还讲过当时发生的一件事情:金陵中学难民所的一位老太太带着十四五岁的孙女,回家里取备用物品,准备晚上回金中难民所过夜。结果回去途中遇到一个骑马的日本巡逻兵。日本兵眼睛盯着小姑娘看,因为小姑娘长得很漂亮。他跳下马,喝令她们站住。小姑娘吓得躲在老太太身后,而日本人身体很强壮,一掌把老太太推倒了,顺势就拉住小姑娘的手，想强奸小姑娘。日本兵嫌牵着马碍事，他就把马绑到腿上。老太太见状，意识到情况很危险了，便爬到日本兵面前磕头作揖求情，然而日本兵又把她摔倒在地。这时老太太连滚带爬、哭哭啼啼、不断呼喊，情急之下，她把随身带着的红色把手油纸伞打开。伞打开后，马受惊跑了起来，把日本兵拖走了。于是老太太拉起孙女就跑。那个日本兵没有死，带着人追来难民所。因为突然有一大批日本兵进来，有人就说是其他难民跑进来，才把日本兵给带进来的。

当时我父亲在附近做检查工作，见状，我父亲跟难民所的人讲不要慌，先看看到底发生了什么事。逃进来的老太太非常紧张，闭口不敢言。当时我父亲说："你不说，我们所有人都要倒霉，我希望你能跟我讲，看看有没有办法能解决问题。"老太太慌慌张张地看看小姑娘，我父亲也能猜到是什么事情，只是需要当事人讲出来才能有说服力。

日本兵来了以后，称有人被打伤了。我父亲回说不可能，我们这里面都是老弱病残的难民，没有能力打伤日本兵。日本兵领队让他去现场看，那个强奸未遂的日本兵的脸、身体、头发都污迹斑斑。看完，我父亲说，这不是被打伤的，并很有礼貌地询问对方做了什么事情。对方士兵自知强奸未遂理亏，没有开口。当时领头的也看出了是什么事情，骂了那个士兵两个字"八嘎"，骂完后便抬头恶狠狠地瞪了父亲一眼，但最终是有惊无险。如果不是父亲理性、睿智地平息事态，难民们可能会有杀身之祸。

这个故事是我母亲亲口跟我姐姐所讲，后来我姐姐告诉我的。

我查证了作家出版社出版的图书《中国远征军》①，确有类似的事件发生。书中讲到大概是 1942 年到 1943 年在云南省芒市，日本骑兵盯上了一个去赶集市的女性，也是准备图谋不轨，把马匹拴在腿上，结果这个日本兵被活活地拖死了。拖死以后，那个妇女以谋害皇军的名头被枪击。

---

① 编者按：《中国远征军——血战滇、缅、印纪实》，方知今著，1991 年 4 月由作家出版社出版。

这本书是中国国家级出版社出的,可见这个问题并非偶然,在其他地方也有类似的情况。

三封感谢信

我父亲对约翰·拉贝的印象是这个人很严肃。

1938 年,拉贝接到西门子公司的命令离开南京。2 月 21 号下午,在南京的宁海路 5 号发布会上,(南京安全区国际委员会)特地指定我父亲作为全权代表撰写了三封感谢信,向约翰·拉贝、西门子公司、德国大使馆致谢。这是临时通知的,他并没有提前准备,因为大家公认我父亲文笔特别好。

不该被埋没的档案

我们一家对南京大学,始终是充满感激的。

南京有关南京大屠杀历史的研究最先启动于南京大学。为什么这样讲? 从历史上考证的话,贝德士、史密斯都是南大的,南大历史系、社会系的创建工作很多都是他们两人一手完成的。另外,德语系的郑寿康教授是《拉贝日记》的翻译,他与江苏人民出版社的包建明一同参与了这个项目。

南大涌现了许多与研究南京大屠杀历史相关的人物。例如 20 世纪 30 年代的史密斯教授,还有 60 年代的章开沅教授。章开沅跟我谈了很长时间,因为他和我父亲是校友。章开沅是金陵大学贝德士教授的学生,后在武昌华中大学任教。而我父亲正毕业于华中大学,也就是在美国哥伦比亚注册的耶鲁大学武昌分校。我父亲跟贝德士是好朋友,跟史密斯俩人一个是秘书,一个是助理秘书。

我对父亲的调查工作不是一帆风顺的,章开沅教授提供了非常大的帮助。他已经80多岁了，见重要的客人一般是会客半个小时，但和我的谈话每次都是三个小时以上。我印象很深刻的是，一开始搞这项工作时，章开沅和我讲："你有权知道你父母亲所做的一切。"他还讲了几句话让我很感动，他说："你要坚持不懈地写关于你父亲的文字，你写比我写更有分量、更能说明问题。"他鼓励我要有韧性，要学习父母亲不畏艰难的精神。我今天所面临的问题和困难比我父母亲当年要差得远多了。所以在这种情况下，我也是作为一种尽孝道的方式，实事求是地研究。而且我不作评论，我只是提供所有证据，表现他是什么样的人，让人民去评价、让历史去评价。

20世纪90年代，南京大学历史系的张宪文和张生教授也对我父亲的相关研究做出巨大贡献。

我做父亲的研究工作做了十几年，多半归功于南京大学化学系的肖昭华老师。他的学生是拉贝纪念馆前馆长汤道銮。拉贝回国的时候讲了这么一段话："如果我们外国人还有一点安全感，而你们，我的中国朋友，要冒着生命危险，实际工作是你们中国人所为。"就是为了回应这句话，回应德国的话，肖昭华作为南京大学拉贝纪念馆调研组负责人，和汤道銮馆长一起，开始了有关大屠杀期间南京安全区内中国人参与救助的考证和研究。2008年他们就开始做这方面工作，但那时候他们一无所有。2010年陷入困境，研究一头雾水、毫无进展。他们便想联系到原来在南京安全区国际委员会工作的中国人的后人，请后人们提供父辈参加救助工作的资料。寻人启事在《现代快报》登出时我姐姐发现了，上面留有重要的联系电话。我姐姐立刻叫我打电话，联系上了肖昭华。当时他跟我们见面、建立联系之后，听我讲了很长时间我父亲的故事，全程录音录像。之后，我在他的帮助下调取了父亲的档案。当时查到父亲的档案时，肖昭华高兴地跳起来，他说："你的父亲太睿智了，十分有文笔！"

我们从他的档案材料里面，发现了我父亲所做的努力、所做的工作。魏特琳的日记、约翰·马吉的日记、贝德士的日记都有提到他。我父亲是助理秘书,很多文件资料都是他整理出来的。当时汤道銮馆长亲赴美国,从耶鲁大学带回了几大箱珍贵材料,这些资料和我父亲见到的材料一模一样。汤馆长非常兴奋,之后肖昭华和他全力开始做这方面工作。肖昭华曾说:"你父亲的档案最有意义、最有价值、最能说明问题、最能还原当时的历史情况。而历史上做过好事善事、让人感动的人,不应该被埋没。"

和平的延续

对于和平,每个人理解程度不同,我昨晚还和侄女陈悦谈到这个问题。我们认为对和平的理解在于对人的理解。怎么对人,什么是人? 首先需要弄清楚这个问题。发动战争是为了土地、为了某种目的,战争必然要死人,这些人的背后都有家庭,都有一个幸福的家庭。

二战结束之后,东京审判曾邀请拉贝参加佐证,第一个邀请的就是他,他拒绝了,但是写下了一封信。不过拉贝回国后,曾向希特勒报告南京的事情。还有魏特琳、马吉等人都让国际知道了南京大屠杀,这让我很感动也很敬佩。

张纯如在她的作品里讲:"一批勇敢的中国人站出来了。""一批勇敢的中国人",我认为她写得非常好。她曾写过有关南京大屠杀历史的五个关键群体,一个是遇难者,第二个是幸存者,第三个是躲藏着逃掉的受害者,第四个是把整个过程记录的目击者。还有一类重要的人,兼具前面所说的幸存者、目击者等身份,这类人就是救助者。虽然现在很多外国人救助的事件被讲述,但中国人的救助故事却鲜为人知。

2020 年 12 月 13 日,侵华日军南京大屠杀遇难同胞纪念馆在祭场举行了烛光祭,并请我来发言。我当时就想说:在西方人的庇护下,一批勇敢的中国人敢于面对。在民族危难时期,总要有人站出来、总要有人承担责任、总要有人负重前行。这不是西方人的救赎故事,因为如果没有中国的仁人义士,很多工作是无法完成的。

陈悦小时候也听她奶奶讲过爷爷的事迹，一直很敬佩他。我们一家都认为，他那个时候做这些事情很了不起。我们作为后辈也要学习他的精神，我姐姐、外甥女和母亲一样都是护士，还参加过抗疫。我们一直告诫晚辈，一定要珍惜现在的幸福生活，因为和平来之不易。

附：南京安全区国际救济委员会致拉贝感谢信

南京宁海路5号

致约翰 H. D. 拉贝先生   1938年2月21日

南京安全区国际委员会主席

南京宁海路5号

尊敬的拉贝先生：

我们荣幸地将下述决议通知您。该决议为今年2月15日在南京安全区9个区的区长及25个难民收容所所长第六次联席会议上做出。会议一致决定：感谢南京安全区国际委员会主席约翰 H. D. 拉贝先生为组织和管理安全区所做的极其宝贵的工作以及与此有关的救援和救济工作。对拉贝先生为南京居民的利益所做的努力表示最高的赞赏。我们将永远感激地记住他的名字。

上述决议也应该向西门子洋行（中国）和德国大使馆通报，使他们了解南京居民对拉贝先生在这段困难时期所做工作的感激之情。

上述会议，还委托签名者向西门子洋行（中国）提出请求，在可能的情况下，保留您在南京的住房以及国际委员会主席的职务。

虽然安全区本身已经不再存在，但居民们的困苦仍然很大，比以前更加需要对他们进行救济。由于这个原因，全体区长和收容所所长请求您，如有可能，继续在这里工作。告别像您这样一位经过困境考验的朋友，使我们大家深感遗憾。

因此我们十分希望，西门子洋行（中国）会考虑我们的请求，允许您为南京的利益继续您的工作,并请您在它的同意下决定继续留在我们这里。
如果不能如我们的心愿,也仍然希望您不久就会回到我们这里来,给原有
的友谊换上新的纽带。它在过去的几个月内对我们变得如此的珍贵。

十分感激和忠实于您的

签名:南京安全区各区区长和各难民收容所所长的代表

J. M. 董　　沈玉书　　许传音　　弗朗西斯　F. J. 陈(陈斐章)

五、对话德国驻华大使陶德曼中文秘书
孙积诚外孙女张同霁

采访对象：张同霁

采访时间：2023 年 8 月 5 日

采访方式：微信视频采访

采访人：邱彤、吕晨、费佳伟

采访整理：费佳伟、吕晨

采访对象简介：张同霁，孙积诚之外孙女。其外祖父孙积诚曾担任南京大屠杀期间德国驻华大使陶德曼的中文秘书。孙积诚所写的《金陵日记》与自传《海洋一滴》均记录了南京大屠杀发生前后的惨状。

印象中的姥爷：就像大海里的一滴水

从我记事起，每年的寒暑假我都要随父母到北京看望姥爷。印象中的姥爷博学和蔼，就像他自传《海洋一滴》里写的，犹如大海里的一滴水，既有海的特质，又平凡低调地走完一生。他博学，没有他不知道的事，这又为他增加了几分神秘色彩。

我印象中，姥爷是我见到过心态最平和的老人，他一辈子都不曾着急，对任何人都报以极为谦和的态度，即便遇到非常令人着急的事，他也会这样说："为什么要着急？当你要发火时，先考虑一下对方的感受，当你先想到对方时，你就不会着急了。"所以他从不着急，我想他能长寿也得益于此吧。

姥爷还有一个最大的特点是从不抱怨,我从未从姥爷口中听到过任何抱怨和牢骚,可见他的乐观豁达。这源于他善于学习,善于接受新生事物。现在我还存有解放初期他的数本学习笔记,毛笔小楷,一丝不苟。

对四世同堂的大家庭来讲,姥爷就像一棵大树,庇护着每一个人。家人的生日他都记得清清楚楚,不管谁的生日,都会吃上一碗面。

姥爷一生的经历跌宕起伏,横跨一个世纪,经历了清末、民国、新中国诞生等不同历史时期,但他每每谈及往事都特别平静。他参加过五四运动,考过文官,经历了抗战,见证了两航起义,等等。"文革"前每年五月,会有多家媒体上门采访,有时姥爷也会给我们讲起"五四"当天的活动细节,有些是历史记录中没有的。他说过"写下来的东西是不会被改变的","有些事告诉你们是为了能延续多一点时间"。

姥爷的德文翻译工作始于 20 世纪 50 年代,最早翻译的是德语的《自由与和谐》,后来商务印书馆购买了版权并于 60 年代末再版。他在 93 岁时完成了《贝多芬传》的翻译,由人民音乐出版社出版。直至老人家去世,案头仍堆放着未完成的译稿。除了翻译,他在家中还义务教德语几十年,受惠的街坊邻居亲朋好友的子女为数甚多。

德国前驻华大使及其夫人的拜访

姥爷与德国使馆始终没有中断联系。1992 年 5 月,德国前驻华大使要带夫人到家中看望姥爷,预先接到通知的街道委员会提议为他换一处大一点好一点的房子,被老人家婉言拒绝,他说"我一辈子都这样,何必作假"。结果就在菜市口胡同 7 号的一间不到 20 平(方)米的东厢房里,97岁的老人与大使夫妇"促膝交谈",气氛欢乐和谐,大使夫妇由此深深地喜欢上这位中国老人。

《海洋一滴》

《海洋一滴》是姥爷1965年写完的自传的上卷，下卷没有续写。我是在整理老人家遗物时看到的。通读数遍并录入电脑，以便保存。

《海洋一滴》关于童年的描写极为有趣。印象很深的故事是"逛厂甸""看皇上"等，早年的私塾是全年上课的，只有大年初一放假，7岁的学生跟着私塾先生去逛厂甸（北京传统春节集市），因个子矮，走在摩肩接踵的人流中，只能看到前面大人们拖在背后的长辫子和无数条腿，"逛"罢，其他什么都没看见，却出了一身大汗，棉袍都要湿透了。

《海洋一滴》记述了姥爷前半生经历，最为震撼的是关于南京大屠杀的记述，每每看到此处，就不敢往下看，文中描写的血腥惨烈的杀戮场景让我不寒而栗。

《金陵日记》与《渝垣日记》

姥爷记了70年（1922—1992）日记，现整理出41本，还有部分待整理。日记均为毛笔小楷写成，连续数年，一天不落。每天气象、报纸头条都收录在内。《金陵日记》和《渝垣日记》分别是抗日战争时期在南京和重庆所记。根据姥爷遗愿，由孙金铭[①]整理并捐给侵华日军南京大屠杀遇难同胞纪念馆和重庆博物馆。

姥爷在北京的朋友很多，经常有山东籍老乡和社会各方人士造访。当时偶遇也分不清是谁。韩湘琳是姥爷在《金陵日记》中多次提及的山东老乡，也是经由姥爷的引荐，成为西门子公司在华办事处经理约翰·拉贝秘书的。在姥爷日记中还记载着1959年6月曾与韩湘琳一同吃饭；又在

---

① 孙金铭是孙积诚先生的侄子。

1961 年 9 月的日记中详细记录了韩湘琳的地址"南京上海路华新巷八号",工作单位"南大图书馆"。对于这位同乡老友,姥爷时有牵挂。

关于《拉贝日记》,我是在 1997 年从《参考消息》获悉其被发现的,内容上与《金陵日记》同时、同地、同事件,有很多相似之处。

附：孙积诚笔下的南京沦陷——《海洋一滴》原文选段①

(一) 沦陷前夕的南京

日本侵略军节节向江南进逼,据说国民政府在徐州大捷的宣传下,早已做撤退准备,政府宣布西迁武汉,实际上南京等于不设防城市,陷落仅是时间问题,已成为公开的秘密。日军未到之前,城内早一片混乱,所谓高等人物已经搬迁一空,一般市民亦各就力所能及,谋求自保,一部分外侨(主要是德意籍人和美国教会)组织所谓国际委员会,划定山西路一带住宅区为难民区,收容逃难人民,许多凤去楼空的华贵住宅一时成为难民收容所。当时德国大使陶德曼正为中日和谈奔走斡旋,仆仆沪汉,使馆高级官员及重要文卷均临时迁往上海,南京仅留秘书一员、办公厅德籍人员二人、华籍人员一人,办理当地侨民有关事务,我在留京之列。德使馆临时负责的秘书罗森对大家宣布,预计日军一两日内即将入城,恐有一时的骚乱,于是偕同留京各人员登上暂泊下关江面的怡和客轮,拟候日军入城后,随即交涉返回城内办公地址。

(二) 江面上遭轰炸和沪上之行

当时水路阻塞,芜湖至南京一段江面上停泊有英美炮舰、油船、怡和客轮等多艘,民船尤夥。晨间即有日机数架,环绕这一地区飞行侦查,时

---

① 《海洋一滴》为孙积诚手写的自传,未公开发表。为方便查阅保存,张同霁将其录入电脑。在访谈结束后张同霁将电子版发给本项目组以供研究参考。

近中午，续来成队日机，其初人们尚仰首聚观，不意日机盘旋数周后，忽然俯冲投弹并开枪扫射，目标似在炮舰，而一般民船以为邻近炮舰比较安全，多围绕在外国舰只周围，因而造成极大混乱，落水负伤者颇多，轰炸时间约半小时，美英炮舰急电本国政府，向日方提出抗议，结果如何，尚不可知。一般民船各自逃散，客轮泊靠江北岸，船长宣布船上所有员工乘客一律离船他去，一时呼儿唤女，背负箱笼，杂乱异常，我们这几个临时乘客也不能例外，经商洽登上英国炮舰，舰上已撤去炮衣，准备对空战斗。下午据宣布已得日方回电，停止轰炸，军舰上定员定位，无法充分接纳额外客人，我遂暂居靠泊的使馆游艇（平日这只小汽艇可坐五六人，掌舵工一人、助手一人）。晚间夜色明朗，日机又来，人们鉴于日间情况，纷纷上北岸逃避，又是一番骚乱，但此次日机并未投弹扫射，盘旋数周，即行离去。入夜后，大风忽作，小艇在江面不能停靠，舵工临时决定，开至附近小岛后面避风。而使馆人员因与日方交涉登岸回城，未得允诺，决定搭乘自芜湖开来之怡和客轮赴沪。小艇既离开英舰，又无通信设备，消息隔绝，次晨靠回英舰，始知此情况，舵工建议，艇上尚有储油，水道亦所熟悉，可以沿江岸航行，开往上海，事虽冒险，进退无据，只好如此，航行中见有轮驳一艘，随水漂流，船上空无一人，舵工及助手商定，冒险拦截，以不过丈许之汽艇，居然将驳船拖至岸边停靠。我们登船巡视，见船舱中狼藉不堪，机件完好，燃料有余，不过我们三人中只有舵工略谙航行技术，经共同商定，姑妄试开，但时已傍晚，决暂在驳船上休息一夜，检视舱内地下狼藉物品中，有牛肉、水果罐头、啤酒、洋酒等，于是享受了一席丰盛的晚餐。夜半闻汽笛呼号，互相洽询，知系赴沪怡和客轮，由于我们截获了驳船，引起了他们的注意，于是商定我搭乘客轮赴沪，驳船交怡和自理，小汽艇仍暂留下关一带听候消息。我即乘小艇靠近客轮，攀缘绳梯而上，既登舱面，才知道使馆德籍人员所乘者正是此轮，会晤之下，他们说，"晨间见小艇失踪，呼号不应，以为夜间大风，或系飘没，除已发电请各方注意援助外，我们已有到沪筹开追悼会的准备"，相与大笑，记得我登轮后发出简短电报是"云雀安然回巢"。"云雀"就是我们所乘小汽艇的名号。

（三）目睹劫后的南京

德使馆与日方多次接洽,才得到使馆人员重返南京的许可,距南京陷落近一月,沪宁水陆两路的民用交通迄未恢复,遂搭乘英国炮舰前往,因舰上定员,无余地可款外客,夜间或在浴室盆上搭板为榻,或在储粮舱内,撤出面粉数袋,仅容一身之地,卧于面粉袋上,周围粉袋壁立,不可转侧,可谓别开生面的软席卧铺,航行两日,始达下关。在沪时已有南京惨劫传闻,上岸后见一片荒凉情景,绝非想象所能及,自下关至城内住宅区数十里途中,除日军岗哨及若干游散日兵外,绝无行人,城垣附近房屋均经焚毁,残垣断壁,成为一片瓦砾场,所经街巷,无论往日繁盛市场或人烟稠密地区,一概关门闭户,既无人声,也无炊烟。进入所谓"难民区"后,除房屋较为完整外,大致情况并无差异。据一般居民及国际委员会所述,日军入城后,即大肆屠杀,常或搜捕若干人集中扫射,或令排队站在水塘周围,面对水塘,日兵自背后逐个用刺刀刺挑,倒入塘中,尸体常至堆叠满塘。有时路见行人,日军岗哨即以之为活靶,任意开枪,有一被日兵在街头枪击之人,后又苏醒,匍匐至国际委员会门口,经收容救治,数月后始得他去。至于侵入居民住宅,抢掠奸杀事件更不胜指数,即国际委员会所划定的"难民区",亦不能例外,国际委员会人员闻讯前往排解,时刻奔走不遑,委员会中有一匈牙利人(修理汽车工人),性情抗直,每见日兵的非人暴行,常至挥拳痛殴,难民区的微弱保障,不过如此。当时国际难民委员会会长为德侨拉伯①,关于日军在南京的暴行,该委员会屡向国际及各该国政府报告,引起国际舆论的谴责,据闻拉伯回国后,因其揭露日军暴行,违反德日同盟的国策,判处徒刑,而另一方面颁给勋章,奖励其人道主义精神,这也可见法西斯主义者两手的表演。

---

① 即约翰·拉贝。

德使馆人员到南京后,即排目由日宪兵队派人陪同巡视各德侨住宅(南京陷落前居住南京的德侨有五六十家,大部分为军事顾问团人员,其本人及家属已分别离去,只留雇工看守笨重器物),每家屋顶悬有德旗,门口张贴使馆发给的德侨住宅请予保护的公告,几乎全住有避难的人群。巡视中曾见有一家门户洞开,寂无人声,正屋外间地上有死尸一具,内室门虚掩,经高声喝问,一老妇人乱发蓬散,面目黧黑,枯瘦如人腊,一手持刀,一手提鲜血淋漓的事物一挂,抢步而出,陪行日人尖叫一声,返身外奔。实则难民断粮,捕得野狗,正在洗剥,此等情况,不过仅见一斑,却反映出侵略者内心的虚怯。

六、对话南京大屠杀幸存者夏淑琴外孙女夏媛

采访对象：夏媛

采访时间：2023 年 7 月 19 日

采访地点：南京中山门大街 9 号

采访人：雷乾昊、魏依曼

采访整理：魏依曼、雷乾昊

采访对象简介：夏媛，南京大屠杀幸存者夏淑琴的外孙女，南京大屠杀历史记忆传承人。

记忆与当下

在我的印象中，外婆是一个非常能吃苦、很勤劳的女人，到现在她仍然能自己照顾自己。她在南京土生土长，当时和她的外公外婆、爸爸妈妈一起生活。我想，如果没有遭遇这件事，在家人的陪伴下，她的生活一定是幸福的。很多人问我，为什么外婆姓夏，我也姓夏呢？其实真的是因为缘分与巧合，我父亲也姓夏。我的舅舅恰好在 12 月 13 日那天出生，万事万物有很多难以解释的巧合。

外婆跟外公结婚后，生活还算幸福，但外公很快去世，外婆又孑然一身，独自支撑家庭。她这一辈子很艰难，也过得相当节俭。我们去北京参加访谈节目时，我请外婆出去吃饭，外婆一个劲儿地对我说，少点菜、少点菜，够吃就可以了。日常外婆都是自己烧饭，除了偶尔一家团聚去饭店吃

饭,她绝不会自己去下馆子。

新中国成立以后,外公在中山陵园管理局工作,外婆就一边在家带孩子,一边在陵园做工,种一些果树等。自从八岁失去父母以后,她就一直跟着她的舅舅生活。其实她的舅舅把她留下来,也有自己的私心。因为那个时候,外婆就能做力所能及的活儿。她从小就当家,八岁时就帮着舅舅带小孩、洗衣服、做饭、挖野菜,年龄再大一点后就去集市卖菜。

外婆生性要强,小时候因为家里生活困难,她还需要养家糊口,所以没有上过学。后来她工作了,就决心读书识字。每天白天上班,晚上自己去夜校上学。现在外婆能自己看报纸之类的,也是得益于当时的学习。她生活艰辛但意志坚定,外公很早去世,妈妈和小姨当时还没结婚,全靠外婆一个人支撑。可以说她一人拉扯三个孩子长大成人,她每天很早就起床锻炼身体,之后去打扫卫生。外婆至今身体硬朗,我认为和她忙碌的人生经历息息相关。

外婆除要强之外,在生活中她特别勤劳。现在她 90 多岁,仍旧每天五六点就起床洗干净自己的衣服,下楼锻炼。前些年她还养鸟,自己去买鸟食。她从骨子里就很独立,因为从小就独自担起责任。她认为能自己做的事情,就靠自己。随着她年龄增加,家人不愿意让她自己洗衣服之类的,但她不肯,有时候还自己在家偷偷洗完窗帘晾好。家人都说这样很危险,但是她总认为她能做的事情要自己做。小区里有一个居家养老机构,打饭的人对外婆特别照顾,每次会多打一点饭给她。后来外婆说:"哎呀,我不去了,他们对我太照顾了,我不好意思了。"她情愿自己烧饭,不愿给人添麻烦。

在采访的人找到她之前,我们一直不知道她身上发生过这种事情,她一直把它藏在心里。我们在家里一般不会主动和外婆提起她受到的伤害。其实从现在心理健康角度来看,我认为她可能患有创伤性应激障碍。无论怎样,她在死人堆里待了十几天,带着她的妹妹一起躲藏,这是一个可怕到不敢想象的事情。她的妹妹——我的姨婆仍健在,当时因为她舅舅养不了这么多孩子，所以姨婆是在孤儿院长大的。后来虽然一直有联系，但随着年龄增长，渐渐很少走动。纪念馆之前去找姨婆采访过，但出于害怕等原因，姨婆不愿意回想这段经历。

外婆上诉的过程中，家里人一直很支持。第一次赴日时，她生活还能自理，所以孤身一人前往。后续几次因为她年龄大了，都是家人陪着她去的。在外婆的认知里，她对日本的广大民众印象很好，她接触过的日本学生、接待她的日本市民，都对这段历史持承认态度，只是篡改历史的日本政府、右翼学者有问题。外婆始终不希望大家传承仇恨，但要铭记过去，铭记那段落后就要挨打的屈辱历史。她始终说："我是为 30 万同胞而发声，不是为我自己。"

外婆除了去各地宣讲，平时几乎不出远门。有一次在公交车上，我听到两个乘客在议论，他们说这个老太太能说会道的，肯定是家人在背后教她，我听完后哭笑不得。我们家，除了我现在作为传承人在宣讲，我妈妈、小姨她们都老老实实、本本分分，不擅于参加活动、面对镜头讲话。每次让她们出镜或参加活动，她们都害羞地拒绝。我想外婆因为亲身经历，有着常人难以想象的深刻痛苦，所以她才能从沉默到开口再到赴日打官司，维护自己的名誉权。讲述是发自内心的，感情也是油然而生的。

在外大部分时间是妈妈和小姨陪着外婆参加活动，由我承担讲述的部分。我也有些担心讲不好，但必须有人来做这个事情。我是第一批传承人，希望听众们能了解并铭记历史，我也希望我们的孩子能作为一个传播者，带着这段历史到世界的各个角落，希望他们可以传播历史真相。

活一天，就要告一天

外婆从 2000 年开始打官司，到 2009 年 2 月终审胜诉，历经八年零三个月。她当时一直说，她是被冤枉的，正义一定会出现。作为南京大屠杀的亲历者，她一定要站出来，去跟他们理论。她说："我就是证人，为什么要抹黑历史,抹黑我?"在南京开庭时,我记得特别清楚,日本的那两个人都没有来。外婆说:"既然他们不来,我就去日本,我一定要跟他们在法庭上对峙。"她当时特别勇敢,她的内心肯定有过挣扎,但在这个过程中她越来越坚强。

当时朱成山馆长带着她到日本,去跟日本学生讲她经历的事情。我外婆也有过担忧,但是她说"我一定要去讲"。如果没有人去讲,日本人永远都不知道,因为他们的教科书上没有这一段历史,同时有很多人试图抹掉这段历史。

2014年南京大屠杀死难者国家公祭日,听说习近平总书记要和她一同为国家公祭鼎揭幕,外婆特别开心。她说,这说明国家越来越重视这件事情。国家更重视,也就更有希望进行历史的宣传和教育,幸存者的证言也就更有意义。

与拉贝有关

外婆的生活经历,造就了她的性格。《拉贝日记》中提到过外婆带着她妹妹逃生。外婆回忆说,当她们在屋子里获救时,身上伤口都溃烂了,当时没有药品,只能用棉花烧成灰烬涂伤口,然后等待生长愈合。后来,"老人堂"的救助者带她们回到屋子门前,拍了那张照片,这一切外婆都记得很清楚。

外婆曾经讲过,拉贝先生是她的恩人。当时拉贝先生非常喜欢她,甚至还想带我外婆回国,但被外婆的舅舅婉拒了。当时她的小妹妹被收养了,外婆的舅舅舍不得将外婆送走。

拉贝的孙子托马斯·拉贝曾经来看过外婆,外婆特别激动,她没想到多年以后还能见到拉贝的后人。托马斯·拉贝当时紧紧拉住外婆的手——可能他也听不懂外婆的语言,但是外婆就一直跟他说,谢谢你,谢谢拉贝。后来我们都知道,拉贝先生的日记、留存的照片等资料,成为外婆打官司中强有力的证据。

作为记忆传承人

现在无论中外游客,来到南京都要参观纪念馆,我非常欣喜地看到纪念馆的影响力越来越大。也有很多外国的留学生和我以及我儿子一起交流过,这个我觉得也是很好。这些事情经过长期地、不断地去做,会产生越来越大的力量。

除了官方活动,我自己还向周边的人做一些宣传工作。我和一位纪念馆志愿者朋友,在每年 12 月 13 日会一起去学校、南京红十字会等机构做宣讲活动。我和其他志愿者们认为,一次、两次做宣讲可能起不到很大作用,但如果坚持十年都去做,一定会感染一大批人,这很有意义。

自 2012 年起,我开始带我儿子参加各种讲解性的活动,希望他从这些活动中,能够自己感悟到关于人生的道理,这对他是一种教育和历练。我希望他能够用他的方式,将这段历史讲述给他的同龄人。他有时候会觉得压力有点大,问我为什么一直要给别人讲,我会慢慢地告诉他,这是你的责任,太婆的人生遭遇也与和平年代的我们息息相关,你作为亲身经历者的后人,有责任去传承。现在看,我儿子也在慢慢成长,他愿意去做这样的事情,做了很多配合工作。传承就是这样,将记忆在一个又一个人身上留下来。

七、对话金陵大学陈裕光校长女儿陈佩结

采访对象：陈佩结

采访时间：2022 年 8 月 28 日

采访地点：南京某康养中心

采访人：刘丽蘅、张嘉麒

采访整理：刘丽蘅、章文馨

采访对象简介：陈佩结，原金陵大学校长陈裕光之女，原金陵大学校董会董事长、中英文教基金会总干事杭立武先生的侄女。陈裕光为金陵大学第一位华人校长，1937 年组织金陵大学西迁成都，同时委任历史系美籍教授贝德士为副校长，留守南京。贝德士、林查理、史迈士与拉贝等人共同成立了南京安全区。在安全区筹备过程中，杭立武发挥了重要的作用。

西　迁

1937 年，刚开始金陵大学想搬离南京，都已经订好了船。但父亲和我说，当时有一些人非常反对，主要是几个美国人。他们觉得，美国人办的学校日本人不敢打。后来就宣布金陵大学开学，但是开学没多久就待不下去了，这时候要走就很困难了。

搬迁的经费是个大问题。金陵大学是私立学校，国家不给经费，但要

搬运仪器、图书，费用不小。当时金陵大学的教职员工非常团结，我父亲给他们讲了当下的形势，最后是教职员工提出来少拿工资，腾出钱来搬家。搬到成都三年后，学校才把这部分钱全还给大家，很不容易。

怎么搬也是个问题，我们订的船后来被政府征用了，交通问题不好解决。搬到哪里去呢？开始联系了四川的两个地方，后来看到成都好些，就把另外一个地方给了金陵中学。金陵中学非常高兴，当时他们正发愁搬到哪里去。

母亲带着我们兄弟姐妹四个，早父亲一步离开南京，去了上海的外婆家，我父亲和大哥留在了南京，他们大概是1937年12月3日或4日离开的，和金陵女子文理学院的吴贻芳校长一起坐船，从长江直接去成都。而我们是从上海到香港、河内，然后再到的成都。

安全区

一方面学校在搬迁，另一方面要搞安全区。安全区的成立跟我的姑父杭立武先生有点关系。他先在报纸上看到上海的饶家驹神父组织了安全区，保护妇女儿童，觉得我们这里也应该搞，就和南京的一些外国人联系。他当时是金陵大学校董会的董事长，跟金陵大学的几个外国人都有联系，另外他也认识一些英国人、德国人，就组织大家一起开会。会上，大家不但同意，还直接把安全区的范围定了下来。我姑父就给上海的饶神父[①]写信，并把定下来的安全区地图随信附上。这个饶神父跟日本人有些来往，姑父便请他给日本人看，要他们保证以后不要来干扰这个安全区。但是饶神父回信来只说，日本人说知道这件事了，也没有答应要保证安全。

我的姑父杭立武后来也离开了南京。他当时有两个任务，一个是成

---

① 编者按：指饶家驹神父。

立安全区，另一个是保护文物。有人提出，南京靠近莫愁路地段有很多中国的文物，能不能把这个地区也包括在安全区里面。我姑父觉得，安全区的范围已经报送出去，日本人对文物很感兴趣，要是再加（这个新片区）进去，连原来的地方也保不住了①。所以，他就把这个事情报告给政府，政府说要他负责把文物搬走，他后来就忙这个了。

金陵大学西迁之后，原来的校园也划在了安全区。一下子来了很多难民，就要给他们安排住处。当时所有房子都腾出来了，就连蚕桑系的小房子也不例外，只有两个地方没有住人，一个是大礼堂，另一个是小礼拜堂。当时跟南京市政府联系后得到的粮食、盖的毯子等，都是放在大礼堂里。烧好饭后，稀饭之类的食物就在小礼拜堂分发给大家。

离开南京前我父亲比较忙，一方面要安排这些事情，另一方面要和董事会联系，还要交代鼓楼医院的安排（当时属于金陵大学）。父亲聘请了历史系的教授贝德士先生，临时委托他当副校长，来领导这一摊子事情，比如维护校区、保护校产、照顾难民等。之前金陵大学只有校长，没有副校长。

我父亲离开南京时，难民还没有进来，但是我父亲担心留守的二三十个教职员工的安全，就给每个人去了信，说：如果你们觉得不安全要离开，随时都可以。他也把这件事情告诉贝德士，说如果留校人员要离开是得到允许的，安全是很重要的事情，不能只顾着照顾学校。齐兆昌、陈嵘他们一直待到最后，顾俊人先生等就是后来到成都去了。

事后我得知，金陵大学校址内，大概是在金银街那个位置，就住着日军的一个大头目。我们家在的平仓巷5号也住着日军的大军官。当时我家西边的空地上，挖了两个长条状的坑，活埋了好多人。要是当时金陵大学不搬走，教职员工、学生中总有人被害，非常不安全。留守南京的齐兆昌先生负责管理房产。抗战胜利后，我父亲提前回来了一次，齐兆昌先生

① 编者按：这段回忆与一些记载存有争议。

就带我父亲看了整个校址，后来就决定要把这些建筑粉刷修理一遍，当时这要花很多钱，很不容易。后来整个学校迁回南京，很多人都是从成都坐船，然后绕回来。

我们回来后，齐兆昌先生已经修缮了平仓巷 5 号的一楼和二楼。我们到三楼去看的时候，还有很多日本人留下来的酒杯，多是大酒杯，我都看愣了。当时我住在楼上，每天上楼梯时就要对着坟地，有人讲人死了之后会有磷火，我每天走过都很害怕。

1938 年，约翰·拉贝回了德国。作为南京市的两位代表之一，我父亲在汉口参加国民参政会，得知拉贝回去以后经济很困难，就决定资助他。后来我们在平仓巷 5 号住到解放，之后搬到了汉口路 71 号，实际上汉口路 71 号就是原来的平仓巷 14 号，父亲住了没多久，就住进了鼓楼医院。

贝德士

学校西迁之后，贝德士留守南京，后来他还去成都给大家讲了当时的情况。可以说他是在金陵大学待得最久的人，一直待到解放。实际上，从金陵大学这方来看，约翰·拉贝不是金陵大学的教职工，贝德士倒在这方面做了很多工作。贝德士是章开沅先生的老师，章开沅很佩服他。章开沅和贝德士的儿子有联系，他曾告诉我，贝德士的儿子前几年还到江东门纪念馆①参观过。金陵大学建校 120 周年纪念大会曾经请章开沅先生讲话，他说，贝德士先生有时提到这个安全区，只当作很平常的事情讲讲，从不多宣扬自己做了什么，越是这样，他的学生就越佩服他。章开沅先生也曾专门到美国去搜集这方面的资料，据我了解起码去过两次，每次时间都很长，搜集了大量材料。

---

① 编者按：指侵华日军南京大屠杀遇难同胞纪念馆。

祖父和金陵大学

我爷爷实际上是个木工,后来才学的建筑,组建了南京城第一家搞建筑的队伍。他原来在浙江的时候就信教,他建的房子都跟教会有关系。

金陵大学部分校舍就是我爷爷的建筑队建造的,比如现在南京大学的北大楼、东大楼、西大楼、礼堂,还有一些宿舍。有一次,一个老师跟我说,北大楼旁边一栋楼的地下室里有水井,我一听,就想起来汉口路 71 号楼底下也是有井,是一样的。

至于这些建筑下面有没有防空洞,倒没有听说。北大楼两边有两个楼,另一个地下是不是也有井呢?也搞不清楚。可惜很多金陵大学的建筑图纸都找不到了,要是有这些图纸,就能弄清楚建筑底下的情况。

八、对话金陵大学陈嵘教授孙子陈宏和

采访对象：陈宏和

采访时间：2022 年 8 月 11 日

采访方式：电话采访

采访人：陈民

采访整理：刘丽蘅

采访对象简介：陈宏和，原金陵大学教授陈嵘之孙。陈嵘(1888—1971)，先后于日本、美国、德国求学，1926 年归国，任金陵大学森林系教授，后任系主任。陈嵘是金陵大学紧急委员会中方成员之一，南京大屠杀期间曾多次陪同美籍教授、安全区国际委员会成员与日本大使馆、日军司令部进行交涉。安全区解散后，陈嵘与贝德士等人创办了鼓楼中学(即今天的金陵中学)。

记忆传世

在中国传统家庭，文字档案资料通常都留给男孩，所以，大部分关于我祖父的文字资料都在我这里。祖父去世的时候，我只有 15 岁。因为我们家父子年龄差得比较大，祖父年轻时候出国留学，生我父亲时就 40 岁了，而我父亲又比我大 30 岁，我稍微懂一点事的时候祖父就去世了。我们之间的交流不多，也没有听他谈起过南京安全区的事情。

　　我对这件事的了解都是听别人说的。我父亲知道一些，但他说的也不多，因为这事比较复杂。当时金陵大学搬到四川去了，大概留了四个教授在南京看守校舍，生活也是很苦的。后来日本和美国宣战，为了保存校舍，必须跟日本当局有一些接触，否则很多东西就给毁了。因为我祖父在日本留过学，懂日语，所以为了保护校舍，他跟日本人接触得比较多。我祖父后来也因此受到了一些影响。学校搬走后，还有一部分留守的工作人员，为了谋生就办了一所中学，一些留守的金大职工子弟、一些从社会上招来的学生，都在这所学校上学，就在今天的鼓楼那边。

　　1937年日军来的时候，我父亲岁数也不大，大概是十几岁，他正在老家。到了40年代，我祖父才把我父亲带到南京，所以我父亲是高中才在金陵大学办的中学上的学。我父亲本人没有经历过南京大屠杀，但父亲也跟我简单讲过当时的情况。他听我祖父说，大屠杀以后还是可以上街去的，当时美国人和日本人还没有闹翻，所以日本人没有直接派兵进金陵大学，祖父当时就是为了处理这个事留在南京的。那时晚上天刚黑，大街上就几乎没有人，静悄悄的。我祖父跟我父亲讲，人都没有了——这是那段日子留给我父亲的印象。

第二章

重现人间

❀ 对话《拉贝日记》发现者张纯如的母亲张盈盈

❀ 对话《拉贝日记》发现者邵子平

❀ 对话《拉贝日记》出版者汪意云、曾偲

❀ 对话《拉贝日记》译者郑寿康

❀ 对话《拉贝日记》译者刘海宁

❀ 对话《拉贝日记》译者钦文

一、对话《拉贝日记》发现者张纯如的母亲 张盈盈

采访对象：张盈盈

采访时间：2022 年 9 月 2 日

采访方式：微信视频采访

采访人：张焱阳、雷乾昊

采访整理：张焱阳、雷乾昊

采访对象简介：张盈盈，已故华裔女作家、《南京浩劫——被遗忘的大屠杀》作者张纯如之母，著有回忆录《张纯如：无法忘却历史的女子》。

渡尽劫波——我的家族历史

1937 年南京保卫战爆发前夕，我的父亲张铁君在南京国民政府任职，11 月时他接到上级通知溯江向武汉方向撤退，当时我母亲回乡奔丧，父亲便通知她不可返回南京，须由水路一同在芜湖会合撤离。彼时时局紧张，陆上交通困难。通往芜湖水路繁忙，码头上难民如潮。父亲在汹涌的人流中心急如焚，他不知道妻子是否收到消息，更不知道能否一同登上离开南京的船只。三四天过去了，接应的船即将启程，他发疯似的跑过各个靠岸的船只大声叫喊"以白！以白！"奇迹出现了！一艘即将靠岸的小船上传出声音："我在这里！"——我的母亲携我外婆、舅舅和姐姐在最后

时刻赶到了。

父亲一生充满传奇色彩，他幼时父母双亡，从贵阳辗转上海一路奋斗，学有所成。在他的自传中，重逢之后一家人丢弃了所有行李才勉强登上一艘超重的船。当时我母亲已怀孕许久，此后他们举家四处迁移，历经武汉、长沙，在衡山生下我哥哥，后转往柳州、贵阳，最后到达后方重庆。我父亲平时喜爱讲话，家里氛围民主且开放，一家人围着桌子一起吃饭时，他总会讲起过往的经历。抗战时期家族的历史我们很早就听他讲过。

1940 年 6 月，我在重庆出生。当时作为战时陪都，重庆不断遭受日军夜以继日的无差别轰炸。在我出生前，我父亲将临产的母亲安置到靠近嘉陵江的宽仁医院，他以为日本人不会轰炸医院、学校，不料几天后医院就遭到炸弹恣意攻击，幸而我母亲及时由医院护送躲到防空洞内，才保全了我们俩的生命。当时在日机持续轰炸之下，民房、医院、学校等均不能幸免，有资料记载，现场死伤人员无法估计，惨状令人悲痛欲绝。

直到现在，我对防空警报的嘶鸣声也难以忘怀，以至于在美国听到救护车的声音仍会感到心慌。那种声音一开始是平稳的"呜呜"声，等到敌机飞到正上空时紧急警报拉响，声音变成"呜哇呜哇"的……空袭来临时，父亲替我们每人准备了一个小板凳，一听到警报声我们就马上穿上衣服抱起板凳往防空洞跑。母亲曾告诉我她所目睹的轰炸后的景象：电线杆上挂着残肢断臂，一位母亲得知孩子没有逃出火场，冲去寻找，自己亦被烧死……我们兄弟姐妹中只有一个妹妹是抗战胜利后在武汉出生，对于抗战未亲身经历，其余的孩子脑海里都留存浓厚的战争记忆，这辈子也不会被抹去。

医院炸毁之后，父亲将母亲转移到海棠溪东边山区黄桷垭附近一个叫青沟湾的偏僻荒野，那里夜晚漆黑没有灯火，利于躲避日机轰炸。我出生时父亲举着火把步行至 6 公里外的黄桷垭，抬着滑竿将一位妇产科医生请至家里接生。后来全家搬到重庆的郊外覃家岗。当时的覃家岗是一片山野，蚊虫肆虐，环境艰难，我曾目睹父亲用马刀砍过好几条大蛇。那时候物资匮乏，我们还需提防头顶随时飞来的日本战机，时时预备躲进防空洞里。在我记忆里，母亲和外婆总将最好的食物留给孩子，自己喝残汤剩水。虽然生活极度艰辛，但父母总告诉我们，要有和日本坚决抗争到底的决心，中国一定会取得胜利。

2015 年我曾去幼时居住的覃家岗，记忆里大片大片的农田早以一种难以想象的速度变为林立的高楼。

对于抗战时的家族历史，父亲要求我们牢牢记住。所以当 1994 年纯如完成自己的第一本书，2011 年中信出版社出版中译本《蚕丝：钱学森传》（鲁伊 译）①，向我倾诉不确定下一本书写什么的时候。我告诉她，她的父辈、祖辈在抗战时期有很多经历，我们家族里有好多故事值得去写。而早在小学时纯如就好奇地问我，像她那么大的时候我们在中国做什么？为什么要到美国来？我便像父亲教育自己那样，开放坦诚地告诉她家族的逃难过程，把那一段历史在她的眼前展开。显然，这给小纯如的心里种下了探寻历史真相、捍卫人道主义正义的种子。

张纯如《南京浩劫》的书写之路

纯如从小就是一个小书虫，图书馆是她最喜欢去的地方。对她来说，那里不仅有精美的图画、神奇的故事，更蕴含着她的作家梦想。所以当从我们的讲述中第一次听到南京大屠杀的时候，她就迫不及待地跑进学校图书馆寻找，她想阅读更多的历史资料，也想证实那段历史是否真如我们所说的那般恐怖。但她碰壁了，在对二战亚洲战场普遍了解甚少的西方社会，一个小学图书馆怎么会收录关于南京大屠杀的资料呢？就连她的老师也告诉她自己从未听说过这件事。所以对幼时的纯如来说，第一次

---

① 编者按：即 1995 年出版的 *Thread Of the Silkworm*，但中译本的译名不同。1996 年台北天下文化出版公司出版《中国飞弹之父——钱学森之谜》（张定绮、许耀云 译）。

靠近历史真相的尝试无功而返,最终慢慢淡去。

此后,张纯如在伊利诺伊大学、约翰斯·霍普金斯大学分别获得学士及硕士学位,成了一名自由撰稿人,1994 年,她的第一部作品也即将完稿。这年 12 月,由美国加州华人创立的抗日战争史实维护会举办了一个历史影像展览,在那里,张纯如第一次见到记录南京大屠杀的黑白照片,血腥与残忍赤裸裸地展现在她的眼前,童年时的疑问也再次扑面而来。

震惊伴随着愤怒,她发现在西方世界几乎人人都知道希特勒的暴行,日本人在中国进行的大屠杀却不为人知,甚至没有一本与此相关的英文作品。纯如告诉我们:南京大屠杀将会是她下一部作品的题目。我们一家人在饭桌上聊过的事情很多,抗战时的经历只是其中之一。我们并没有特别刻意,也从未给她看过与大屠杀相关的照片,更未想到随便说起的事会在她心里产生如此大的影响。原来,关于南京大屠杀的追问一直藏在她的内心深处。

在后来接受美国媒体采访时,纯如说:"不知道为什么,每当看到不公正的事,我总觉得我有责任站出来。尤其在当我成为一名记者之后,我更清晰地意识到了解南京大屠杀是多么重要的一件事,我的父母并没有说谎,这是真实发生过的惨剧。"

在一步步挖掘历史资料的过程中,纯如逐渐发觉,南京大屠杀在西方社会之所以无人知晓,不仅在于西方国家本身对二战中的东方战场缺乏重视,无意宣传,更在于日本官方对此刻意进行的隐瞒淡化、不断掩饰。日本政府在西方尤其在美国做了诸多工作,对相关研究施加压力,许多针对东亚历史的研究经费均来源于日本,有关教授也对此讳莫如深,针对南京大屠杀的研究在学界成了一个烫手山芋。可以说,纯如写作《南京浩劫》一书,最初凭借的是与生俱来的好奇心,但随着阻力与真相一步步显现,正义感与勇气支撑她走到了最后。

与《拉贝日记》相逢

张纯如发现《拉贝日记》的过程可以说激动人心，那是我一生中永远也不会忘记的事情，我很高兴你们问到它。

张纯如看过南京大屠杀照片展之后，便迅速与加州湾区的抗日战争史实维护会取得联系。抗日战争史维会是一个主要由海外华人组成的社会公益草根性组织，他们中除少数历史专家之外，大都不是专业历史工作者。20世纪90年代以来，史维会的成员们自筹资金、自发组织、自觉开展多项维护抗战历史事实的活动。他们的工作不仅受到国人的赞赏和钦佩，而且引起了国际社会和日本朝野越来越广泛的关注。

史维会的工作人员建议张纯如到美国国家档案馆寻找更多的资料，更为重要的是，他们告诉张纯如，南京大屠杀期间南京安全区的资料都保存在耶鲁大学神学院图书馆里，因为安全区国际委员会中有好几位来自美国的传教士、医生、商人。张纯如随即前往。

关于《魏特琳日记》，外界都以为是张纯如发现了它，但事实并非如此。是张纯如美国东岸的朋友汤美如（Nancy Tong，她也是纪录片《以天皇之名》的导演、制作人）告诉她，魏特琳的日记保存在耶鲁大学神学院图书馆里，张纯如亲眼看到它时一度感动到流泪，她激动地打电话告诉我："你知道有一个叫明妮·魏特琳的人吗？她居然和我一样也是伊利诺伊大学的毕业生！"之后张纯如跟我分享了更多关于魏特琳的事情，并保证一定会将这本珍贵的日记编辑出版，而随后她通过努力，果真如愿得到了魏特琳家属的授权。可惜她没有实现出版的愿望就去世了！张纯如每次演讲南京大屠杀都提到《魏特琳日记》，她对魏特琳和《魏特琳日记》的宣传是功不可没的！

张纯如在耶鲁大学神学院的发现不止于此。她还找到了罗伯特·威尔逊、约翰·马吉等更多安全区成员的信件。她发现那些信件和日记中，总绕不开一个名字——约翰·拉贝。史维会的成员告诉张纯如,拉贝这个人很奇怪,没有人知道为什么他在1938年2月从南京回到德国之后就消失不见了,在东京审判的时候也杳无音讯,没有出庭作证。张纯如当时并不能解答这些困惑,她只知道,那些信件中都说,约翰·拉贝是个好人,救了很多人的生命。她决定,一定要找到这个人。

《南京浩劫》一书中第九章叫作《幸存者的命运》,其中详述了张纯如寻找拉贝的过程。她先去信询问了拉贝曾经工作过的西门子公司,后来又在德国汉堡的报纸上刊登寻找拉贝的广告。当时通讯并不发达,种种努力都石沉大海,她没有获得任何有价值的线索。

转折点来自美国国家档案馆一位名叫约翰·泰勒的资深管理员,他年事已高,但与张纯如私交很好,在张纯如写作钱学森故事的时候就曾给予她很多帮助。他告诉张纯如你可以去加利福尼亚找一个人,这个人对移民外国的德国人很了解。

1996年4月26日,纯如兴奋地打电话告诉我她找到了!她从一位朋友的来信中得知拉贝的外孙女仍健在,叫作莱因哈特。不久她就与远在德国的莱因哈特取得联系,并迅速开展了一系列采访。德国与美国加州之间有好几个小时的时差,张纯如常常要和莱因哈特对谈到凌晨才能结束。莱因哈特懂英文,她将众多关于拉贝的资料翻译成英文交给张纯如,纯如对此如获至宝,仔细小心地整理和阅读。

1996年5月的一天,是我永远也不会忘记的日子,那一天纯如兴奋地对我说:莱因哈特告诉她,自己的外祖父还留有日记,里面正记载了南京大屠杀,具体内容残忍不堪。第一次翻阅的时候莱因哈特已有身孕,她匆匆翻阅几页便再难以继续下去。

当时我听到的第一反应是担心,纯如反复询问我这么重要的资料应该如何保护?她随后与《南京浩劫》一书的编辑商议,编辑建议她再等一等,不要把这个消息告诉任何人。因为编辑考虑的是张纯如的书要等到1997年11月才出版,到时候再披露《拉贝日记》的消息会更有利于新书的宣传。但我认为,当时距《南京浩劫》出版还有一年半的时间,万一在等待的过程中消息泄露,如此重要的资料被人故意毁灭,后果不堪设想。纯如花了四个月时间从莱因哈特那儿继续收集资料,增进对于拉贝的了解。与此同时,我再次催促女儿一定要尽早公布消息,在我看来,只有向全世界公布之后,这份材料才会更安全。

1996年9月26号,史维会的副会长丁元把《拉贝日记》发现的消息发布到网络上,那时候互联网已经很时兴了,我真的是屏住呼吸看世界的反应。10月9日,邵子平(曾任纪念南京大屠杀受难同胞联合会的会长)看到消息后找到张纯如,仔细向张纯如问了有关莱因哈特的信息,他们俩都认为一定要尽快公布这本日记,将其捐赠到耶鲁大学神学院图书馆更有利于日记的安全保存。

三个月后,1996年12月13日,史维会提供资金在《纽约时报》上刊登了张纯如写的发现《拉贝日记》的短文。邵子平也将莱因哈特请到纽约召开记者发布会,《拉贝日记》被正式公之于众,在国际社会引发轰动。遗憾的是,发布会当天纯如并未出席,我也曾问她当天为什么不去纽约。其实她当天正好要去洛杉矶上写作课,她为此已准备了许久,机票也订好了,不愿意取消行程。幸而在发布会前一天,《纽约时报》已经采访了她,在其后的报道中记录道:是张纯如在写作《南京浩劫》的时候发现了约翰·拉贝的线索。

我记得当时日本《朝日新闻》一位驻洛杉矶的记者说过,《拉贝日记》中所讲述的一切令人难以置信,他不敢登上报纸。他对张纯如说,日本右翼分子一直在挑南京大屠杀的毛病,一旦消息有误,他们绝对不会善罢甘休。

如今忆及发现《拉贝日记》的这段往事,我仍然记得那四个月里的煎熬与担心,我一辈子都忘不掉,在四个月的等待后,《拉贝日记》正式向世界公布时我们全家人是多么兴奋!

发布会之后,张纯如积极建议并推动将《拉贝日记》的副本捐赠给不同的图书馆或档案馆保存。现在回想起来,我才意识到当时纯如的热切与慷慨。她在自己的作品尚未出版的时候,就迫不及待地把资料捐往国内。

早在第一次看到《魏特琳日记》的时候,张纯如迅速将这一消息告知当时尚不知情的国内学者。1995年她从国家档案馆回来后,马上复印了一千多页的副本,寄往侵华日军南京大屠杀遇难同胞纪念馆。她曾亲口对我说:南京大屠杀发生在这座城市,他们不能没有这些珍贵的资料。

张纯如说服莱因哈特将《拉贝日记》的副本捐赠给耶鲁大学的同时,也特地请莱因哈特再捐出一份给侵华日军南京大屠杀遇难同胞纪念馆。她从来没有忘记过我们中国人也应该拥有这份重要的资料。时任史维会副会长的丁元也曾说:张纯如虽然是美籍华裔,但她说话时总习惯说"we people(我们中国人)",她为自己是中国人而自豪,她认为她是在为中国人、为华人尽一份力。

因为对拉贝先生的特殊感情和对《拉贝日记》的尊敬,我和先生张绍进趁2012年5月为新书《张纯如:无法忘却历史的女子》中文版在国内召开发布会之便,前往南京参观在南京大学校园内的拉贝与国际安全区纪念馆,并受到纪念馆主任杨善友的热烈欢迎!我们与拉贝先生雕像合影,以了却多年对拉贝先生敬佩感恩之情!

铭记历史,和平教育仍在路上

1994年,那场位于库帕提诺(Cupertino)的南京大屠杀照片展,不仅引领纯如走上书写南京大屠杀的道路,也将她与展览的主办方——加州湾区抗日战争史实维护会紧紧联系在一起。1996年,在多方共同努力下,《拉贝日记》发现并公开,史维会也在这一年召开了迄今为止规模最大的一次会议,不同地区的代表云集,共同探讨关于二战中日本所犯罪行赔偿的法律问题。纯如在这次会议上担任英语主持人,当着500多人的面讲话,这对她来说是一个很好的锻炼机会,在此之后,她慢慢成为其中的骨干成员。

1994 年,是南京大屠杀发生的 57 周年,经史维会骨干成员邵正印提议,大家一致决定成立"世界抗日战争史实维护联合会",当时担任史维会副会长的丁元告诉我,因为张纯如英文很好,大会的宗旨是由她负责英文翻译起草的。而纯如的《南京浩劫》出版后能如此畅销,也与史维会的努力不无关系。史维会的成员们通过电子邮件与当时的北美华人联络,在众多高校的中国学生联谊会上广泛宣传,所以张纯如每到一个地方演讲,都会有深受其事迹鼓舞的学生前来支持。

我们夫妇俩是在女儿去世之后才加入史维会的。2002 年 11 月,我们刚刚离开居住了 30 多年的伊利诺伊州搬到旧金山湾区,连东南西北都没有弄清楚。此时纯如猝然离去更给我们沉重一击,我们甚至都不知道应该将女儿葬在何处。在那样的时刻,是史维会成员来宽慰我们,并一手包办了张纯如的葬礼。

张纯如被葬在了天堂之门公墓(Gate of Heaven)里,告别仪式在一个小小的纪念堂内举行。告别仪式现场准备了 200 多张椅子,摆在纪念堂外的草地上,并通知了当地警察维持秩序,我完全不相信会有那么多人参加。结果当天超过 600 人来到了现场,小小的教堂容纳不下,他们便坐在外面的椅子和草地上。我们夫妇俩处于极度的悲伤之中,在教堂内外所有人的陪伴下,一起送别女儿最后一程。

在女儿去世后的一年半时间里,我都无法从悲痛中走出来。但我告诉自己:只有为女儿做一些事情,她的生命才能够延续下去,自己的生活也会更有意义。所以当时我决定成立一个基金。之后我和丈夫加入了史维会担任理事,在史维会支持下成立了张纯如纪念基金。我们认为,中国抗战的历史未出现在美国主流社会的历史教科书中,所以基金会募捐来的善款会用来资助美国中学教师以及研究抗战历史的学者们,带他们到中国实地走访,贴近抗战时期大屠杀、"慰安妇"、细菌战等血淋淋的历史事实,达到先教育老师,再讲给下一代的目的。

除此之外,我们和史维会的其他成员们一直积极参与社会活动,致力于公众教育。2005年是日本争取加入联合国安理会常任理事国最上心、出力最多的一年,当时日本与印度等国结成"争常联盟",声势浩大。对此,史维会与918爱国网一起发起签名抗议,在全球范围内征集反对日本入常的签名。最后征集的签名数量至少有2 000万,史维会也带着一大批签名簿在纽约参加抗议活动,反对日本入常。最后日本的企图未能成功。

2017年9月,旧金山湾区的多族裔民间社团,以"慰安妇"正义联盟为主,在旧金山圣玛丽广场揭幕了一组"慰安妇"塑像,我和史维会的成员也参加了揭幕仪式。这组塑像包括一座中国、韩国和菲律宾三名"慰安妇"少女手拉手的塑像,以及一尊以首个公开讲述个人经历的韩国"慰安妇"金学顺为原型的塑像。美国一般民众对日本的侵略罪行并不了解,我们要做的就是教育西方国家民众,带领他们了解得更多。然而旧金山当时的友好城市日本大阪极力反对"慰安妇"塑像的设立,多次发函要求旧金山市政府撤走塑像,并威胁解除友好城市关系。"慰安妇"正义联盟和史维会的成员们做了很多工作,说服旧金山议会站在了正义的一边。如今,作为第一组在美国主要大城市设立的"慰安妇"纪念物,这组塑像还坚定矗立在旧金山圣玛丽广场上。

对于张纯如的纪念也一直在延续。2015年8月15日,中国境外第一个以抗战为主题的纪念馆——海外抗日战争纪念馆在旧金山开放。旧金山华人社会活动家、纪念馆的发起人方李邦琴在新闻发布会上说:建立这个纪念馆是为了维护抗战史实,缅怀可歌可泣的抗战英雄和事迹,将历史真相传承给年轻一代。它表达了海外华侨华人的爱国情怀。

2022年8月20日,纪念馆内开设了张纯如阅览室。阅览室位于纪念馆三层,被命名为"一个人的力量"(Power of One)。开幕仪式上史维会会长张蓝真说:张纯如让西方社会广泛了解南京大屠杀这场人类浩劫,她做出的贡献是无价的。正是这种力量感染、鞭策着我们一往无前。我们一定要伸张正义,让日本政府向受害者正式道歉和赔偿。我希望可以成为纯如身后的一个脚印,也希望我们身后有更多的脚印,坚持她的信念。

我今年已经82岁了,我先生也85岁了。但我们仍力所能及地维护这段历史。它对我们来说为什么如此重要?就是为了牢记历史教训,维护世界持久和平,这对于当代的日本政府和人民来说也同样重要。我们这一辈正在渐渐地老去,我们仍然在呼吁和寻找更多对这段历史感兴趣的年轻人来接棒。即使年迈,我们也仍然在与时间赛跑,仍然在坚定地朝目标努力。

（注：本文内容不经授权,不得任意转载或复制。）

二、对话《拉贝日记》发现者邵子平

采访对象：邵子平

采访时间：2022 年 10 月 25 日

采访方式：微信视频采访

采访人：雷乾昊、邱彤、章文馨

采访整理：雷乾昊、邱彤

采访对象简介：邵子平，中国台湾知名法学教授，纽约"对日索赔会""纪念南京大屠杀受难同胞联合会"主要创立者。参与发现马吉影片、《拉贝日记》等南京大屠杀重要历史证据。

关于《拉贝日记》

发现《拉贝日记》的过程中有很多的细节，挑几个来说，首先，我们纪念南京大屠杀受难同胞联合会（AMVNM）是受到南京设立纪念馆的影响而成立的。联合会的学者和其他人对南京大屠杀资料的认识有限，只知道一些成书和零散的资料。后来根据找到美国马吉牧师默片的经验，我们知道在美国当年与南京相关的教会人士的家人还在世，他们的家里和学术机构收藏有书信等资料。我们联系了有关学者着手发掘了相当多的资料，知道德国商人约翰·拉贝的存在，却没有机会着手。

我们寻找拉贝的故事就要提到 Iris Chang（张纯如）了，联合会在美国东部的对日索赔和推广介绍马吉牧师默片的故事，激发了西部硅谷朋友们的热情,他们也组织起来,展开对日索赔和研究南京大屠杀历史的活动。他们介绍 Iris 来我们这搜集南京资料,说要写书,她已有写作和出版经验。我们很高兴,请她来我在美国 Rye(拉伊)的家住了两个礼拜,白天开我车去康州耶鲁大学,晚上我下班回家吃饭一起讨论有关南京的事。我特别向她介绍了拉贝的重要性,也表示我自己留过德,应该可以找到拉贝。后来我又发现自己和 Iris 的母亲早在中学生时代就认识,我们是邻居。

那一年我有空到欧洲去,去了柏林,我请老同学戴克(G. Decke)通过教会帮我找拉贝,没找到。我还想碰运气翻翻电话本,一看,柏林电话本里姓拉贝的人有五十几个。但就是那一年我回来的时候看到美国华侨的报纸上登了一个很短的消息,说是找到南京大屠杀德国侨民拉贝家属了,里面提到 Iris Chang。我马上打电话给 Iris Chang,她说她从我家离开后,差不多发了一百封信给有关的人,其中一封信给了德国侨民协会,是德国从东亚地区回来的侨民成立的协会,其中就有一个人知道拉贝本人,并知道拉贝有一个后辈就在柏林,Iris 就这样找到了莱因哈特夫人。

张纯如给了我她和莱因哈特夫人的通信记录和两三页的德文资料,上面标有日期,我猜测有可能是拉贝当时随手做下的记录,张纯如说她读不懂每一句的具体意思,想找朋友帮忙翻译。我理解她,从事写作的人都希望能有很精确的翻译。大致浏览后我觉得拉贝记录得很详细也很有意思,就对她说我可以跟拉贝外孙女直接联系,Iris 很爽快地把对方电话给了我。

我在德国读博七年,会德文,于是我跟拉贝的外孙女莱因哈特夫人直接联系,她是一位中学教师,会说英文,不太流利,我们两人用德语沟通,双方都很高兴,彼此交换了很多意见。

说到当时哪一个细节让我印象特别深刻,第一个就是我要先了解《拉贝日记》究竟写了些什么,我就问莱因哈特能不能告诉我日记是什么样的状况,比如有几册?她说一共有 12 册;我问有多厚,她说 15 公分,我说这么厚！有这么多的东西！我还问她是否看过日记？她说她从前看过，只记得里面的记载很可怕。后来为防空袭，就存放在她舅舅（就是拉贝的儿子）家里面，他舅舅在南方斯图加特附近的一个小乡村里行医。后来我好不容易说服她替我们从柏林坐车到斯图加特把日记拿过来。通电话的时候我问，日记是从什么时候开始的，她说是从9月几号开始的，我心里一想从1937年9月，那不得了，那是南京大屠杀的前夕。在拉贝日记开头，我记得拉贝写的是"Die japanischen Flieger sind gekommen."（德文：日本飞机来了。）就是说日本飞机来了，来轰炸了，来投宣传品了。我问她里面都是日记吗，她说对，前面十一本都是日记，每一天的日记都在其中，我问日记写到哪一天，她说写到1938年的3月几号。这刚好是南京大屠杀最高潮的阶段结束，换句话说，整部日记都是关于南京大屠杀的。这个细节我记得非常详细，因此我非常兴奋，这就是一部专门关于南京大屠杀的日记，而且它整个数量非常可观。我们联合会的朋友也都很兴奋。

后来我就开始和她商量怎样把日记复印送来给我们看。戴克也帮助她去复印，分批空邮到纽约来。这事给我的印象非常深刻，是我众多记忆深刻的故事中的一个。

还有一点，我想请你们尤其是德文系的朋友们，帮我查证一件事：我现在记忆力有些衰退了，但是这一点我认为我记得非常清楚，那就是当时张纯如给我的材料里面有一页是拉贝写的一份报告。1938年他从南京回到德国，当时德国还是非常强盛的国家，他给他们的领袖（希特勒）写了封信，上面说明日本军队在南京有可怕的行为，是不是要请政府方面重新考虑跟日本的关系，里面就有一句话在一个括弧里，说"请看我的日记"（"Sieh meine Tagebücher"），日记是好几本，不只一本。我追寻拉贝日记就是从这三个德文词开始的。我请你们帮忙，就是南京后来从拉贝家属得到的材料里面有没有这样一封信或者这样的一个报告？后来据说，他给希特勒的报告里面没有这三个词，我很想知道这三个词跑哪里去了，因为这正是我追寻拉贝日记的根源。

还有一点我印象深刻的是，怎样说服莱因哈特夫人公开发表日记。她说了一些原则，最重要的就是她外祖父说，日记只供家人和朋友看，如果公开要得到政府有关人员的同意。我们知道，拉贝写日记时，德国还是纳粹统治时期，后来二战结束，被美、英、法、苏等国联合占领。总之她非常犹豫，日记已经很久没有拿出来过了，而且她外祖父从前是纳粹党员，被占领军叫去，接受"去纳粹化"的教育，他们觉得非常不好意思，不大愿意对外谈论。就好像国内抗日战争中有很多汉奸，假定我们家人里有汉奸，我们就不愿意谈及。总而言之，她是很犹豫的。我要说服她，不要在意那个年代的去纳粹化，我们追求当年真相更为重要，何况日本不少人在否认历史。戴克也在当地做她的工作，帮助很大。

我觉得拉贝日记之所以轰动，是因为拉贝是一个与日本结盟的国家的纳粹党员，1937 年他是日本人很信任的人，他居然在日本军队攻陷南京之后有这么详细的一个记录，令人难以置信。在 20 世纪 90 年代的时候，日本否认日军暴行的言论还处于高潮，忽然有这么一本大部头的日记出现，当然就镇住了日本否定派。当时我们也特别邀请了哈佛大学的历史系主任，还有哥伦比亚大学一个有名的日本历史讲座教授，以及马吉牧师的儿子，他当年在南京还是一个小孩，曾见过拉贝这些人，我们请他们判断这份资料的价值。那位哈佛大学的教授特别说道，《拉贝日记》是他看到的在民国时期关于中日战争的记录中最大部头、最详细的，而且是从很可信的人笔下写出来的。那位哥伦比亚大学的教授也非常推崇这一本资料。这些话我们都转给《纽约时报》，告诉他们这本书的历史价值如此之大，而且拉贝作为例外的"好纳粹"报道轴心国家——日本的屠杀暴行，对《纽约时报》的重要读者群——犹太人也是一个震撼。所以我们就得到《纽约时报》的信任，《纽约时报》同意抢先独家发表关于南京大屠杀的报道。

那时还有一个非常出名的叫德丁（Durding）的《纽约时报》老记者，当年从南京作过头版的报道。他还活着，也出来说当时历史是如何之可怕。

拉贝的记录很详细，所以关于南京大屠杀，拉贝是几位有记录、能够发言、有资格提出来的人中的一位。其实最有资格的就是我们中国人了。可是我们中国人在这方面讲的话日本人不相信，其他国家被日本人混淆是非后也有一些狐疑，所以《拉贝日记》在这个很重要的时机出现，对日本人的影响是非常大的，对欧洲人、对美国人的影响也很大。也可以说是从发现马吉牧师的默片开始，然后紧接着发现《拉贝日记》，南京大屠杀的研究，忽然就成了显学。我个人觉得《拉贝日记》是众多见证的历史材料之一，因为我刚才前面讲的那几种因素，使得这本书显得特别重要，特别有意义。

在这之后，我们就跟这些大学教授联系，把复印好的材料从德国运过来。然后再复印几本，有一部送给耶鲁大学，还有送给哈佛大学、哥伦比亚大学的教授看，然后就去说服《纽约时报》。这些都可以说是在一种比较秘密的状态下进行的，大家都不知道，国内也不知道我们这些事情。所以等到我们准备在次日（12月13号大屠杀死难者纪念日）发表时，向很多媒体打电话、发邮件，邀请他们在纽约的洲际酒店（Continental Hotel）参加我们的记者会，直到那时候他们才知道。德通社表示这是关于我们德国的事情，为什么不特别通知我们。我说我们曾经先通知过你们，你们说那时候很忙，没有兴趣或者没有时间。当时也通知了人民日报社，人民日报社来了一个记者，听说第二天就在《人民日报》上发表报道，后来他来乡下我家采访，又连续发表了几篇报道，可能你们都看见了。

我认为还有些大屠杀的细节没有得到很好的报道，比如我们与《纽约时报》的交涉，可以供参考。我们在几年前关于发现马吉默片的事，找过一些新闻通讯社，有的发表几句话，有的发表三四段，有的写两篇文章，结果很混乱，于是我们与《纽约时报》总部联系，告诉他们愿意给《纽约时报》独家发表的权利，和他们达成了"君子协定"。《纽约时报》后来也信守承诺，我们是在12月12日召开记者招待会，它们于12月13日发表整版报道。我们送飞机票给Iris Chang，但很可惜她因为考试没能参加，因纯如作为当事人不能到场,她的妈妈也觉得很可惜。《纽约时报》抢先整版发表报道,这是后来《拉贝日记》引起轰动的重要原因之一。后来《纽约时报》看到各个国家如此重视这件事情,于是将《拉贝日记》翻译了好几篇整版发表。

从事社会活动的背景

我是在抗战时期出生,在抗战中长大的,当然特别关心抗战历史。我们最初有个"对日索赔会",这是由爱国人士组成的组织,有好多比我年龄小的,也有比我大一些的,比如唐德刚教授;跟我年龄相仿的,比如后来接替我担任"纪念南京大屠杀受难同胞联合会"会长的陈宪中先生,他是在中国台湾土生土长的,当然也是学习历史才了解到日本帝国主义的行径,他看到日本还否认南京大屠杀之后感到非常气愤。我作为在抗战中长大的一代,又是搞社会科学的,也看到德国在战后受到了世界的各种批评和谴责,我就想为什么亚洲这么安静,没有人提出赔偿。我个人是基于这些原因参加了大家的这些活动。

很多社会活动都是这样,大家基于正义与情感在一起做事。1985年左右,就有一些日本人开始出来否认南京大屠杀,否认抗战中的一些细节。石原慎太郎在美国有名的《花花公子》(Playboy)杂志上发表言论否认南京大屠杀,在他之前和之后都有类似的事情发生,我们从与他的辩论开始,在反驳他的基础上,做了一系列的努力,从索赔开始做起,后来追寻马吉牧师的默片,最重要的是发现《拉贝日记》。

社会活动常常是从一个争端,一个实际的史实争端开始的。高潮过去了慢慢就冷淡下来了。像我们纪念南京大屠杀受难同胞联合会,在纽约现在还有一批人,现任的会长叫姜国镇,是一个医生。我先参加了索赔会,相当努力,但是后来太忙,就基本上不做索赔会的工作了,集中在纪念南京大屠杀受难同胞联合会工作。1998年左右,我到上海,可以说基本上跟美国的朋友没有在一起再继续搞活动了。不过那个时候我们的会长陈宪中先生做了非常多的事情。在 Iris Chang 自杀以前，她在各个地方如在美国东部的演讲，还有跟日本驻美大使的辩论，陈先生都主持过许多联系推动工作。还有张纯如书卖得这么好，也是跟我们华侨中很多知识分子的支持有关，成为《纽约时报》的畅销书并不是凭空而来的，也有我们学生、朋友、华侨之间互相介绍，帮她推销的因素。他们尽了很大的努力。

我退休后，认为应该到大陆来了解大陆，所以我就回来了。联合会里有什么事情还是会来找我，我当然也支持他们，也在国内帮他们做一些联系，如后来我们跟北京的抗日战争纪念馆，还有跟国内许多索赔的团体联系支持。

寻找马吉影片的竞逐

我个人是学国际公法的，在德国研究法律，实际上跟历史的渊源比较少，不过那时候我们有几位前辈是历史学的教授，像唐德刚、杨学勇，这些教授对历史要比我们熟，都很有研究，但他们的名声可以说淹没在他们的学术著作中，一般人不大看得到。而 Iris Chang 是一个新闻记者，她能够用这种比较通俗的笔法，把历史的事实介绍给大家，这种写作与这些大学教授们严谨的笔法是完全不同的。至少一部分与此有关，Iris 的著作成为美国社会容易接受的一本畅销书。

1990 年，德国外交部公布了一则档案材料，材料里提到在南京大屠杀期间，美国牧师马吉用 16mm 电影机拍摄了南京大屠杀的影像，但是日本人认为这影片在历史材料上没有记载，所以日本一些研究者就称这片子为鬼片。日本人那个时候就开始追寻，我们在纽约看到消息，也开始寻找影片。我们觉得我们还有点优势、有点条件，因为马吉是一位美国人，是位美国的牧师，后来回到美国退休。而且美国的教会非常有组织，记录非常详细，保存也很完善。所以我们觉得有条件去找它。

就是从那时开始，我就跟一个日本的记者可以说是同时开始竞争，来追查马吉牧师的"鬼片"。那位日本记者叫作加藤（Kato），很有名而且很有良心。等到我转过三江四海，从美国南部转到美国北部，马吉牧师任职的各个教会我都调查得差不多之后，听说日本记者找到一些这方面的材料，当时我就很失望，没想到被日本人先发现了。但就在一两天后我也找到了马吉牧师的第二个儿子。因为最后我查到华盛顿特区，马吉在华盛顿一个教会里面供过职，而且罗斯福总统死的时候还是由他来主持入葬仪式的。那个教堂的人说马吉最后到了耶鲁大学，在耶鲁大学的学生教会里面做事情。我就查到耶鲁大学，最后是找到了耶鲁大学的一个图书馆里的管理员，叫玛莎·斯默莉（Martha Smartley），她说马吉牧师的二儿子住在纽约州一个地方叫作 Rye，而我就住在 Rye！原来我们住在同一个小村子里。我再查他的电话和地址，我和他的住址就差两条街。我从天南地北最后找到了我的邻居！我当天晚上就打电话给大卫·马吉，他告诉我有一个日本记者问过他儿子，已经拿走了一些片子，就在两三天前。我虽然失望，但请他再查查看他究竟给了些什么。过了一天他打来电话，他说搞错了，他儿子给日本记者的都是南京方面有关教会的影像，南京大屠杀本身的影像就在他们地下室里面。

我马上到他家里，看见了一共 12 个很小的方方的盒子。盒子上面还有约翰·马吉自己写的一些记录。比如"一个男孩被日军捅伤了多处"，还有关于李秀英的，就是"一个怀孕的妇女被日军捅了 37 刀"，都由他自己用笔写的。大卫·马吉说他情愿交给中国人，原来他小时候在中国，有感情，还会几句中国话。后来我们就拿了东西邀请大卫·马吉召开新闻记者招待会，我们从前没有召开过新闻记者招待会。而那个时候加藤先生在洛杉矶从费奇（George Ashmore Fitch，又名费吴生）的家属那里拿到 1937 年所拍的纪录片的一些复制材料（其实就是马吉在南京拍摄的头几卷，由费奇带到美国的），抢先在日本的报纸上报道了。他们报社也很有钱,供他到南京,采访了李秀英。所以他在日本发表好像比我们发表还要更早一些,虽然他拿到的东西没有我们全面,而且也并不是原始的真实的材料。

我觉得与南京大屠杀相关的史实还有许多东西并没有做很多的研究,包括像当初加藤是怎么发表的,发表后在日本产生什么影响。在日本听说是很轰动的。他们后来也报道了我们在纽约的新闻发布会,我们的东西比较多。听说加藤也发表了,没有欺蒙大家,朝日新闻社还派3人专程来纽约想租用我们的影片,但双方没有谈拢就作罢了。不过日方抢先发表在日本引起了什么反响?我印象国内没有再进一步做研究,我觉得我们也应该了解。我们当初就是没有理解到,很多新闻一定要趁热打铁,要抢先发表,要抓住机会,发表得更全面、更广泛、更深入,为五年后《拉贝日记》发现消息的公布提供了一个有利的经验。

《拉贝日记》发现的消息被《纽约时报》报道之后,在日本也产生了重大的影响。你们当中有学习新闻传播的同学,应该研究研究加藤先生在《每日新闻》发表了之后对日本学界、新闻界、政界有什么影响,我想这起码可有几篇研究论文,而我们当时在《纽约时报》发表后对世界有什么影响我们也不知道,需要有一个学历史或学传播学的人在世界范围了解,才知道影响力多大。对南京的影响我们确实已经看到了,《人民日报》驻纽约联合国的首席记者也亲自坐火车来我家采访,写了采访的消息,使得拉贝的新闻在中国传播开来。新闻价值在什么地方,新闻发表后的影响有多少,如何引起后来其他的研究,这些应该是可以从历史学、新闻学的角度去研究的。

三、对话《拉贝日记》出版者汪意云、曾偲

采访对象:汪意云、曾偲

采访时间:2021 年 6 月 29 日

采访地点:江苏人民出版社

采访人:雷乾昊、章文馨、施瑞珂

采访整理:雷乾昊

采访对象简介:汪意云、曾偲,江苏人民出版社编辑。汪意云是
2017 年版《拉贝日记(影印版)》的总责任编辑。

　*汪意云主要接受采访,曾偲补充。无特殊标注处,均为汪意云
回答。

初版《拉贝日记》回顾

　　1997 年,我已经进入江苏人民出版社编辑部工作。虽然我没有直接
参与《拉贝日记》的出版,却仍然对全社人为《拉贝日记》所付出的努力记
忆犹新。1996 年,拉贝外孙女莱因哈特女士在纽约举行新闻发布会,公
开了家族保存的拉贝先生日记原件,在国际上产生了很大反响。当年 12
月,《人民日报》也相继发表五六篇报道。身为出版者的责任感和地处南
京的使命感,使得江苏人民出版社认识到:出版《拉贝日记》意义重大、势
在必行。但当时交通、通信不便,财力不足,跨洋交流的困难很大,江苏人
民出版社最终在中国大使馆的帮助下,成功与约翰·拉贝的孙子托马

斯·拉贝取得了联系,并购得了日记版权。与江苏教育出版社的合作,也是为了共同解决购买版权的费用问题,这在当时是很大一笔钱。之后,在以南京大学德语系多位老师为主组成的翻译组大力协助下,终于在南京大屠杀六十周年祭的前夕——也就是1997年12月,完成了《拉贝日记》第一版的出版。

当时是两家出版社各出一个编辑,江苏人民出版社是包建明老师,他在2016年年底退休了,是本书的主要责任编辑。绝大多数的工作都是时任总编辑的蔡玉华老师和他在做,包括购买版权、联系译者等。包老师本身是学德语的,作为编辑很有优势。

当时的时间非常有限。负责翻译的老师和编辑,一道吃住在宾馆,遇到问题都是现场讨论、现场解决,不存在你译你的,我译我的,所有名词翻译都是现场统一。每个人都认真负责,效率极高。因为《拉贝日记》原稿中有大量人名和地名,都是由当时南京方言发音转写的,这些专有名词的确认给翻译工作带来很大困难。即便如此,经过大量研究考证,这部分翻译工作也顺利完成。我们现在看到的《拉贝日记》,也是一部关于老南京人文地理的小百科全书。

现在想来,《拉贝日记》的事发地在南京,对南京大屠杀遇难同胞的祭奠,也从城祭上升为国家公祭。江苏人民出版社的领导和编辑非常敏锐,看到《人民日报》的消息,第一反应就是:作为出版社,我们能做什么? 当然有失败的可能,但做成了就是好事! 这是整个中国的事情,而不只是一个城市、一家出版社的事。

《拉贝日记》出版后,反响热烈,获得了第11届中国图书奖等诸多荣誉,其后多次再版,并衍生出电影、话剧、歌剧等其他艺术形式。1997年年底,在日本东京举行的"南京大屠杀"国际讨论会上,拉贝的外孙女读过这本书,十分感慨,她说自己看过英文版和日文版,但这两个版本删改了太多,中文版本是最完整最原始的,是"世上最好的版本"。

与新一版《拉贝日记》

1997 年，我以旁观者的身份见证了《拉贝日记》第一版的诞生。20 年后，我作为《拉贝日记》的总责任编辑，把这一整套影印版的《拉贝日记》出版了。

与其他版本不同，影印版《拉贝日记》的最大价值就是原始性，这些都是最原始的日记。拉贝所有通过安全区日本大使馆递交的 60 多份公函、日军的暴行报告，里面都有，还有一些从报刊上剪贴的新闻，以及他回国后向希特勒写的一份长报告，也包括约翰·马吉拍摄的不少影片画面。全套书的每一页都采用影印，必要处进行了人工修复，每一张纸都很有年代感。

20 年间，虽然出版技术与编辑工作发生了很大的变化，但可以说江苏人民出版社编辑出版《拉贝日记（影印版）》的初心不变。在项目确立时，我们特别将其出版纳入侵华日军南京大屠杀遇难同胞八十周年祭活动中。《拉贝日记》在首版整整 20 年后，在南京大屠杀死难同胞遇难八十周年之际，以更完整、更真实的面貌呈现在读者面前。2017 年的新书发布会，央视新闻联播做了详细报道，拉贝先生的孙子托马斯·拉贝也到南京参加了活动。

编辑出版《拉贝日记》的过程，也是一个触摸历史、加深认知的过程。一开始，我对于这段伤痛和屈辱也抱有纯粹的敌意与憎恨，但随着研究的深入和与其他学者交流的加深，我也看到了一些真心反思忏悔的日本个人与团体。因此，我们反对的是不正视历史的日本右翼，最终的目的是反思战争，追求和平。侵华日军南京大屠杀遇难同胞纪念馆原馆长朱成山，被人称作"30 万遇难同胞的守灵人"，曾将他与纪念馆的故事用日记的形式记录下来，其中也详细记录了来过纪念馆的日本人，包括日本前首相村山富市和海部俊树。他说，一些有良知的日本朋友，跟我们做的是同样的事情。

　　生活在南京多年,对这座城市的热爱,首先体现在尊重它的历史。除了前后几版《拉贝日记》,我们江苏人民出版社还出版过很多相关选题,也诞生了一系列图书。比如《魏特琳日记》《从城祭到国祭》《我的100位日本朋友》……最近刚出版的关于侵华日军南京大屠杀遇难同胞25处丛葬地碑文研究的史料《纪念碑下》,就是在南京市文艺基金项目支持下整理出版的,基于历史上对25处丛葬地所进行的4次大规模田野调查的结果,包括每个纪念碑的文字图像和碑文研究,图书制作精美,意义不凡。

出版之心与文字背后

　　曾偲:在编辑制作的过程中,我越来越体会到拉贝的心境,很多人说拉贝和辛德勒一样,虽然都是纳粹党员的身份,但都出于人道主义做出善举。在我看来,拉贝保护的人更多。他在原本可以平安回去的紧要关头选择了留下,在异国他乡实现了自我价值,在南京践行了人道主义。我来到江苏人民出版社是因为对书籍的喜爱,对文字编辑工作的崇敬。我曾经当了两年记者,我认为那是一个输出的工作,做编辑时与文字的交往使得自己的状态转为输入,能够吸收营养。虽然做书的过程也需要大量的精力投入,但它也是实体产出,当书籍的精神力量影响到一些人的时候,我就觉得这份工作是有价值的。

　　汪意云:我是浙江人,出于对南京的喜爱特意选择了在南京大学攻读硕士。我就是简单地爱书,简单地认为谈书稿的时候神圣又令人享受,出版一本书的过程令人向往,于是进入江苏人民出版社,一干就是三十年。我真的非常热爱这个职业,如今再看毕业之时的职业选择,我觉得自己最初的理想都实现了。在具体编辑《拉贝日记》的过程中,那种长时间浸透在血腥灰暗的历史中的感受,一度令我承受了很大的精神压力。尤其编辑到后期的时候,关于杀戮、强暴的描写越来越多,画面感好像也越来越强烈。每天读它，我好像也开始心情低落。我就真的联想到了张纯如，在惨痛的历史面前，我们更应珍惜当下，珍爱和平，不要让历史悲剧重演。

出版这样的书注定有着政治影响，它的诞生背景首先是日本右翼企图否定和篡改历史。而《拉贝日记》与约翰·马吉的影片本身就是铁证，里面的时间、地点、场景等，都是不能被谎言抹掉的事实，无可辩驳。

我们希望，有越来越多的人能不受日本右翼的影响，看到《拉贝日记》能有自己的认识和感悟。往小了说，让他们知晓并了解那段历史；往大了说，就是能够获得爱国主义教育和和平教育！

四、对话《拉贝日记》译者郑寿康

采访对象：郑寿康

采访时间：2016 年 6 月 7 日

采访地点：南京郑寿康老师家中

采访人：陈民、钦文

采访整理：刘丽蔚

采访对象简介：郑寿康，南京大学德语系教授。曾参与《拉贝日记》版权购买与中文翻译工作。由于年事已高，郑寿康教授无法接受项目组采访，本文由南京大学德语系 70 周年系庆相关采访整理而来（经家人同意授权）。

背景

在张纯如和邵子平等人的努力下，莱因哈特夫人于 1996 年 12 月 12 日在纽约公开了日记。江苏人民出版社总编兼副社长蔡玉华从 12 月 14 日的《人民日报》上看到了这则消息，表现出了极大的兴趣。出版社一致认为，应该尽力出版这本日记，并且这一想法也得到省委省政府的高度重视和全力支持。

三通越洋电话

当时，出版社找到了我，也想办法找到了拉贝的外孙女莱因哈特夫人的电话。那个时候，我家里没有电话，打电话还要跑到出版社去，然后才联系上了拉贝的外孙女。她人很好，第一次电话联系时，她回复我说："有机会来找我，我把这个日记送给你们。"等到第二次通电话时，态度就不同了，说日记的版权在拉贝的儿子奥托·拉贝手上。第三次通电话时，就说日记的版权已经卖掉了。

15万美金的报价

我们后来就只好问日记卖给谁了，说是斯图加特出版公司。我就再发传真联系这个出版公司，说我们准备买这个版权。结果对方回复说：欢迎你来买版权！但是，他们开口要价15万美金的版权费，在当时，15万美金是一笔巨款，没有哪个出版社能拿出来。但是这个作品具有重要的政治意义，而且当时日本右翼势力抬头，不断否认南京大屠杀，而拉贝的日记正是证明了这个事件的真实性。

钱的问题解决了

当时，蔡玉华很有办法，他从部队转业，在政府部门工作过，也懂德语。他向省里汇报这个情况。后来，江苏教育出版社加入进来了，他们说：钱的问题不用愁，我们出。蔡玉华的腰板也就更硬了，向上面汇报说江苏教育出版社可以出版。出版社的汇报被转交给省委，时任江苏省委书记陈焕友批示说，这是很重要的作品，我们要把它买回来①。省外办将陈焕友的批示和省里几个部门的意见电告了外交部，外交部驻柏林办事处也表示会尽力协助江苏人民出版社与德国斯图加特出版机构的版权转让谈判。这样，通往斯图加特的路才打通了。当时组成了蔡玉华、江苏教育出版社的代表徐宗文和我三人小组去谈判。出发之前，领导和我们谈话，第一句话就是，如果价格谈不下来，15万就15万，省里财政能支付。当时，我们就放心了。

艰苦的谈判过程

当时，我们还听说其他出版社也要和我们竞争。除了江苏人民出版社以外，北京的人民出版社、美国的一个出版社也想要买这本书的版权。所以我们就去找大使馆，让他们帮忙，赶快抢先告诉德国出版公司是我们要买这个版权。1997年4月初，谈判开始了，当时双方谈判主要的问题一方面是价格，另一方面是权利。谈判过程还是很困难的，双方报价差异较大，有时候一天要谈10个小时。对方坚持15万美元的报价不松口，我方提出5万美元。经过三天的磋商，最终我们以8万美元买下了《拉贝日记》的中文出版权利②。4月4日晚，谈判小组一行三人带着三大包《拉贝日记》全部复印件，回到了柏林，向驻德使馆柏林办事处报告谈判情况，并准备拜访莱因哈特夫人。

---

①　批示原文："《拉贝日记》是宝贵的资料，是日本侵略者对南京人民大屠杀的又一重要见证，应千方百计将原稿买来。"

②　德方向江苏人民出版社转让下列资料的中文出版权利：1) 拉贝1942年亲自整理的题为"轰炸南京"的两卷本日记；2) 拉贝于1937年9月19日至1938年2月26日所记的全部日记，以及拉贝搜集的有关侵华日军南京大屠杀的文献资料；3) 德国前驻华大使维克特根据《拉贝日记》及其他档案资料编撰的《南京的德国好人》。版权购买方拥有全部中文版权，而且拥有新闻报道转载、电台广播、制作CD版和拍摄非商业性影片等项权利。

拜访莱因哈特夫人

4月6日，谈判小组在柏林拜访了莱因哈特夫人，她向我们讲述了很多关于南京和外祖父的回忆。她还告诉我们，1996年4月，华裔女作家张纯如找到了约翰·拉贝的儿子奥托·拉贝。当时奥托已82岁，就委托自己的外甥女来处理此事。莱因哈特夫人把日记拿到柏林的家中，阅读之后内心无法平静。出于正义感和对历史负责的态度，她毅然决定去纽约公开《拉贝日记》。她觉得，如果外祖父在世，也一定会同意她这么做。

速度快、质量高地翻译

版权买到之后，社里就立刻组织了包含我在内的七名德语教师组成了翻译组。当时提了两点要求，一要保证质量，二要抢时间，力争在国际上首家出版。当时我们7个人从6月开始翻译，用了一个半月，完成了50万字的初稿。7月份，正逢暑假，大家就关在一家宾馆里面集中统校审稿。为保证质量，对其中涉及的人名和地名都要严格审核，有疑问的要去档案馆查证。其实当时日本人也在翻译《拉贝日记》，但他们翻译出来的只有三分之一，大量内容被他们删除了。只有我们翻译的是原文原字，一字不漏。

五、对话《拉贝日记》译者刘海宁

采访对象：刘海宁

采访时间：2021 年 7 月 2 日

采访地点：南京金马路 3 号赛浩企业管理服务(南京)有限公司

采访人：唐小寒、张乐岩、张嘉麒、朱泓安

采访整理：朱泓安、张嘉麒

采访对象简介：刘海宁，江苏南京人，德语译者，译著包括赫塔·米勒《狐狸那时已是猎人》、耶利内克《美好的美好的时光》(合译)等诺贝尔奖得主作品，亦有哲学传记、科普、童书等多种书籍。曾于南京大学德语系任教，现从事企业管理工作，并作为普方协会负责人之一致力于公益事业。

参与《拉贝日记》翻译项目

当时江苏人民出版社找到南京大学，组织工作小组开展《拉贝日记》翻译项目。这个项目时间紧、内容多，所以当时有好几位老师参与，我也是其中一员。另外还有几位东南大学的老师也参与进来。

一开始我同接受寻常的翻译任务一样，将其视作出版社对德语学者的委托。然而，当翻译工作开始时，翻译组所有人员都被要求住进旅馆工作。这让我察觉到这项翻译任务不一样。当然，这种包吃包住开展工作的做法的最基本考虑，是为了确保译者们能高效地在计划时间内将翻译任务完成。后来,随着翻译工作的不断推进,我才认识到这不是一次普通的翻译,实际上,它牵涉到大量的历史、政治因素,同时也涉及个人感情问题。所以对我来说,这次翻译任务是我做过的所有翻译任务当中持续时间最长、介入程度最深的一项。

译者个人情感的处理

对这项翻译任务投入情感的不止我一个人。事实上,当翻译进行到一定程度以后,翻译组里每个人的个人情感,都在慢慢地投入进去,越来越深。第一,我们作为中国人;第二,我作为南京人,看到南京大屠杀的历史又以文字形式被翻译出来了,难免有所触动。说实话,以前我知道南京大屠杀这件事情,但细节知道的不多。通过翻译《拉贝日记》,我慢慢了解到更多细节。你想想看,如果一个人总是接触到让他非常伤心的、让他感觉到非常无助的东西,这时候,人会很自然地情绪化。翻译时的我也是这样。

当时,我们工作组经常一起开会。会上,大家都告诫彼此,不能把个人的情绪带到翻译工作中去——因为这会导致翻译表述的情绪化,影响事件本身的客观性——而拉贝的描写,大多是比较客观的。当我们以中国的语言文字,再来组织比较客观的事件的时候,语言表达的情绪化就是需要我们极力避免的。我们要求自己排除这些个人情绪,客观地用中性化的语言把《拉贝日记》当中所有的史实,完整地表现出来。

译者对历史悲剧的感受

我现在只谈我自己,其他译者我不太清楚。看待有些事情,我和拉贝的角度是不太一样的。第一,因为我作为现在的人,来看过去发生的事情,而拉贝是历史亲历者。第二,我作为中国人看中国的一段历史,作为南京人看南京过往的悲剧,我非常悲愤和伤心。而对于拉贝来说,他救助大量的难民——我想,他更多是出于一种同情心吧。

翻译中的考证与调整

关于地名考证的问题,第一版(译本)《拉贝日记》的翻译中牵涉不多。再加上我们翻译第一版《拉贝日记》时,侵华日军南京大屠杀遇难同胞纪念馆也派人参与其中,不参与翻译,但帮我们做一些考证。所以,第一版《拉贝日记》的考证工作我们相对轻松一些。

但是第一版《拉贝日记》有个缺点,就是我们对其中的机构名称和人名没有做进一步考证。我们当初给很多人(和机构)使用的是译名,这会造成一个问题:如果几十年以后人们再(通过第一版《拉贝日记》译本)回望那段历史,很有可能与历史上真实的机构和人名对不上号。于是,后来在江苏人民出版社计划出版《拉贝日记(影印版)》六卷本时,我们对人名和机构名称也进行了大量考证,当然纠正了很多地名的翻译。在出版社与中国第二历史档案馆的合作中,译者要将所翻译和考证的词条交给档案馆审核。《拉贝日记》六卷本的考证词条有 5 000 多个,包括地名、人名、机构名和事件名。原来的人物叫什么名字,我们就用什么名字;原来机构名称的中文是什么,我们就对照着用什么。这样,当读者考证这段历史的时候,就能够对上号。

对于考证本身,机构名称的考证稍微简单一些,地名和人名的考证就比较难。由于拉贝不会讲中文,《拉贝日记》中很多地名和人名是参照当时南京话的发音来写的。翻译时,我们习惯性地用普通话来考虑,所以出现了对不上号的情况,后来才意识到这是南京话的说法。还有,如果《拉贝日记》中的人物仅仅出现了一个名字,我们还会对人物和相关事件做一些考证,在日记译本中以脚注的形式呈现。如果我们只是把他的中文名字写出来,读者看到,还是不知道过去发生了怎样的事情。

《拉贝日记》翻译的特殊性

大学毕业以后,我翻译过文学作品、社会学作品,也翻译过一些论文。我感到,翻译《拉贝日记》的时候,我们译者并没有自由发挥的空间。因为所译文本是"日记"而非"小说",这也是翻译的原则使然。

这和我做其他尤其是文学性文本的翻译是不一样的。如果翻译的是文学作品,译者既要领略原文的优美,同时要考虑怎样通过中文优美地把它表达出来。如果将德语文本一成不变地转成中文,可能会损害德语原文的优美,反而让人觉得它非常拗口、生硬。因此,我可以通过语言文字的润色,在风格上做一定调整。但是,《拉贝日记》是纯史实性的文本,我们没有办法做任何风格上的调整。因为一旦调整行文风格或者表述习惯,原文内容和客观性都有可能受到影响,甚至会损害拉贝自己的主观态度——我们翻译时,不仅要把《拉贝日记》当中的史实翻译出来,还要考虑到拉贝自己也是个有感情的人,他语言中的感觉色彩,也是需要被表现出来的。

当然,拉贝自己不是作家,只是一个普通的德国人。我们有时也能感觉到拉贝的文字比较破碎,表达的逻辑性不是特别强。面对这种情况,我们就会在文字上做一些调整,让它更符合中国人的表达习惯,让中国人读起来舒服一些。

约翰·拉贝是什么样的人?

拉贝他是一个有同情心的人。这个同情心我们可以从大的地方看,也可以从小的地方看。从大的地方看,他和在南京的外国人组织了南京安全区,救助了很多难民,救助了很多逃亡的人。那么从小处看,在生活当中,他对他的员工,对到他的院子里避难的人都给予关怀。当时他自己的院子里装了600多个难民,照常理,去照顾每个难民已经超出了一个人的能力范围,但尽管如此,他仍然这样做着。而对于西门子中国洋行南京分行的员工,如果他们家里有人生病了,拉贝会为他们提供药品和食品,并在困难的时候主动给他们加工资或是一些生活补贴费。从这大小两处我可以看出来,他是非常具有同情心的人。

纳粹党员之身份与人道主义之精神

拉贝的身份显然是复杂的,但我觉得,他的纳粹党员身份,与他的同情心、正义感、人道主义精神一点也不矛盾。说实话,那时的他也不知道未来纳粹党会走向何方。而且,当时的南京已经有不少外国人,拉贝希望在南京建立德国学校。如果他没有纳粹党员的身份,德国大使馆、德国外交部都不会批准他建立学校的申请,这是他当时加入纳粹党的最主要考虑。

起初,设立南京安全区国际委员会的并不是拉贝。最初准备成立安全区时,在南京的外国人以美国人居多,尤其在鼓楼医院、金陵大学等。最初是这些美国人提议成立南京安全区,当时他们就考虑到谁来当这个主席。如果让德国人担任安全区主席,就能利用德国与日本是盟友的身份优势,这才找到拉贝。在此之前,拉贝知道安全区成立之事,但他没有考虑过担任主席。也就是说,安全区主席人选最原始的想法是美国人,不是拉贝。

至于善和恶的抉择,我觉得拉贝是一个个体,并不代表国家。他只是从个人的同情心出发、从个人的人道主义精神出发,愿意把这项工作做起来。我觉得这是他最基本的考虑,他可能并没有上升到国家层面,也没有上升到国际主义的层面。

沉重历史中的感慨

在翻译中,我有很多感慨,这不仅仅是因为日军在南京的大屠杀,更多的是那段历史呈现出的大环境给了我不少触动。举两个例子,第一,当时在长江上跑的轮船几乎都是外国船只。尽管也有一些小船由中国民营资本家经营,却完全不能同外国的轮船公司相提并论。第二,中日在上海吴淞口交战时,黄浦江江面上所有舰船都是外国的。日本人在轰炸,美英法的军舰就在黄浦江上看。当时我在想,黄浦江是我们中国的黄浦江,长江是我们中国的长江啊,江面上竟然没有一艘舰船是中国自己的——这也说明了当时中国的弱小。

最初翻译的单行本《拉贝日记》是 1942 年拉贝自己整理的日记版本,而后来翻译的全卷(六卷)才是拉贝当时最完整的日记原件,里面包含了许多他当时搜集的报纸剪贴、公函、照片等素材。[①] 通过剪贴报纸,我们可以看到 1931 年到 1938 年左右这段时间的世界大环境。在这段历史中这样的大环境下,有哪个国家在帮中国说话? 没有! 即使有,也完全出于这些国家自己的利益。由此我意识到中国当时处在完全没有话语权、完全没有说话底气的状况。这带给我的感触非常之深。

而且,当日本进攻并占领南京时,站出来能帮助中国人的,不是中国人自己,而是外国人,是南京安全区的区区十几个人! 这十几个人能够帮助二十多万中国人,而当时的国民政府却无能为力。这也让我非常感慨。

---

① 全译本《拉贝日记》已于 2024 年 3 月由江苏人民出版社出版,书名遵循拉贝意愿,取名《拉贝日记——敌机飞临南京》。

大爱延续，投身普方协会

我们普方协会一直坚持自己的宗旨和行动，组织各种各样的慈善活动，向社会各界筹集善款，以帮助家里有困难的孩子完成学业。目前，我们主要帮助的是初中生和高中生。去年（2020年），我们资助的学生一共有325人。从普方协会成立至今，20年的时间我们一共资助了大约4 800人次。"人次"是指我们一年一次的资助。我们一旦资助了一个学生，就会一直资助到他高中毕业。

最开始的时候，我们资助的是小学生和初中生。后来，随着中国经济的不断发展和义务教育的不断完善，政府已经把小学教育覆盖得很好，于是我们把工作重点放在初中生和高中生上。小学生多数是走读，放学后回家，但地处农村的中学生，由于村庄分散等原因，一般都住校。住校的开销更大，因此我们着力资助初高中生。初中生每人每年2 000元，高中生每人每年3 000元。这是我们资助的基本做法。

我们主要通过举办慈善活动募集善款。比如每年4月会举办普方慈善会，我们将捐款所得、门票所售、捐物所获变现捐给受助学生。再比如每年举办多场义卖，我们把人们捐助给我们的东西卖掉筹钱。还有其他形式的活动，比如每年12月的"爱心树"活动，活动中我们在树上挂礼物，愿意捐款的人过来购买。参加的人越多，我们的进账就越多，然后我们把这笔钱全部资助给学生。这是我们的募资方式。

普方协会不是一个在民政局注册的慈善组织，然而不注册就无法开展慈善活动。于是我们和爱德基金会合作，挂靠在爱德基金会旗下，所有善款都流经爱德基金会的账目。在管理上，普方协会也形成了一整套管理机制，由十名左右的志愿者组成小型理事会，组织大家开展工作。

我们的资助范围本以苏北为主，后来我们的募捐越来越多，政府在苏北地区的扶贫力度也越来越大,我们的资助款还会剩余。因此,我们又开辟了位于安徽与湖北交界处,邻近大别山的金寨作为资助地。去年我们资助了 325 名学生,其中有 60 名就在安徽(金寨)。

行善助人,教育为先

人在社会上总要找点事情做。当你看到有人有困难,而你又可以去帮他的时候,为什么不这么做呢? 我们每年都去苏北、安徽考察。我们发现虽然中国经济有了很大的发展,但是总有一些家庭和个人,因为父母离世、身患重病等各种各样的原因,生活得很艰难。国家的帮助是托底性的,仅仅保证人们能吃得饱、穿得暖,而我们还想做点锦上添花的事情。

说说我们成立普方协会最根本的考虑。我们没有考虑去抹平仇恨,最早考虑的,就是普方一家四口被杀害的悲剧。说实话,现在不关注普方的人,可能完全不知道 2000 年有一家德国人被杀害了。如果悲剧发生后大家什么都不做,不出两三年,人们就会慢慢忘记它,这悲剧就要过去。那么,我们应当做点什么,能让这件事情从坏事变成好事。

我们想,这四个凶手杀人,是因为穷。因为当时他们进入普方家偷东西的时候,身上只剩下一毛几分钱,连吃碗饭的钱都没有,坐公共汽车的钱也没有。他们从玄武门沿着玄武湖一直走到了太平门。我们想,他们当时饥寒交迫,为什么? 因为找不到工作,当时的社会救助又不如现在好。那为什么找不到工作? 因为没有学得良好的学问,没有习得一项技能,哪怕是一门手艺也没有学到。为什么没有学到手艺? 因为他们没有完成自己的学业。所以,我们要从这四个涟水人的家乡入手,帮助涟水的贫困孩子完成他们的学业,这就是我们的初衷。

我觉得普方协会的所为,和南京大屠杀期间约翰·拉贝做的事情不好比较,两者不大一样,但是我们一直在做,将来也会一直做下去。现在我们在帮助贫困学生,以后我们还是会帮助贫困学生。

　　我们和常见的慈善机构不一样,我们不需要受助学生的感恩。我们认为学生只要完成自己的学业,就是对社会最大的报效。我们给受助学生提出的要求是:第一,要减轻自己的负担;第二,要减轻父母的负担;第三,要减轻社会的负担。能够完成学业、做到这三点,足够了。我们从来没有要求我们资助的学生将来成为什么了不起的人物,也从不过问他们的成绩。他的考试成绩是 59 分、60 分,还是 100 分,我们不关注,但是他不可以辍学,一旦辍学,资助就会停止。此外我们没有其他的要求。也就是说,我们唯一的条件是"学下去"。

六、对话《拉贝日记》译者钦文

采访对象:钦文

采访时间:2021 年 6 月 29 日

采访地点:南京大学外国语学院德语系会议室

采访人:李冰冰、杨睿颖

采访整理:杨柠菊、荣瑶

采访对象简介:钦文,南京大学德语系教师,研究方向为德国文学及文化交流史;教授文学史、思想经典、文学选读、形象学、口笔译、翻译理论与实践等课程;业余从事翻译,译著有《拉贝日记》(合译)、《论现代和后现代的辩证法》《叔本华及哲学的狂野年代》。

缘　起

《拉贝日记》的翻译是南京大学德语系的郑寿康老师组织的,他当时已经退休。翻译工程的很多前期工作都是他做的。《拉贝日记》的存在引起了美籍华人年轻学者张纯如的关注,是她较早地发现了这个日记,并敏锐地察觉出日记对研究南京大屠杀有重要的史料价值。后来,一些相关的学者陆续了解到它的存在,都特别感兴趣。《拉贝日记》的引进、翻译、出版,其实与当时的大背景有关,日本右翼否认大屠杀的声浪越来越高。《拉贝日记》的翻译就是在这样一个背景中展开的。除了政界,日本的右翼历史学家也一直在找"证据",企图以此否认大屠杀,或削弱大屠杀的残酷性。所以，对《拉贝日记》这本史料，国内官方和学界都寄予了很大的希望，期待《拉贝日记》中的一些记录能够为印证南京大屠杀的存在补充突出的证据。拉贝作为当年安全区的主席，他的身份比较突出，因此他的证言更令人期待。版权引进的过程跌宕起伏，在郑老师的口述中已经介绍了，我这里就不多说了。最终，是江苏人民出版社争得了版权，和江苏教育出版社共同策划出版。

作为南京人的译者——我们都是大屠杀的幸存者

我的外公和外婆是老南京人，大屠杀时，他们都在南京，外婆当时十来岁，害怕受到日本士兵的侮辱，就剃成了男孩头，冬天穿着宽大的棉袄，便分不太清楚是男是女。在翻译《拉贝日记》的时候，我就去问她是否知道拉贝其人，她说知道。翻译完成之后，她又跟我聊了一些当年的经历。当时她幸运地躲进了安全区，没有目睹那些屠杀的场面，但是她有认识的人，也包括从安全区出去的人，都有在大屠杀当中遇难的。她能活下来，很大程度上是因为有拉贝这样的国际友人，还有其他的志愿者组建了安全区，安全区成了很多南京市民的庇护所。

从一种私人的、宿命的角度来讲，如果我外婆当时在南京大屠杀中遇难了，那就没有我妈妈，没有我妈妈，那也就没有我。因此翻译《拉贝日记》，即使从私人角度也让我觉得，这是一件和我有关联的事情。因此我没有犹豫，立即接下了这项任务。

有很多人问我，你翻译内容如此血腥、残酷的东西，能不能睡着觉？我想说因为年轻，再加上翻译一天很累，夜里睡得快，倒也不会做什么噩梦，这可能跟我的个性也有关。但是翻译过程当中，确实有很多细节让人很压抑。这和我后来翻译其他书的心理状态是很不一样的。书中所列举的日军暴行带来的心理冲击时不时会影响到翻译的心境，感觉特别明显的时候，要停下来缓一缓才能继续工作。

新手体验与阅读体会

按正常程序,翻译这样体量的文献,至少要一到两年,但我们当时面临着一个特定的时间点:从大屠杀发生的 1937 年到接到翻译任务的 1997 年,正好是六十周年,是重要的时刻。所以,当时出版社,包括官方层面,都希望这本书能够在六十周年祭之前出版发行,这就要求《拉贝日记》的工期必须非常短。我当时是刚刚毕业的年轻老师。郑老师当时要组织一个团队,我应该是在四五月份第一次去参加这个翻译小组的会议,真正开始着手翻译应该是 5 月底、6 月初。当时我还在上课,就是白天上课,晚上或者不上课的时候在家里面翻译。天很热,我印象很深,家里就很闷,每天满头大汗地坐在电脑前翻译。翻译完成时刚刚放暑假,可能学期还没有结束,应该是在 6 月底。

当时翻译小组中我是最年轻的,其余都是我的老师辈,我是很珍惜这次翻译的机会的。首先《拉贝日记》有重要的史料价值,其次这也是我第一次翻译日后可以正式出版的书。另外,跟着老师们一起翻译,也是一次绝佳的学习机会。从态度上来说,我是非常认真的。因为要在一个月内就交稿,所以除了正常教学工作,我几乎将所有的时间都用来翻译。常常是每天一大早起来就工作,一直翻译到晚上十点多。

我作为一个南京人,作为一个历史亲历者的后代,参加翻译这样一本书,我觉得很欣慰。在翻译中看到拉贝记录的日军暴行,我的触动相当大。其实,我去侵华日军南京大屠杀遇难同胞纪念馆之前,都是要做心理准备的。我认为去纪念馆,感受历史的真相、暴行的真相,真是很难受的一件事。但是我作为南京人,有时候要接待外地的游客,包括我小时候接待日本的中学交流生,去侵华日军南京大屠杀遇难同胞纪念馆是一个必需的项目。我陪日本的中小学生去,会发现日本的孩子也会受到相当大的触动,甚至走出纪念馆后不断地向我们鞠躬,说"给你们添麻烦了"。我小时候不太理解这种行为，总觉得很多日本人的道歉太常见，总喜欢说"添麻烦了"，让人觉得"添麻烦"这个字眼太轻了。后来对日本文化稍微有点了解，才发现日本人对"添麻烦"这个事情看得很重。所以，回想那些日本小朋友甚至会痛哭流涕，让人觉得他们还是蛮真诚的。但是，他们同时会立刻表示，自己并没有从历史教科书或其他教育中得知过大屠杀事件。基于此，我们必须要多翻译类似的史料，让更多的中国、日本读者，包括国际上的读者，都去了解这个事情，这对于人类的历史记忆来讲，是非常重要的——了解大屠杀，对人类吸取历史教训、避免暴行和战争，追求和平，都是非常重要的。

我在翻译过程中，面对着自己平日里不太愿意去面对的事实，心情特别复杂。诚然，我得把翻译做好，但面对历史的震撼，我的工作有时还是会受到心情影响，要去休息一下，缓一缓，才能继续翻译。

后来《拉贝日记》出版后，我又作为读者，将中译本通读了一遍。通读的过程也还是很难受。我作为译者，每次再版后都会拿到一本新的样书，但我都没有足够的勇气再次打开书读一遍，可能我在这方面还有障碍。

难以忘怀的翻译经历

这个翻译过程真的非常难忘。此后，我再也没有过类似的翻译经历。在翻译正式开始之前，开了好几次协调会议，具体的编辑团队和我们翻译团队坐在一起，商定翻译体例、翻译原则，讨论史料甄别问题。在思想上、资料上都做了充分准备。

翻译组的成员各自翻译全书的一个部分，每个人在家里独自完成各自部分的翻译初稿。完成后，所有成员和出版社的编辑以及专家入住宾馆，集中工作和食宿。

侵华日军南京大屠杀遇难同胞纪念馆当时的副馆长段月萍，是南京大屠杀研究领域一位重要学者，当时刚刚退居二线，状态很好，从头到尾参与了后期翻译校改和审读工作。在前期会议中,她就推荐了一些基本史料,例如由中央档案馆等编、中华书局出版的《南京大屠杀》,这是当时最系统的一部有关南京大屠杀的史料汇编,这本书为我们的前期翻译工作提供了相当的便利。

翻译《拉贝日记》,不仅是语言层面上的转换,还涉及很多人名、地名的考证,包括与现存史料的对勘。比如翻译中会遇到很多日本人姓名。由于《拉贝日记》中的日本姓名都是拉丁化的转写,所以翻译流程是:先将拉丁化的名字译回日本的假名,然后再将日本的假名翻译成中文。但是拉丁化的文字回到日本假名的时候就可能有出入,比如在遇到同音字时,就不好确定。《日记》中出现的日军高军阶军官的姓名相对好确定,这些人频繁见诸现存史料和工具参考书中,但一些中低军阶军官甚至士兵的名字就没那么好找了。段馆长等专家为此特地去档案馆进一步搜寻档案并查阅研究文献,解决了大部分问题。因为是分工翻译,前后出现过的人名要比对,这些工作都是在集中校改阶段大家一起努力完成的。

地名转换工作也不是人们想象的那么容易。《日记》中出现的一些街巷的名称,拉贝自己有时候也记得不是那么准确,或记录时出现笔误。所以要准确还原这些地名也是有相当难度的。有不少老街巷,今天要么不存在了,要么也改了名称。这些问题也是在专家的帮助下最终得以解决的。

恪守忠实的翻译准则

当然,还有很多事情是在各自的翻译过程中没办法解决的,比如译者风格的问题。但好在《拉贝日记》是日记体,而拉贝本人也不是那种修辞或者文学性特别强的人,他在记日记时的文字都非常平实。当时强调的原则基本上是如实翻译,所以在最后的统校过程中,文风都还比较协调。

我们在翻译的时候还是以"信"为主,然后"达"是为了让读者能够读得顺畅。我们尽量遏制自己对文字进行修饰和润色的冲动。我作为译者，从个人的角度来讲，自己其实不那么重要，或是因为我们一开始就摆正了这样的心态，我们最希望的就是通过自己的翻译将文本如实地传达给读者，让历史学家也好，普通读者也好，能够了解拉贝所经历的南京大屠杀是什么样的，而日记的史料价值和历史价值，这应该交给历史学家，交给研究者去鉴定，我作为翻译者，最重要的任务就是如实地传达。《拉贝日记》的翻译质量如此之高，是整个团队，包括所有后期工作者的功劳，我们每个译者在这其中只是做了最初的一份工作。

《拉贝日记》翻译上的一些小细节，也对我日后的翻译提供了经验与启发。比如其中一些关于国内外政治、政党以及社会状况的描述，它们是拉贝站在个人立场发表的观点或评价。这本书首要任务是保证史料的完整价值，如果将被删减的版本拿到学术研究者面前，尤其是日本的很多历史学家包括右翼学者，他们日后对照着原文和我们的译文，发现我们的译文无论出于什么原因做了很多删减的话，都会授人口实。所以当时无论是我们翻译团队还是历史学者团队和出版社编辑团队，都希望这本书最终以完整的形式呈现，包括当时的主管领导对这本书也给予了相当的宽容，它算是原汁原味地呈现出来了。

严谨有序的审校工作

虽然一个月的时间特别紧，但是每个老师基本上都按期完成了。交稿之后，我们获得了非常好的后期编校的条件。因为官方对这件事特别重视，也因为时间紧、任务重，所以最后他们决定，在编校过程中让所有的译者都住在宾馆里。那段时间我们译者吃住在一起，白天就在宾馆的多功能厅，一起坐在大会议桌边去校对稿子。

每天的校对工作也是从早到晚。早饭之后就开始工作，午休一小时，下午两点又开始翻译，直到五六点钟。因为领导重视，所以我们办公场所的规格也很高,在部队的一个招待所,食宿条件都相当不错。印象最深刻的是,大家在饭桌上也还是在聊这本书,包括内容上的,或者是翻译上的一些心得的分享。吃完饭后大家一起去散步,三三两两在一起的时候,还是讨论翻译。之后,像我们这些年轻老师,还有几位精力好的退休老师,都会再回办公点去,干上两三个小时。这种工作状态真的是空前绝后。

校对是采取互校的方式:我的稿子给另一个译者看,另一个译者的稿子给我看。一个人的译稿,至少要交给另两个译者去看——所有的翻译问题都会呈现出来,无论是翻译上的讹误,还是未定的人名地名问题,我们会把这些都写在每天的审校日志上。段月萍副馆长也全程参与了我们的集中审校工作。她本身就是研究者,可以在这本书出版之前就接触到一些史料,当然也是令她非常兴奋的事。《拉贝日记》提供了一些全新的细节,还有一些地方会出现和现存史料有差异的地方。段副馆长就在比较中核实。当然,这类问题不是我们译者考虑的,我们只需保证各个细节在翻译过程中准确无误。

当然了,翻译过程中还有一些其他的问题,比如涉及拉贝和那些日军高层,包括和德国驻华大使馆的很多交涉的内幕等。《拉贝日记》的价值就在于,它既可以为现有的史料提供更多的印证,又能呈现新的史料。除此之外,史料之间的差异可以达到相互内证、相互辩驳的作用,这对于历史研究来讲也是很重要的。

我们每份译稿拿到这个工作组当中,至少有两位同行老师去看这个译文是不是准确;其实在这个过程中,有些问题段副馆长已经解决了。而看过两遍的这份译稿,编辑马上就把它打印成校样,给段副馆长看;段副馆长从历史学的角度,给这个译稿提出意见或者疑问,如果她觉得这里好像有问题,我们就拿回去对原文,如果和原文一致,那就是史料上有问题。在这个过程中,整个团队是在交叉地工作。我们出了一两份稿件以后,就有责任编辑介入,从文字的角度开始改稿,和我们商量他觉得要修改的地方。

这本书是江苏人民出版社和江苏教育出版社联合出版的。江苏人民出版社当时归属江苏省出版局，他们调拨了局里面最优秀的两个校对，被称为"金牌校对"，应该就是获得过全国大奖的那种校对，也在我们现场直接工作。责任编辑的稿子一旦完成，就交给校对，他们就直接改错别字或者要纠正的地方。所以整个流程基本上是有序地交叉同步进行，这就是这本书的出版何以高效推进的原因。这种工作方式，也是一般的翻译当中很少有的。

我记得这本书最后是在九十月份出版的。其实我只参与了独自翻译和联合校对。郑寿康、刘海宁老师参与了第三次校对，只有他们两位译者，其余是责任编辑、校对人员，以及历史学者们，不到两个星期，就完成了互校。到了七月底，稿子基本上已经成熟了。这个稿子赶这么快，还有一个原因，因为《拉贝日记》被发现的时候是打印稿，中方拿到版权以后，获得的是这个打印稿的复印件。当时德方说，他们也交给了一个出版社，准备同步出版。我们希望能够在德方之前率先出版。最终我们成功"赶上了"。

后来德文版出来之后，我们一对比，发现我们这本书还是有很大价值的，因为德文版不是全版，只是选取了德文读者可能感兴趣的部分。有些从读者角度看比较枯燥的记载，或者有些跟大屠杀相关性不大的，包括一些附属资料，就都被德国出版社删掉了。而《拉贝日记》里附加的一些当时的报刊，包括一些拉贝自己收集的剪报，以及他给大使馆的信，我们都觉得是有价值的，所以当时我们就把拿到的德文稿当中所有内容都翻译出来了。二十年之后我们才知道，我们拿到的那个稿子是拉贝后来自己用打印机重新誊清的稿子，他原来还有原稿，2017年影印出版的那个才是第一稿。第一稿当中还附加了更多史料，包括英美报刊对他们的记录，也包括拉贝回到德国之后，从一些渠道剪下来的报道，他把觉得跟南京大屠杀有关的都放进去了。附带的资料中有许多拉贝代表安全区起草的、交给日本或德国大使馆等机构的公函和往来信函,这些拉贝自己也留了底。而我们发现其中有些信函和我们档案馆保存的函件内容上会有一些小小的出入,这种情况本身也是有史料价值的,它提供了不同版本的史料。我们在翻译过程中一定是以史料为重的。比如在翻译一个函件的时候,我们就会去和段副馆长确定,这份函件是否能在档案馆找到。有的是能在史料汇编中找到的,也有的是没有公开出版过的,他们会特意到中国第二历史档案馆去调原始档案,和拉贝保存的档案进行比对,看看是不是一致。所以像这种史料我们拿到手的时候是没有急于翻译的,因为这些史料它不是第一次面世,无论是已经出版的还是没有出版的、内部发行的,它的文本已经具有了历史文本的价值。我们如果在翻译的时候意思一样,但是翻译出来的文本不一样,就显得不严谨。我们更倾向于使用原始资料,哪怕在已经翻译之后才找到原件,我们也会使用原件,而将自己的翻译稿弃之不用。

那么出现了原始稿之后,这本书的史料价值到底算是高还是低呢?这有两种观点:第一种看法比较普遍,也就是认为原始稿价值高于誊清稿,但是换一个角度想,誊清稿是作者核实了资料之后的改定稿,所以誊清稿才是拉贝最终完成的版本,是完整的作品。因此我们应当将誊清稿视作拉贝对其日记最终、最满意的呈现。

在中国的热烈与德方的沉寂

这本书出版之后,责编给我们看了出版社以及国内各大报纸报道《拉贝日记》中译本出版的剪报。当时通信不太发达,我们只能通过剪报得知,有外省的某家报纸报道了《拉贝日记》这本书,甚至新华社、《人民日报》都使用了相当的版面来报道它的出版。读者的热烈反响让我对自己翻译《拉贝日记》这件事有了更强的认同感。后来《拉贝日记》也毫无意外地获得了很多奖项,包括政府的和民间的奖项。这本书在国内的影响力是很大的,出版以来的二十多年间也不断重印和再版。甚至就我本人而言,有时出席一些活动,别人介绍我时提到我曾参与过《拉贝日记》的翻译,那么台下的听众中就会有些反应,这就说明《拉贝日记》在普通的读者当中是有一定知名度的。

后来随着《拉贝日记》被翻拍成电影等,它又迎来了二次传播。而我个人觉得遗憾的是,德国关于《拉贝日记》的新闻报道非常少,我在德国时有意搜寻过相关报道,几乎没有,只有在《法兰克福汇报》还是《南德意志报》上看过一次非常小的介绍,仅是说有这样一本书出版了。所以其实这本书在德国并没有引起足够的反响,反而是电影《拉贝日记》一定程度上扩大了拉贝及其事迹的影响力。

由于德国主流媒体是被偏左翼的或自由派的人占据的,所以这本书出版之后,批评家并没有怎么写书评。按理说这样一本书是很有写头的,但评论家们都选择了集体沉默,这就说明了一种姿态、一种态度。包括《拉贝日记》这部电影,在中国的影响也比在德国的影响大多了。德国各大媒体对这部电影的评价可能还不如同一个档期其他作品,即便它选的都是德国一流的演员,但这部电影也没有得到足够的反响,应该也没有获得大奖。

那年《拉贝日记》上映然后参加柏林电影节的时候,我正好在德国,看到了记者采访一位别的剧组的德国导演还是演员,问他怎么看《拉贝日记》这部电影,那位就说:“把一个纳粹分子描绘成一个救苦救难的‘德国好人’,我对此是不能接受的。”这种心理其实就能说明拉贝等类似的有纳粹党员身份的人普遍给德国民众留下的印象,也能解释为什么德国对《拉贝日记》的宣传甚少。从战后起,德国人受到的反纳粹历史教育,使他们很难认同拉贝、辛德勒这样的人物的“好人”身份。拉贝身为纳粹党员,这个身份标签立刻让他失去了德国民众的信任。纳粹党员的身份是带有原罪的。

日记文风的转变与自我身份认同

从文字上看,读者会发现拉贝文风的明显转变。一开始,拉贝的叙述还较为轻松,逐渐地,他的文字变得越来越凝重,有些天的表述甚至十分干瘪,仅仅有一些简单的数字。这一方面可能缘于他的工作压力越来越大,记日记的时间越来越少;另一方面,大概是因为南京的局势愈加严峻,让拉贝无法以轻松的笔调去详细描述和记录。可以说,文风的转变,是拉贝心理状态转变的表现,同时也是大屠杀步步升级的反映。后来,拉贝为了保护安全区内的民众,和日军直接交涉——我想,我们在读日记的过程中,完全可以体会到拉贝心理和处境的变化。

日记文风的转变,与拉贝当时所经历的南京大屠杀一步步升级有着很大的关系。当年日军侵华的进展速度之快是出人意料的。而我想,拉贝是预感到即将有重要的事情发生,于是便开始记日记了。起初他在日记中说,日记只是作为日后消遣的读物,那个时候还没发生大屠杀,他只是记录他的旅行。到南京大屠杀发生的时候,拉贝的妻子已经乘船回德国了,同时他却作为日本的盟国——德国的公民,被推举成为南京安全区国际委员会的主席。这并非他的本意,但是,他一旦进入角色之后,读者也能从日记中看出,他逐渐对自己安全区主席的身份越来越认同;而出于人道主义,他也觉得自己有必要去做这样一件事。后来,他在自家院子里为那么多难民提供庇护所,甚至为了躲避日军的轰炸和袭扰,在院子里铺上纳粹党旗作为掩护。我想,这时候的他,已经完全把自己的命运和安全区难民的命运结成一体了。

文本的生命力

我觉得一个文本最大的生命力还是在于内容。《拉贝日记》是非虚构文本，作为非虚构文本，它最重要的意义有两点：第一，它呈现了一些新内容，一些别人不知道的东西，如果只是老生常谈，就没有意义；第二，《拉贝日记》具有相当高的史料价值，是南京大屠杀的真实写照。

《拉贝日记》这本书在国内的发行量，其实是超出我的估计的。既然有很多读者愿意去买、去读这本书，就说明我低估了读者。原本我觉得，这样一本我自己翻开都会很压抑的书，不会有太多读者，再者，就作者的叙事风格和译者的翻译风格而言，《拉贝日记》都不算是引人入胜的一本书。即便如此，仍然有那么多读者愿意读下去。我想，对于中文读者来说，他们的出发点就是想了解自己民族的历史；而对于历史学家来说，无论这个文本写得好与不好都具有非常重要的研究价值。

重要的史料价值

最近这几年，我的一些德国朋友来中国，我发现他们真的是知道拉贝的——可能那部电影还是起了作用。他们来到南京，会要求去两个地方，一个是拉贝故居，一个是侵华日军南京大屠杀遇难同胞纪念馆。《拉贝日记》的发现以及它在全球的传播，使南京大屠杀事件的国际认知提升了，同时拉贝本人的善举也被更多的人知晓。我觉得，国际社会对他的认可，甚至大于德国社会对他的肯定。

很多历史学家后来在研究大屠杀历史的时候都绕不开这本日记，这也证明了它的史料价值。如今，国内的历史学家在研究大屠杀时，会直接使用我们的译本，这也让我们觉得，自己作为外语人，也在南京大屠杀史的研究中尽了应尽的一份力。《拉贝日记》作为很重要的史料，还被编入了南京大学张宪文教授主编的《南京大屠杀史料集》当中。

《拉贝日记》单本出版发行、作为单卷被编入史料集，包括后来影印版的出版和发行，对全球的大屠杀研究以及国内、国际社会对大屠杀事件乃至日本侵华历史的认知都产生了影响。相比之下，二战在全球的认知度，尤其是在欧美主导的视角下，是很高的。但在中国发生的这样一场艰苦卓绝的战争，在南京发生的这样一起残暴的屠杀，却没有获得足够的认识。我们在这样一个大背景当中，翻译了这本《拉贝日记》，我们整个团队做了一件很了不起的事情——这是我最大的感触。作为翻译者本身来讲，我倒是觉得自己不值一提，但整个工作过程却很有意义。

第三章

---❁---

名家访谈

❁ 对话南京大屠杀史研究专家张连红

❁ 对话南京大屠杀史研究专家陆束屏

❁ 对话拉贝与国际安全区研究专家郁青

❁ 对话拉贝研究专家黄慧英

❁ 对话拉贝研究专家梁怡

❁ 对话南京大屠杀史出版专家杨金荣

❁ 对话联合国教科文组织和平学教席主持人刘成

一、对话南京大屠杀史研究专家张连红

采访对象：张连红

采访时间：2022 年 10 月 4 日

采访地点：南京师范大学仙林校区

采访人：雷乾昊、张嘉麒、章文馨

采访整理：王泽森

采访对象简介：张连红，历史学博士。南京师范大学南京大屠杀研究中心主任，现任南京师范大学副校长、历史系教授、博士生导师，主要从事中华民国史、抗日战争史研究。出版的专著、合著有《南京大屠杀研究：历史与言说》《南京大屠杀全史》《南京大屠杀国际安全区研究》等。

数十载研究，还原历史真相

1989 年，我从南京师范大学历史学（教育）专业本科毕业，考入南京大学历史系中国近现代史专业攻读硕士学位，师从张宪文老师。1992 年硕士毕业后，我又回到南京师范大学工作。两年后，我继续到南京大学历史系攻读博士学位，直到 1997 年博士毕业。

正是在我求学的年代，日本极端民族主义思潮开始泛滥，日本右翼分子极力否认南京大屠杀，历史教科书也歪曲历史事实。所以，在研究生期间，我开始接触、了解南京大屠杀事件，但当时国内对南京大屠杀的研究并不充分,相关资料也不完善。1995年,章开沅[①]先生整理出版了耶鲁大学神学院图书馆藏南京大屠杀时期贝德士[②](Miner Searle Bates)等传教士的资料,例如《贝德士文献》(Bates Papers)。加上1997年《拉贝日记》被发现、整理、出版,南京大屠杀事件成了国内外的讨论热点。特别是《拉贝日记》,让我们对南京大屠杀事件有了更为清晰的脉络性认识,帮助我们揭示了南京大屠杀的许多历史真相。

《拉贝日记》的重要之处在于,它不是一本单纯的日记,它保存了与南京大屠杀相关的信件等大量文献资料,为这段历史的研究提供了文献史料支撑。没有这些珍贵的史料,我们很难去还原真实的历史。

我所工作的南京师范大学随园校区的原址就是原金陵女子大学,而金陵女大是南京大屠杀时期专门收容妇女和儿童的难民所,也是南京安全区的重要组成部分。这就不得不提到一个重要人物,那就是金陵女大教育系主任兼教务主任——明妮·魏特琳[③]。在南京大屠杀期间,魏特琳女士留下了一部日记,是她亲历侵华日军犯下南京大屠杀暴行的原始记录文献。《魏特琳日记》与《拉贝日记》一定程度上算是相互印证、反映南京大屠杀的"战时文献"。《拉贝日记》偏向工作日志,记录档案性的资料,而《魏特琳日记》记录了魏特琳女士对生命、情感的细腻认知,还原了她领导金陵女大难民所收容、保护、救助南京妇女儿童的伟大义举。这让同为美国伊利诺伊大学校友的张纯如女士在读《魏特琳日记》的时候也为之动容、落泪。后来,我们在组织编写《魏特琳传》的时候,还专门请张纯如女士写了序言。

---

① 章开沅(1926年7月8日—2021年5月28日),男,生于安徽芜湖,祖籍浙江省吴兴县,著名历史学家、教育家、华中师范大学荣誉资深教授、美国奥古斯坦那学院(Augustana College)荣誉法学博士、日本创价大学与关西大学名誉博士。

② 贝德士(Miner Searle Bates,1897年5月—1978年10月),男,在华美国传教士,原金陵大学历史系教授。

③ 明妮·魏特琳(Minnie Vautrin,1886年9月27日—1941年5月14日),在华美国传教士,原金陵女子文理学院教育系主任兼教务主任。

在《拉贝日记》《魏特琳日记》等史料不断被挖掘公布后,我更坚定地认为,作为南师大历史系的老师,自己有责任、有义务研究这段历史,围绕南京大屠杀,特别是南京安全区,进行深入研究。事实上,最初研究南京大屠杀的学者并不多,年轻学者更为少见。所以,博士毕业后的第二年,在导师张宪文老师的建议下,我确定了以南京大屠杀作为研究方向,成功申报了国家社科规划课题"南京大屠杀时期的南京'安全区'研究"。此外,我还和一批当时较年轻的历史学者①一起,成立了"南京师范大学南京大屠杀研究中心"。这个中心完全是开放式的,并不局限于南师大内部师生群体,还吸引了许多南京及南京以外的学者前来交流。研究中心成立后,我们几乎每个月都召开研讨会,还邀请到唐德刚教授、吴天威教授、邵子平先生等海内外专家学者前来交流座谈,不仅让我们对南京大屠杀有了更深入的认识,而且促进了南京大屠杀研究走进国际视野。

关于南京大屠杀的研究,当然是越深入、越充分越好。一方面,我们希望继续搜集海内外像《拉贝日记》《魏特琳日记》这样的文献资料。另一方面,我和团队在1999年启动了南京大屠杀幸存者访谈的工作。个人的力量是有限的,后来,我又带领了南京师范大学的许多大学生一起参与访谈。从2002年到2004年,利用暑假从早到晚、挨家挨户地走访每一位大屠杀幸存者。我们很快就意识到,这项工作应该再早一点启动。这样的"抢救性"工作为我们留存了一批相当珍贵的资料。大家可以看看张宪文老师主编的《南京大屠杀史料集》(72卷),其中有7卷是关于南京大屠杀幸存者的访谈——像这样珍贵的口述史料,以后不可能再有了。

当然,这项工作也得益于张宪文老师在2000年接受中国社会科学院中日历史研究中心委托主持的"南京大屠杀史料收集整理"这一课题。那时,我和来自南京大学、南京师范大学、江苏省社会科学院等单位的一批

---

① 包括南京大学历史系张生、姜良芹,江苏省社会科学院的王卫星,江苏行政学院的杨夏鸣,侵华日军南京大屠杀遇难同胞纪念馆的刘燕军等。

学者,都汇聚在张老师的这个课题项目之下,分别到美国、日本、德国、英国、法国、西班牙等国家搜集相关资料。截至 2010 年,我们先后编辑出版了《南京大屠杀史料集》全部 72 卷。2012 年,我参加的张宪文老师主编的《南京大屠杀全史》也出版面世。这一系列成果不仅成为反击日本右翼错误言论的有力证据,昭示着南京大屠杀这一铁的事实不容置疑,更将这一人类悲剧历史永久留存下来,让南京大屠杀成为全世界的记忆遗产、历史教训。

在前面谈及的"南京大屠杀时期的南京'安全区'研究"这个课题项目,算是南京大屠杀研究的一部分内容。尽管该课题在 2001 年即已顺利结项,但课题组成员们依然认为关于安全区的许多问题还没有被真正解决。例如关于当时安全区里中外人士组成、难民收容所的具体分布、安全区运作方式等问题的资料搜集还比较欠缺。因此,成员们继续进行了大量的资料搜集整理工作,不断挖掘包括南京大屠杀幸存者后人情况、在安全区参与救助的中方人员情况等信息,最终在 2022 年推出了最新研究成果——《南京大屠杀国际安全区研究》一书,这也是"抗日战争专题研究"百卷系列图书之一。

深植共同体意识,传播和平理念

在研究历史的过程中,我更加关注的是战争对普通民众心理的影响,特别是战争带来的心理创伤,所以,我围绕这一问题做了一些调查研究,申请了国家社科基金课题"南京大屠杀对南京市民社会心理影响研究"。

为什么做这方面的研究? 我想,我们应该意识到,一场战争,真正意义上并没有胜败之分,伤害的永远是人类自身。直到今天,对南京大屠杀幸存者来说,其心理创伤一直延续,甚至今天的南京市民也会受到南京大屠杀的创伤影响,都会有直抵内心深处的触动——这一心理影响是持续性的,我们要观察战争特别是暴行带给人类的长期影响,尽可能做更多的案例分析。战争对人类的伤害，并不局限于某个民族，更关乎全人类的命运。

我认为，研究南京大屠杀，有必要加强海内外的学术交流，为此我们也做了大量工作。研究中心刚成立的十年里，几乎每年都会组织学术交流活动。海内外的专家学者、青年学生，一些来自日本、美国的华人组织，都会到我们的研究中心进行交流，我们一起举办过多次国际性学术研讨会、图片展览会、学术报告会。同时，我们也积极"走出去"。我曾到美国、日本、韩国、以色列、澳大利亚、英国、德国等多个国家参与学术交流，也多次到访中国香港，给当地青年学生做专题讲座。

对历史的回顾越全面、反思越深刻，就越能体会到和平的珍贵。从史料搜集的成果来看——尤其是在《南京大屠杀史料集》(72卷)问世之后，我们已经取得了在资料研究方面的阶段性成果，但是专题性的案例研究还要加强。客观而言，今天有一些人面对南京大屠杀这段历史会带有较为浓厚的仇恨感，但是随着研究的不断深入、研究成果的推广传播、对战争和暴行的认知，我们就会超越复仇，不断凝聚形成对人类自身的和解、对和平的追求。这就是习近平主席倡导的"人类命运共同体"的印证，在追求和平与发展这个层面，我们应该超越民族、超越国家、超越地域。

当下，更重要的是呼吁更多的海内外专家学者共同努力，推动研究迈向更深层次的学术化、国际化。由于对历史认知不同，不同国家的学者不可避免地持有自己的立场，只有加强研究的学术性、客观性，才有助于海内外学者之间进行对话，也才有可能形成共识。事实上包括日本右翼在内的一些势力，仍然对南京大屠杀的这个事实本身存在不同的认知。面对已经发生的南京大屠杀，我们并不是要揪住历史不放，而是要在历史共同认知的基础上，面向未来——这就要求不同认知的人们进行对话而非对抗，彼此之间达成共识而非仇视。在日本，很多学者的情绪化比较浓，如果带着"否认南京大屠杀"这样的先导意识去看关于南京大屠杀的史料，可能就会带着挑剔、否认的心理，甚至认为一些史料是假的。

我们希望,南京大屠杀这样铁证如山的历史事实,首先能成为国内外学界的共识。如果学界之间的研究充斥着对抗,要推动社会形成共识则恐怕更难。只有学者间能够进行客观的学术对话,社会民众之间才有机会达成共识;只有达成共识,历史悲剧才能成为人类反思的宝贵财产。达成对话共识,促进共同研究,才能推动人类从历史悲剧中汲取教训、深刻反思。

近二十年来,在南京大屠杀研究领域,中国学界已经摆脱了"对抗式"的研究思维,学术化研究成果不断涌现。据我所知,近几年日本学界鲜有年轻学者继续研究南京大屠杀,特别是在我们出版了《南京大屠杀史料集》(72 卷)后,日本学界基本承认了南京大屠杀这一历史事实,但对于暴行的规模仍持保留意见。未来,我们还是要将更加客观、更加学术的研究成果呈现给社会,让民众认识到战争和暴行给全人类带来的巨大伤害,狭隘的民族主义无益于人类社会的发展。

未来走向,共筑和平

2015 年 10 月,"南京大屠杀档案"正式入选联合国教科文组织"世界记忆名录"。这说明南京大屠杀这段历史,既是我们中国人的"民族记忆",也是全人类的"世界记忆"。我们要从全世界、全人类的眼光来看待这段历史,而不是一提到这段沉痛的往事,就只想到日本对中国的暴行。对历史了解得越多,人们越应从伤痛中寻找新的方向,进行超越地域、民族和国家的思考,共同培育和平信念。

我们呼吁,今后继续加强对南京大屠杀这段历史的宣传与普及,让后人传承记忆、深入反思,避免重蹈历史覆辙。随着南京大屠杀幸存者相继作古,我们也在努力进一步和幸存者后代展开对话,幸存者后代也是南京大屠杀不可替代的记忆载体之一。国家记忆、民族记忆是由每个家庭的记忆组成的,这就使得幸存者的家族记忆尤为重要。幸存者后代分享他们的切身感受，可推动全社会共同将南京大屠杀的记忆传承下去。2019年，"南京大屠杀幸存者后代传承记忆行动"正式启动，这将为世界记忆遗产续写新的篇章，为人类和平贡献新的力量。此外，我们这些年也在努力编纂一些适合青少年阅读的普及性读物，小学读故事、初中知史实、高中重思考——面向不同学龄，针对性地进行设计。我们还欣喜地看到，诸如绘画、木雕、歌剧、影视剧等艺术表现形式，将这段历史呈现给世人，其中不乏一些国际知名导演拍摄以南京大屠杀为主题的纪录片，这会为历史的传承记忆提升一定的国际影响力。当然，我们也非常欢迎更多的民众来到南京，前往侵华日军南京大屠杀遇难同胞纪念馆，通过实地观展的方式缅怀历史。这些都是非常好的教育方式，也是我们未来要继续努力的方向。

二、对话南京大屠杀史研究专家陆束屏

采访对象：陆束屏

采访时间：2023 年 7 月 21 日

采访方式：线上腾讯会议

采访人：冯宇瑄、姜馨雨、吕晨

采访整理：冯宇瑄、邱彤、姜馨雨、吕晨

采访对象简介：陆束屏，美国内布拉斯加大学教授，用中文、英文、德文在国内外出版多部南京大屠杀研究著作。因其在南京大屠杀研究领域的丰富成果在英语世界的传播，2014 年被南京大屠杀遇难同胞纪念馆授予"特别贡献奖"。

研究缘起，难忘家族历史与校园回忆

1937 年夏天淞沪抗战爆发时，我父母在江苏丹阳县城从事教育工作。日军攻占上海向南京进军的时候，老百姓都纷纷逃难，流离失所。当时我的父母也失去了生计。他们双双前往苏北参加抗日游击队，可以说是投笔从戎，但是大概也是没有办法的办法。

我父亲在世的时候，常常提到他在抗日战争时期的经历，对日军侵华以及他们犯下的暴行可以说是深恶痛绝。他说日本的地域狭小、资源缺乏，所以将来如果有机会，仍然会向外扩张。而中国这块土地，依旧会是首当其冲。所以觉得我们做项目，让人不要忘记历史，是很有意义的。

　　作为学生与老师，我在南京师范大学校园里生活、学习、工作了十多年。刚刚进入南师时，我们每个人都要设计一个个人签名。中国人姓氏放在前面，所以我设计的是"Lushuping"。但是"h"的长竖在名字中显得突兀，所以我把它去掉了。不仅写到纸上好看，也方便外国人发音，没有任何美国人把我的名字读错过。这段校园经历与我在南京城内生活的经历、同我对南京大屠杀的研究兴趣有着天然的、相当紧密的联系。但我当时的专业是英美文学，所以关注的重点并不在此。

　　从大环境上来说，直到1982年日本文部省修改历史教科书，把"侵略"改成"进入"，中国方面才真正开始警觉，开始重视有关南京大屠杀的研究工作。在当时，这种研究工作都还没有深入，我也对其缺乏了解。

　　不过，因为我长期生活在校园里，所以也听说过好几次与母校相关的传闻。例如，有人说我们学校在大屠杀期间曾作为难民所，有美国传教士在这个校园里保护难民。还有一次，一个人指着校门说，珍珠港事件以后，日军在1942年年初占据了这个校园，把它作为司令部等。这些传闻初步引起了我的研究兴趣。1996年年底，对张纯如关于南京大屠杀的著作的报道引起了我的注意，并立即想到美国传教士曾在母校救助过难民。经历了恐怖大屠杀，这些受过良好教育的传教士不可能不留下文字记录，于是决定追踪查找他们有关南京大屠杀的文字记录材料。

寻遍欧美，获取珍贵文献资料

　　我们在做研究项目或是撰写著作的时候，一开始都有一个思路。也就是说，我们是有一个目的的，即我要做出怎么样的成果，我们怎么来布局、怎么来操作才能达到最好的水平。这样我们才能做出最好的研究项目。

　　我当时走的第一步就是弄清楚有哪些西方人士当时在南京经历了南京大屠杀。一开始我也只能用比较笨的办法，就是查找当年的旧的英文报纸，包括《纽约时报》《华盛顿邮报》《波士顿环球报》等。我基本上利用的是本校的资源。通过这番查找我获得了非常准确的数据：当时在南京城内共有27位西方人士经历了南京大屠杀，他们之中有5位英美记者，这5位记者在1937年12月15号和12月16号离开南京前往上海，而剩下来的22名可以说是全程经历了南京大屠杀。这22人里边有14位美国传教士、5位德国人、1位奥地利人，还有2名其他西方国家人士，他们在所有材料中都被称为白俄（White Russian）。这里的白俄并不是我们今天所讲的白俄罗斯共和国的人，它实际上是一个政治概念，即苏联在1917年十月革命以后逃往中国的人，是与布尔什维克赤俄相对的概念，在相当程度上他们还是效忠于沙皇的。此后我就根据这个名单追踪他们留下的资料。

　　我们学校有比较完整的美国联邦政府的各类文件，其中就包括美国外交文件。这些是历年出版的美国对外关系系列文件，按国家地区分类。1938年远东卷大概有三册，其中我找到大概二三十份美国外交官从南京发回来的电报，但是并不完整。这时我就意识到，还有很多外交文件等待发掘。

　　与此同时，我发现了一个关键人物，也就是当时美国驻南京大使馆三等秘书约翰·摩尔·爱利生（John Moore Allison）。电报绝大多数都是由他发出的，因为他是驻南京官阶最高的美国外交官，其他人写的文件都要由他签发、经他同意。而且我发现他成长在我目前居住的城市，并且1927年毕业于我们这个学校的政治系，是我们内布拉斯加大学的校友。这一点就更加增添了我做此项研究的兴趣和动力。了解了这些情况以后，我在1998年就写了一篇文章发表在我们校报上，为我准备做的研究项目做一个舆论准备，增大我获得研究基金的可能性。在1998年年底，我成功获得了一笔基金，数目不是很大，但是足够我当时使用。1999年暑假，我就前往美国东海岸，到哈佛、耶鲁和美国国家档案馆做研究、查资料。

在哈佛燕京图书馆，我查到一位美国传教士的家庭档案，他叫George Ashmore Fitch（费吴生）。他1883年出生在江苏苏州的一个美国传教士家庭，在他的家庭档案里面有他当时从南京发出来的个人信件、日记等很多材料。这些材料都是在他去世以后，由他的亲属捐献给哈佛大学的。

当时，我还不知道哈佛另一个图书馆也收藏了另一位传教士的材料，那个人的名字叫作Charles Riggs（李格斯）。我是后来再到哈佛，在另一个图书馆里边查到他的。之后我大概每隔两三年都要去一趟哈佛，因为哈佛还收藏了中国各地出版的中文老报纸，数量非常丰富。

我还去了耶鲁。实际上，收藏南京大屠杀期间美国传教士资料最丰富的地方是耶鲁大学神学院图书馆。该图书馆藏有中国传教档案（China Mission Collection），收藏了1850年至1950年前往中国传教的传教人员的个人资料和档案。这些资料也都是在他们去世了以后亲属捐献的。当年身陷南京城的有14位美国传教士，耶鲁收藏了其中9位的资料，包括他们当时写的日记、给亲属朋友的信件，可以说我在这里的收获是最为丰富的。也是在这里，我第一次见到了魏特琳的金陵日记。

再后来，我驱车前往美国国家档案馆，我去的目的就是寻找约翰·摩尔·爱利生从南京发出的电报、报告以及其他文件，希望能够尽可能多地搜寻到他发出的电文。同时，我也知道有一艘美国炮艇当时停在南京长江中。我还想看看能不能找到这个炮艇的相关记载。馆内的档案专家说，美国国务院在收发电报的时候会给每份电报一个编号，就是国务院的文件编号，另外还会做一个索引卡，登录简略的内容、日期、发报人，并按国家归档。他告诉我，我需要查找的是1938年来自中国的电报索引卡，这样就有可能找到约翰·摩尔·爱利生的电报。然后我就花了两天的时间，把1938年美国驻华使领馆发出电报的索引卡找出来，一份一份仔细地查,把每一份发自南京的电报的国务院文件编号以及简要内容都记下来。之后,在大概一个多星期的时间里,我再根据国务院文件编号一份份查找文件的原文,最后基本上都找到了。

这也可以解释我为什么要在欧美研究南京大屠杀。如果我在中国做课题,我想可能很难达到这种效果,很难有这样的便利。因为我首先是用英文写作,用英文思考和分析文献,并用英文在海外出版著作。所以,别的研究者都是往中国跑、往南京跑,而我是频繁地光顾美国各大档案馆、图书馆,一趟一趟地往欧洲跑。

考证历史,探明文字背后真意

我在整理编辑这些珍贵的传教士的记录与外交文件时,尽力查找资料,做非常详细的注释,主要是为了帮助读者理解。比如魏特琳在日记中记叙了大量的人和事,这对她当时周围的人来说应该很容易理解,但是对几十年后在完全改变了的中国社会里成长起来的读者或者美国读者而言,《魏特琳日记》之类的文献就不太容易理解。这时就需要做一些必要的注解,使读者能够更好地理解日记的内容。当然,对英文读者和中文读者的注解是不一样的。比如对于英文读者,在谈到扬州、无锡、苏州、芜湖这些城市的时候,我都要注释,解释城市在哪。对中文读者,这完全没有必要。同时,日记里面写了很多宗教相关的内容,比如他们唱赞美诗等,这对英文读者来说是没必要解释的,但是对中文读者,就要做一番解释了,如赞美诗唱的内容是什么、它的原文出自哪一部著作等,我都希望把注释做到这一步。

另外还有一点,就是魏特琳在日记中用了很多英文的名称。比如一些中国城市里有教会的女子中学,它的英文名称和中文名称相差得很远,如果按照英文音译、直译的话,简直是风马牛不相及,人家不知道你在说什么。所以需要仔细地查找资料,找到准确的中文名称。为什么魏特琳会提到那么多教会女子中学呢？因为这些中国各地的女子中学的毕业生实际上是金陵女子文理学院的生源，而金女大①的毕业生以后可能任教的地方就是这些教会中学。

在文献翻译方面，我想举一个特别引起我警觉的例子：在 1937 年 11 月 22 日的日记中，魏特琳在一个句子中提到 Mr. Gale 和 Dr. Gale，就是一字之差。我就想，在一个句子里边，怎么称呼不同，是不是用错了，因为我起初认为这两个名称指的是同一个人，其中有一个可能是笔误。但是我还是不放心，就去查了查，发现 Mr. Gale 是一位传教士，他大概是 1905 年毕业于加州大学，1908 年到中国传教。而 Dr. Gale 则是他的妻子，她 1905 年从旧金山的一所医学院毕业，获得医学博士学位，但是当时美国不允许妇女行医，于是她大概在 1905 年结婚，1908 年随他一起来到中国行医，后来曾经在金陵女子文理学院担任校医。通过这次事件，我就深深地感到仔细查找资料的重要性。这在做这类文件翻译时是非常重要的。它的重要性不仅在于可以提供更多信息，帮助读者理解内容，更重要的是它能够避免差错。所以此后只要有新的人物出现，我都尽量想办法查找，做注解，介绍这是什么人。由此也就形成了我的作品非常独特的风格。此后，我也常常收到读者与学者的来信，告诉我他们觉得这样做很好。其中有一位读者是原金陵大学物理系教授的孙子，现在在美国。他写信跟我说："你在第五章某一页的脚注为我爷爷提供了一个注解，非常感谢你！"所以我以后的作品基本上都是这样。

我觉得在整理翻译与编辑注解的时候，这些宝贵的文字资料一定要做到与史实相符，译文一定要准确，否则就失去了它作为一种可信赖的史料文献的意义。译文一定要精益求精，贴近原文，最大限度地展现原文的风貌。

---

① 指 19 世纪 10 年代美国教会在南京设立的金陵女子大学，即金陵女子文理学院，简称金女大。

　　以我的眼光来看，英文和中文的《魏特琳传》似乎都有需要改进与完善的地方。我觉得我们应当相当客观、翔实地记述她的一生，而不是一定要将她塑造成一个英雄人物。她是一个法国人的后裔，在美国中西部的乡村长大，早年的生活可以说是充满辛酸，她的母亲去世很早，父亲是一个铁匠，她小的时候曾被社会机构强行送到别人家抚养过。她1912年来到中国合肥，在中国一直待到1940年春天，最后得了抑郁症。你看，她在中国的这些岁月都是极为动荡的时期。我想她这辈子的心路历程，可能也有许多内容是值得探索的。有关她的两部英文传记，其中一部是魏特琳在金女大的同事20世纪60年代在台北出版的，这本英文传记讲了很多故事，让人感觉好像家长里短比较多，但确实提供了很多真实的资料。另一部好像是一个人改编自己的博士论文而成的，内容就比较空泛，不是太充实。

　　我们在进行文献分析的时候也要注意，不同类型的文献之间存在很大差异。德国的外交文件主要是德国外交官作为德国官方代表向上级不断报告日军暴行，也就是向当时在汉口的德国驻华大使陶德曼，以及柏林的外交部报告。当然，更重要的内容是德国房产受到日军洗劫、向日本当局索赔的情况。

　　德国商人拉贝的材料和德国外交官的记载就有很多不同的地方。依我看，拉贝的材料大致可以分为三个类型：第一当然是他的日记，这是他每天的个人记录，描述了他的日常活动与所见所闻，其中包括了日军暴行以及受害者和遇难者的情况，等等；第二类是安全区文件，这些文件主要是他在安全区工作的时候，和日军当局还有其他外国使馆的官员来往的官方信件；第三类是他个人的信件，这些信件我到现在为止找到的并不是很多，只在德国外交文件中查到一份比较详细的。

　　我们之前谈到了魏特琳日记，也可以把两者作一个比较。和魏特琳的日记相比，拉贝在日记里每天记下的仅仅是与家人分享的私人内容。但是魏特琳的日记就不完全是私下里的记载，而在很大程度上是向金陵女子文理学院领导层汇报的内容。因为魏特琳是美国教会派遣来中国的,她有义务定期向总部报告她的活动,所以魏特琳的日记是准备与上述人员分享的材料。也正是因为这种原因,早在 20 世纪 70 年代,就有人准备把存放在耶鲁大学神学院图书馆里的金陵女子文理学院英文档案中的魏特琳日记拿去出版。但是出版社不太感兴趣,没有意愿出版。而拉贝的日记则一直由其亲属收藏,直至 20 世纪 90 年代末才由他的外孙女公之于众。

当然,在我看来,这两份日记也还是有它们的局限性。首先,日军限制所有外籍人员的行动自由。这一点美国传教士、德国外交官都在记录里面提到过,日军不允许他们出城,在城内也不能随意走动,甚至美国、英国、德国外交官离开大使馆都要由日本宪兵陪同,或者跟他们坐车,或者跟他们一起走。所以这些西方人士根本没有办法到城外目睹大屠杀的现场,因为大屠杀的主要现场是在城外沿江一带。城内发生的小规模的屠杀场面也禁止他们靠近。再加上他们本身工作也很忙,比如魏特琳整天都要在校园里工作,很难脱身。拉贝整天忙于安全区的事务。所以他们的描述大多局限于他们日常活动的范围之内。当然,尽管如此,这两份日记是分属于美国和德国的,也就是第三方国家的公民在南京大屠杀期间所做的很连贯的记录,所以是难能可贵、不可多得的。

笔耕不辍,推动南京大屠杀研究国际传播

我在欧美各地的图书馆和档案馆收集了大批的英文资料,主要是为了撰写我的第一部英文著作:《他们当时在南京——南京大屠杀的英美国民见证》(*They Were in Nanjing : The Nanjing Massacre Witnessed by American and British Nationals*)。这本书的写作意图可以说是透过他们的眼光来讲述我所要讲述的故事,讲述南京大屠杀的故事。这本

书在 2004 年由香港大学出版社出版。当时出版社的编辑请张纯如为我这本书写一些推荐语。但是非常遗憾，我这本书是在 2004 年 11 月 11 日出版的，张纯如在 2004 年 11 月 9 日自杀，所以她没有能够看到这本书。她曾经要求我出版之后给她一本书，所以我之后只能寄给她父母了。2017 年，我还被她的母校，也是魏特琳的母校，伊利诺伊大学，请过去做讲座，见到了她的父母。那次讲座的主题是纪念魏特琳和张纯如。

在 *They Were in Nanjing：The Nanjing Massacre Witnessed by American and British Nationals* 这本书出版以后，我就发现自己写专著所使用的材料相对还是很少。大批的原始资料以及大批的目击资料都没有用上，也没有呈现给广大的研究者与读者。我觉得这些文件 too valuable to remain unpublished（太珍贵了，必须要出版），所以我在使用了之后，还要将这些宝贵的素材加以整理、编辑、注解、出版，和更多的学者、研究者分享，让他们也能受惠。我出版的第一部资料集就是英文版的魏特琳日记选集 *Terror in Minnie Vautrin's Nanjing：Diaries and Correspondence，1937—1938*，这本书由她母校的出版社出版，我当时成功地说服了她母校出版社的编辑。魏特琳在日记中连贯地记述了大屠杀期间的情况，包括她身边的人与发生的事，非常珍贵，意义重大。

后来，我在美国、加拿大、英国、意大利都发表过文章，不久前还在韩国做了一场讲座。还有很多人来采访过，包括《光明日报》《北京青年报》和美国的一些杂志。我现在是生活、工作在美国人堆里，在美国人堆里面做学问、做研究、做课题。对我来说，在西方做研究是一个顺理成章的选择。我用英文做研究，用英文写作，用英文出版，在英语世界里面介绍、分析课题以及研究成果，传播知识，所以我面向的更多是能读懂英文的读者，使他们能够有机会比较深入、全面地了解南京大屠杀，意义也很重大。

中国方面的档案资料大多数在 1980 和 1990 年代公开出版。日本左中右各个流派对南京大屠杀的论述与争论,大部分也是在那个时期出版,相关的研究成果绝大部分在东京出版。这些中文和日文的原始资料,我都是通过购买或者美国图书馆馆际借阅系统获得。用英文在海外出版著作以后,我基本上都把我的著作翻译成中文,在国内的出版社出版。这样,我就能够在英文世界和中文世界分享我的成果。

最近两年,我把德国外交文件集《日军南京暴行:德国外交文件中记载的南京大屠杀与劫后社会状况》用中文、英文、德文在三个国家的出版社出版,同时把它介绍给三种语言世界的读者。我当时就感觉到德国编辑非常愿意出版。我跟他谈到第二次世界大战的时候,德国外交官也并不是没有做好事,这些文献资料就是一个证据,他们在南京也做了很多好事。德国外交文件集在德国出版后,更多的读者,特别是德国人,就能通过德方的资料了解南京大屠杀的情况。

最近我也注意到,每天都有人下载我的英文版和德文版的书。令我有点意外的是,德文版下载的数量要比英文版的多。按照道理来说,应该是英文版的读者多,所以我觉得这种现象很有趣。很有可能很多人就是想看看这些资料的德文原文到底是怎么样的,这样就会有越来越多的人了解南京大屠杀这段历史。

展望未来,传递和平薪火

作为研究者,应该谦虚谨慎,善于听取意见。对于我来说,我从小学画,每天都会听到老师指点,告诉我哪个地方还有不完善的要改进,所以我比较能够接受,这是从小的习惯。只有这样,才能不断地修正完善自己的作品,才能够做出质量更高的学术著作。这样也能推动进一步的研究,提高学术水平。我觉得新一代的学者,你们的见识比我们当年要广得多,要更加拓宽自己的视野和思维,要敢于想象、敢于创新。对于研究,每一代学者都有不同的见解,也许会采取不同的研究方法。新一代的学者首先有着传承的使命,我觉得这是一个义不容辞的责任,就是承上启下。比如每一代人都在研究红楼梦,每一代人都有他们的观点,每一代人也都能够产生新的成果。所以要一代一代传下去,在前辈学者所取得的成果的基础上更进一步。

要仔仔细细、扎扎实实地学习、研究,要有足够的积累,才能比较深入、细致地了解很多重要的史实,掌握更多的知识,拓宽自己的视野。这样,才能更好地铭记历史,抵制这种否定暴行的企图。由此,我们才能维护和平。这里我举一个例子:1951 年 9 月,美国及其盟国和日本签署了《旧金山和平条约》(San Francisco Peace Treaty),条约在 1952 年 4 月 28 号生效。当时日本被美军占领,换言之,日本当时是没有主权的,条约生效后美国将主权归还给日本。但是条约中有一项很重要的条款,也就是第 11 项条款,其中列出了归还主权的先决条件:日本必须无条件地接受东京远东国际军事法庭以及其他在各国审判日本战犯的军事法庭做出的判决。这其中当然也包括 1948 年 11 月 12 日在东京法庭上宣读的对于南京大屠杀案做出的判决。所以日本有义务接受东京法庭对南京大屠杀的裁决,而否定南京大屠杀是没有法理依据的。我举这个例子的目的就是说明掌握更多的资料,扩大知识积累,能够旁征博引,就可以事半功倍。

另外,前人做过的研究并不意味着后人就不能再做。常常会有这样的情况,前人做研究的时候可能受到某种限制,不管是政治上、经济上或者其他方面的限制,而后人所处的时代与社会环境有了很大的变化,会有新的视角,也许有更好的条件,能够挖掘出前人没有的资料。这样,后人就能够超越前人,做出更好的研究。举个例子,我们可以仔细分析魏特琳的日记,或许可以折射出当时社会状况的方方面面,从而产生不同的课题。可以写写从她日记里展现出来的 20 世纪 30 年代的教育状况、城市的卫生状况、防疫水平、普通民众的生活习惯,以及与魏特琳关系紧密的基督教在民众中的传播情况及其对社会的影响,等等。更重要的是,在日军统治下，一般民众是什么样的政治态度，以及他们采用的是什么样的谋生手段。当然，还可以研究大屠杀对南京居民产生的深远影响，包括身体上、心理上、经济上，等等。所以，在研究上要做一个有心人，这样就有很多研究可以做。

我觉得对于你们来说，在深入研究《拉贝日记》的过程中，应当还要结合其他德国公民所留存的证词。相应地，也可以研究美国传教士的日记材料，再结合他们给家人、朋友的私人信件，这与当时的日记能够起到相互印证的作用。同时，也应该结合当时德国驻南京外交官的文件。这些文件和拉贝等人的活动有更多的关联，关注这种联系也能开拓你们的视野。

我觉得对《魏特琳日记》和《拉贝日记》的研究在西方世界有很好的说服力。这些材料之所以重要，首先是因为这些西方人当时是第三方立场，他们的描述基本上是相当客观、相当公正的，这是很难否认的事实。此外，1936 年年末德国已经和日本签署了反共产国际协议（Anti-Comintern Pact），德国和日本是关系比较密切的盟邦。而盟国的公民留下的目击记录的客观性和公正性是很难得的，并具有不同寻常的价值。

这些第三方人士的证言一方面使一些想否认南京大屠杀的日本人大伤脑筋。之前有一位日本人跟我争论，但他只敢从我写的那部分内容中挑毛病。而对英美外交官记载的内容，他就不敢去挑文献的毛病，因为他不能说这些西方人士私下的记录是宣传品或者虚构的不实之词，这些材料包括美国传教士的家庭书信和日记、德国商人拉贝的日记、德国外交官罗森的翔实记录，还有陶德曼签发的文件、法国海军中校南京之行之后所做的记录，等等。

另一方面，这些用英文、德文、法文记述的证词让他们本国的读者用本国的语言阅读之后，他们会认为这是确凿无疑的材料，他们特别相信当时在场的本国人的记录。如果日本右翼发出否定的杂音，对于那些国家的国民来说,谁在胡搅蛮缠一目了然。所以我觉得,对于驳斥日本右翼的这种否定企图,这些材料就起到了孙悟空的定海神针的作用。因此我们研究这些第三方人士的材料不管在现在还是将来,都有着非常重大、非凡的意义。

三、对话拉贝与国际安全区研究专家郁青

采访对象：郁青

采访时间：2023 年 7 月 13 日

采访地点：南京大学鼓楼校区

采访人：章文馨、方菁童、魏依曼

采访整理：魏依曼、方菁童

采访对象简介：郁青，工作于南京大学档案馆、南京大学拉贝与国际安全区纪念馆，从事拉贝及和平博物馆相关研究。

缘起——从故居研究中结识拉贝

2011 年，我从学校毕业之后，起先被安排到赛珍珠（Pearl S. Buck）故居，从事赛珍珠纪念馆的筹建工作。从前期赛珍珠故居的展览策划，到后面的整个筹建过程，我都参与其中。在参与过程中，我对赛珍珠及她的故居非常感兴趣。故居始建于 1919 年，这座房子一开始是金陵大学分给当时农业经济系主任卜凯（John Lossing Buck）的教师公寓，当时赛珍珠和卜凯是夫妻。赛珍珠在这个公寓里面写下了一些关于中国农民题材的作品，比如《大地》。这些作品使赛珍珠获得了 1932 年的普利策奖和 1938 年的诺贝尔文学奖，因此这个故居亦是诺贝尔文学奖作品的诞生地。

1937 年南京大屠杀期间，这座房子又成为南京安全区，也是国际委

员会智囊团的所在地——这是拉贝先生在他的日记当中说的。先后曾有八位安全区国际委员会的成员住在这座房子里,他们也在这里讨论建立国际安全区等一系列问题。同时,这座房子也收容了一些难民。2011年,南京大学认为这座房子很有历史价值,经讨论筹建南京大学赛珍珠纪念馆。

2012年赛珍珠纪念馆建成后,我调到拉贝纪念馆工作。工作时,我深感拉贝先生的生平故事非常吸引人。1931年拉贝先生被西门子公司委派到南京拓展业务,位于小粉桥的拉贝纪念馆这所房子不仅是西门子公司在南京的办事处,也是拉贝先生的寓所,更重要的是,1937年南京大屠杀期间,这里曾经是南京安全区25个难民收容所之一,即西门子难民收容所。在这所房子里面,拉贝收容、救助了超过六百位难民,同时他每天笔耕不辍,在寓所中将自己所见所闻记录下来,就是日后非常著名的《拉贝日记》,所以这所房子也是《拉贝日记》的诞生地。拉贝先生回国之后,房屋几经更迭,其间还被用作南京大学教职工宿舍。2006年,拉贝故居建设成为南京大学拉贝与国际安全区纪念馆。

其实拉贝故居1997年的时候曾经要被拆除,当时市政府需要拓宽小粉桥的路面,甚至已经下达了拆迁通知书——现在那份拆迁通知书还放在我们展厅二楼的展柜里面。时值1997年,正是《拉贝日记》被公之于众的第二年,当时已经确认了小粉桥1号的房子就是拉贝故居的原址,基于此,市政府最终决定保留拉贝故居,这也是为什么我们大家今天聚集在这里,是因为拉贝先生和南京一直有着不解之缘。

《拉贝日记》公布之后,大家都想知道拉贝先生当年救了很多人的那个房子究竟在哪里。后来《拉贝传》的作者黄慧英老师和《焦点访谈》的记者一起去调查走访,最终确认小粉桥1号的房子为拉贝故居。黄慧英老师也在自己的书中记录了这段考证的历史。

我们在筹建赛珍珠纪念馆的时候,也有一件有意思的事。赛珍珠纪念馆的地址确定之后,已经开始动工修缮了,却突然收到一封热心老师的来信,称故居的原址搞错了。我们看了信之后很紧张,不过赛珍珠的养女詹妮斯曾经住过那个房子,访问南大的时候曾经去那个房子里参观过。另外,赛珍珠故居里面也保留了房屋内外部的原始照片,经过我校建筑与城市规划学院专家比对之后确认是这所房子无疑。

我认为,这两个故居有许多历史故事与深厚的历史价值,我们对于故居原址的考证也走过了一段艰辛的历程,由黄慧英老师这些专家学者进行了非常严谨的考证。因为我在这两个纪念馆都工作过,便萌生了把这两个纪念馆的故事写下来的想法。我希望将清它们的整个历史脉络、写清楚两位人物与故居的历史故事,这就是《拉贝故居的历史变迁》与《南京赛珍珠故居的历史变迁》这两篇文章。

深入——从史料研究中了解拉贝

第一,我觉得拉贝先生和中国人民有非常深厚的感情。他从1908年来到中国直至1938年离开,在中国生活了大概30年时间。在1937年日机轰炸南京时,拉贝先生决定留守南京。他非常清楚留守南京的风险,即使德国大使馆催促他们赶紧离开,他也决定留下。我认为拉贝先生冒着巨大的生命危险自愿留守,这个决定离不开他和中国人民这几十年来建立的深厚感情。拉贝先生曾经这么说过:"我一生中最美好的青年时代是在中国度过的。我的子孙后代出生在这里,我的事业在这里获得了成功,我始终得到了中国人民的厚待。"所以我觉得,拉贝先生非常热爱中国,热爱这个国家,和中国人民保持了非常深的情谊。

第二,我认为拉贝先生是一个很有档案意识的人。在中国生活的这30年间,他非常善于整理、收集一些档案。比如说1908—1930年在北京和天津工作期间,他对那边的风俗习惯、人文、生活,包括一些名胜古迹非常感兴趣,收集了很多照片,后来在南京工作时,把这些经历整理下来,成了4卷《我眼中的北京》和1卷《慈禧太后最后的诏书》。在南京大屠杀期间,他把每天所见所闻写下来,包括南京安全区国际委员会的一些文件、他自己拍摄的一些照片,以及整理出的档案,都保存得非常好。现在出版的《拉贝日记》六卷本当中可以看到,图片、日记都被整理得非常完整。所以他是一个非常具有档案意识的人。2005年筹建纪念馆去德国募集史料的时候,也多亏了拉贝先生非常注重保存这些档案,才让纪念馆收集到这些珍贵的历史档案。我们今天之所以能看到这么多的历史照片,对拉贝先生以及南京大屠杀有这么多的了解,也是得益于他的档案意识。

第三,我还觉得拉贝先生是非常勇敢、具有大爱精神的一个人。就像习近平主席所说的:"中国人民纪念拉贝,是因为他对生命有大爱、对和平有追求。"所以我想来谈一下大爱这个词。繁体字"愛"的中间有个"心"字,虽然在现在的简体字当中,这个"心"字已经没有了,但是我觉得也是体现了之前的人对爱的理解。我认为在拉贝先生的身上,他的这个"愛"字当中的"心"所闪耀的光芒,从过去一直持续到现在。我觉得他"愛"字中间的这个"心",一直都是非常完整的,他所带来的精神、力量也是一直鼓舞人们至今的。这个是拉贝先生整个的故事当中最让我感动的一个地方。

发扬——在拉贝纪念馆里进行和平教育

拉贝故居是一个和平纪念馆。我们也看到,当下世界国际局势瞬息万变,和平的重要性日趋凸显。像拉贝与国际安全区纪念馆这样的名人纪念馆,它最主要的一个目标是讲好拉贝先生的故事,把他的和平精神传递给大家。所以我觉得,无论是我们国内的参观者,还是国外参观者,都能在这里受益匪浅。有些参观者甚至是慕名而来。我之前遇到一位参观者,他在电视上看到拉贝先生的故事,深受感动,特地来南京拜访拉贝先生的故居,并购买了相关的书籍。还有来自武汉的一位退休工人,他毕业于金陵中学,后来在武汉工作,退休之后特地回到南京参观拉贝故居。他对整个故居以及学校里面的建筑非常感兴趣，包括拉贝故居、赛珍珠故居、陈裕光故居等。不仅如此，他甚至对整个故居的设计、民国时期的面积大小做了非常详细的考证。当时金陵中学有一个项目，这位退休的工人在这个项目的资助下，根据自己的研究成果写了一本关于金陵中学老建筑的书，现在这本书已经出版了。还有一些国外的参观者，比如来自德国的参观者，他们认为这位和自己来自同一个国家的老乡在遥远的中国居然做了一件这么有意义的事情，深受感动。所以我认为，对于这些参观者而言，拉贝先生的生平，包括他对南京做的有意义的事情都在大家的心中播撒了和平的种子。而传承这种大爱，讲述这些故事，就是我们拉贝纪念馆在积极宣传和平上做的贡献。

拉贝纪念馆也会不定期地邀请南京大屠杀幸存者来举办各类参观研讨会与宣讲会。他们会为中学生、大学生，还有一些国内外媒体记者讲故事。参与者在参观拉贝纪念馆的同时，能够听到亲历者去讲述他们所经历的大屠杀，会留下更为深刻的印象，也十分有意义。参与者也会有很多问题，他们向幸存者提问就会形成一个良好互动。

无论是国内青年学生，还是其他参观者，这些故事会让他们形成对拉贝先生以及对南京大屠杀这一段历史的深刻看法。对于国外的参观者或者是记者而言，他们也会去发表相关报道。因为这个报道是根据南京大屠杀幸存者自己的口述完成的，其中的意义也不言而喻。对在纪念馆志愿服务的志愿者而言，这一段经历会对他们的整个学习、工作生涯产生非常大的影响。拉贝纪念馆平时会有志愿者参与志愿活动，他们有国内的中学生、大学生，还有一些来自国外的青年人，比如来自奥地利的志愿者。奥地利年轻人需要服兵役，但他们也可以选择去国外从事和平服务来替代兵役。奥地利海外服务就是这样的一个组织机构。在中国，一共有两家机构得到了他们的官方认可，奥地利年轻人可以在这里从事和平服务，替代兵役。一个是上海的犹太研究中心，另一个就是南京的拉贝纪念馆。所以这些奥地利志愿者来到陌生而遥远的中国之后，他们在这个城市生活,可以了解这个城市的历史。同时,他们在拉贝纪念馆的工作中,也需要去了解拉贝先生的故事,这样才能够讲好拉贝先生的故事。他们回国后也会经常讲起在南京的见闻和经历。我觉得这对于宣传拉贝先生的故事、传递和平理念也是非常有意义的。

投身——在和平博物馆中开展工作

拉贝纪念馆 2010 年的时候加入了国际和平博物馆。国际和平博物馆网络(INMP)于 1992 年成立,其宗旨是帮助世界各地的和平博物馆及相关机构之间建立联系。通过信息交换、设立联合展览、创立更多和平博物馆等方式,为世界和平与和解做出贡献。从 1933 年起,它每三年举行一次年会,今年(2023 年)是第 11 届年会,8 月份,拉贝纪念馆会去参加此次国际会议。在会上,拉贝纪念馆会以拉贝先生的事迹及和平博物馆为主题展开,给来自全世界各地的博物馆同行们讲述拉贝故事,我觉得这是宣传拉贝先生以及宣传和平的一个非常好的方式。之前我们在跟其他博物馆进行交流时,他们邀请我们去讲述拉贝先生,讲述和平博物馆的故事,我们也邀请他们来南京大学,来拉贝纪念馆去讲述他们的和平博物馆故事,这种馆际交流是非常难得的。另外,之前有一些和平博物馆的会议是在日本举办,由于种种原因我们拉贝纪念馆都没有参加,所以希望后面会有机会跟日本和平博物馆进行交流,这也是非常好的促进中日交流的机会。拉贝先生拯救了很多人的生命,所以我们希望能够在日本的博物馆讲述这些故事,让他们知道这一段历史,也希望他们能够正视这一段历史。拉贝纪念馆也会给学生代表团讲述拉贝先生的故事。从一件件的小事、一次次的讲述做起,就能不断地将和平的种子播撒到每一个参观者的心中。

工作与研究中,我也遇到了一些问题,比如关于拉贝故居始建年代的考证。根据一些书中的记载,拉贝故居始建于 1934 年。但是我本人并没有考证到资料的具体出处。黄慧英老师的《拉贝传》当中,她自己去档案馆查证过:拉贝先生在 1932 年夏天和金陵大学农学院院长谢家声签订了一份协议,金陵大学要建一座集办公、居住为一体的房子租给拉贝,这个协议的签字时间是 1932 年,但是房子究竟什么时候开始建设其实是比较模糊的,至今,我们也没能得到确切的资料考证。

第二个是在布展的时候,我们希望能像在赛珍珠纪念馆一样,原则上做到修旧如旧。赛珍珠纪念馆里有一些展厅,经过考证之后还原了她当时房间里的一些场景。但是在拉贝先生的寓所当中,我们并没有渠道获知每个房间的具体用途。如果我们有这方面的资料的话,就可以开辟一个展厅,来呈现拉贝先生当时居住、工作、生活的场景。然而因为史料的缺失,很遗憾没能完成。

第三个是现在出版的拉贝先生的日记并不完整。我们现在出版的日记其实是节选于他的六卷本当中的,完整的六卷版中文译本却还没有出版。出版之后,我相信拉贝先生的整个故事可以更完整,也可以呈现更多的一些细节。另外,拉贝的全部 20 本日记,包括他的青年时代与回国后的生活,由他的孙子保存,目前也没能出版。如果他的 20 本日记都能够出版的话,我们对拉贝先生从小到大的人生经历以及他的人道主义光辉都能有更深的理解。所以我希望以后还能够看到更多关于拉贝的出版物,以便我们更好、更完整地去理解拉贝先生和他的故事。

沉思——从幸存者身上直面历史伤痛

做幸存者采访的时候,是 2008 年左右。在参与者讲述过程中,我们的采访也遇到了一些困难。首先是幸存者的口音很难理解,又因为岁数较大,对当时的记忆已然不再清晰。所以我们当时找到了一位和幸存者年龄相仿的老师带队,希望能更好地进行采访。我们在做了相关工作之后发现,张连红老师所做的很多幸存者的记录实在是非常珍贵。目前,登记在册的南京大屠杀幸存者仅有约 40 人。所以我们更应该把大爱以及对和平的追求传承下去，而且不仅局限在南京，更要走向全国，走向世界。希望博物馆、纪念馆可以成为一个共同体，联合起来，这既是对参观者的一种爱国主义教育，更是让他们体验一种心灵之旅。

在所有与幸存者的接触中，最令我印象深刻的就是夏淑琴老人。她讲述自己经历的南京大屠杀史实的时候已经八十多岁了。在面对很多中外媒体、学生、大学老师讲述她八岁的经历时，她哭得非常伤心。在她讲述过程中，我全程在场，觉得特别揪心。她讲完自己的经历之后，告诫我们，无论是年轻一代，还是老一辈，都要珍惜今天来之不易的和平生活。后面经过调研，我自己也写了一篇关于南京大屠杀幸存者夏淑琴的文章。同时，在为大家讲解拉贝先生故事的时候，我也会一同讲述夏淑琴老人的故事。

她的经历当中有一段令人印象深刻的事。除了在国内讲述她的故事，她也受邀去日本，讲述自己所经历的南京大屠杀。当时日本就有两个右翼分子出书，白纸黑字地公然污蔑夏淑琴是假冒的南京大屠杀幸存者，所说的都是谎言。夏淑琴老人非常生气，将这两个日本右翼作家告上法庭。一共三次诉讼，一次是在南京，两次是在东京。从她 71 岁开始，打官司打到 80 岁，前后历经约九年时间。所幸这三次诉讼，她都赢得了胜利，并且获得了赔偿。这个事情对日本产生很大影响。从那以后，日本出版物中再也没有过类似污蔑南京大屠杀幸存者的歪曲言论出现。所以我觉得，她用自己的实际行动捍卫了历史真相。她当年一个八岁的小女孩儿经历了南京大屠杀，家破人亡，长大之后仍然非常坚强地在大家面前去讲述自己经历的创伤。所以每次看到夏淑琴的故事，我都觉得非常感动，希望大家能够通过夏淑琴老人的事迹，更加深刻地去了解南京大屠杀，了解战争给平民所带来的伤害，从而更加珍惜今天来之不易的和平生活。

四、对话拉贝研究专家黄慧英

采访对象：黄慧英

采访时间：2021 年 7 月 9 日

采访方式：微信视频采访

采访人：张焱阳、郁嬿、贾心蕊、谢雅婧、曹林惠

采访整理：张焱阳

采访对象简介：黄慧英，《拉贝传》作者，20 世纪 80 年代在南京市档案馆工作时发现约翰·拉贝相关资料，1988 年发表国内首篇介绍拉贝生平的文章《南京沦陷期间一位德国友人拉比》，1996 年与中央电视台《焦点访谈》记者考证确定拉贝故居地址，2002 年出版《南京大屠杀的见证人：拉贝传》。

沧海遗音——档案里的拉贝

1983 年 8 月份，我从南京大学历史系毕业，当时工作是分配的，我被分到南京市档案馆，负责管理历史档案。南京是中华民国的首都，留下了各种各样的档案。所谓档案，就是当时政府各个部门有哪些成员，做了什么工作，对此形成的文字资料。其中有一份文件和拉贝相关：1948 年南京市政府、南京市参议会得到消息，拉贝曾经作为南京安全区国际委员会的主席，救助了许多难民，但他现在生活非常困难。因此，这两个部门就为拉贝发起了募捐，募捐形成的文字信息最后就归档留了下来。

　　事实上,我第一次发现这些档案不是在 1988 年。1983 年我参加工作后,出于对历史研究的兴趣,时常翻阅档案目录,有一次在成千上万的卷宗中就发现了南京市参议会的提案,也就是资助拉贝的提案。这份提案篇幅很短,也就是一张纸的三分之一,上面写着简单几句话,说拉贝曾是安全区国际委员会主席,曾经救助过很多难民,但现在生活非常困难。实际上,档案馆里好多同事也都看到过这份文件,但没法形成历史研究的文章,因为上面就这么几句话,除此之外也没有其他任何相关资料,那要怎么写文章呢?我们搞不清楚整件事的来龙去脉,拉贝既然当过安全区国际委员会主席,那么他做了哪些工作,是怎么救助难民的呢?这些具体的信息一点都没有。

　　南京大屠杀发生于 1937 年,但相关研究到 20 世纪 80 年代才被重视起来。因为日本右翼从 20 世纪 60 年代开始,就不断否认南京大屠杀的存在,后来愈演愈烈,到了 80 年代,他们甚至在教科书中否定南京大屠杀的事实。为此,我国政府开始重视南京大屠杀事件的历史研究。南京市政府组织了一套班子来编写南京大屠杀的档案史料。我 1983 年看到资助拉贝的提案时,研究团队也正在编辑南京大屠杀史料,但当时无论是南京大学的教授,还是其他研究者,对拉贝都不了解,唯一掌握的信息就是他曾担任安全区国际委员会主席,而后种种一无所知。这是因为拉贝回国后遭到迫害,二战胜利后又因纳粹党员身份受到牵连,日记也被没收,虽然后来归还了,但不敢拿出来,所以与他相关的史料很多都没有流出,了解此事的人也就很少。

　　我看到关于拉贝的档案记录后,就开始有意识地搜集和他相关的信息,但这些信息分散在各个地方,所以 1988 年完成那篇文章①其实是很艰难的。我在库房里一卷卷地翻阅当时的档案,从市政府、参议会等比较重要的部门留下的资料着手,比如说,只要提到南京大屠杀的,我都一卷

---

① 指黄慧英于 1988 年 12 月在《南京史志》发表的《南京沦陷期间一位德国友人拉比》。

卷翻过。

后来我发现，有些信息不在档案里，而在当时的市政公报里。所谓市政公报，就是国民政府把开展的重要工作收录到一起，印刷成册。我在市政公报里发现，1948 年，时任南京市市长沈怡给拉贝写信、寄包裹，帮助他渡过难关。拉贝收到后非常感激，也给南京市回信，信的原件没法找到，但市政公报里记录了此番信件往来，虽然都很简短，却也包含了不少信息。为了资助拉贝，南京人民募集了 2 000 美元。但当时德国物资紧缺，有钱也买不到东西，南京市政府知道以后，就经瑞士给拉贝寄包裹，内含奶粉、香肠等各种各样的食物，每月一次。拉贝的外孙女莱因哈特夫人到南京来的时候，我把这些档案给她看，她非常激动，双眼含泪，她说曾经收到过这个包裹，而且不止一次，都是她去拿的，当时他们一家人都是靠着这些包裹活下来的，因为他们一家九口都靠拉贝，但拉贝没有工资，只能靠翻译资料获得一些微薄的收入，而且很难买到物资。在拉贝一家最为窘迫的日子里，也就是 1948 至 1949 年，南京市政府采购的食品包裹救了拉贝一家人的命。

之前我提到，许多研究者都在编辑南京大屠杀史料。在最终形成的出版物中，有一本是南京安全区的档案，当时除拉贝以外还有其他外国人留下了记录，他们的文字中也经常提及约翰·拉贝，谈到拉贝利用自己纳粹党员的身份保护难民，但往往只有一句两句，十分零散，我也从这里面得到了一些信息。比如安全区档案中写道：日本人翻墙进入拉贝家中骚扰难民，拉贝就用自己的大嗓门把他们赶出去，把自己的纳粹党徽给他们看，把他们赶走。

所以 1988 年发表的文章中所用的史料其实是我收集了好几年的成果。1995 年是抗战胜利 50 周年，我又补充了一些资料，在《上海档案》发表了《南京大屠杀中的庇护神》一文。这篇文章是比较有影响力的，《扬子晚报》将其缩至 4500 字，在当年 6 月 22 日的副刊上整版刊登，此外还得到了美国《读者文摘》的转载。我在文中较为详尽地介绍了拉贝的生平，也包括他通过日记来记录日军暴行的事迹。

　　我这里的资料来自韩湘琳那里，韩湘琳作为拉贝的助手，当然清楚拉贝写日记的事情。后来拉贝和他继续通信，把自己在德国受迫害、日记被没收的消息也告诉了韩湘琳。只是再往后的情况，韩先生也不知道了，在当时，往来书信并不容易，传递消息往往通过千山万水，到最后都已经是迟到的消息了。

故址寻访——小粉桥 1 号

　　1996 年，《拉贝日记》公布以后，可以说是轰动一时，在全国掀起一股"拉贝热"，电台要采访我，报社要我写文章，拍电影的也来联系我。当时中央电视台《焦点访谈》栏目知道《拉贝日记》在美国公开后，想到南京来做一期节目。我撰写的关于拉贝的文章曾登上《人民日报》，《焦点访谈》就根据上面的线索来到南京，并和我取得联系。我当时手臂摔骨折了，本来还在家里休养，吊着绷带就去和他们开会。我建议他们一定要去几个地方拍摄一下，一是南京安全区国际委员会的总部，也就是宁海路 5 号，还有就是拉贝故居，我觉得应该还在城市中，就看能不能把它找出来。

　　节目组表示，有关专家认为拉贝故居在上海路和广州路交界处，早就拆迁了。但我觉得不在那个地方，应该在小粉桥一带，因为我曾在南京市参议会的提案中看到这样一句话：（对于拉贝的恩情）"小粉桥一带的居民至今念念不忘。"而在安全区档案中，其他外国人多次提道：拉贝在小桃园的住宅中收留了许多附近的居民。而小粉桥旁边的南京大学恰有一处名为"小桃园"，据此可以推断拉贝故居应当位于这一带。我手头的线索显示，拉贝故居在"小桃园 10 号"，但我从 1985 年开始，就多次前往南京大学宿舍区的小桃园寻觅，可是这里的门牌号只到 5 号为止。尽管多次寻找无果，但我始终认为拉贝故居就在这一带。

　　我向《焦点访谈》节目组提议,是否可以咨询一下当地的老人,既然当年拉贝在这里救助居民,那么还在世的老人应该会知道。于是,我们就开始在外找人询问,但他们谁也没听说过德国人拉贝,因为当时的译名不叫"拉贝",而有很多翻译——"拉比""艾拉培""雷伯",我后来才知道其实都是同一个人。我决定换个方向,问问有没有老人知道当年日本人是怎么杀人的,恰好有人听说过,带我们找到了一位 81 岁的老人,我们问他:"老人家,你知不知道当时有个德国人救了很多人? 西门子的。"他说:"啊,你们说的是不是艾拉培?"我一听,兴奋得不得了:"对对,就是艾拉培,就是艾拉培!"紧接着,我马上就问老人当时拉贝住在哪里,他说就在小粉桥 1 号,领我们到了小粉桥 1 号的门口,当时好像也是一座二层小楼,但还不能确认。我又找到了南京大学的严老师,他 20 世纪 50 年代就来南京上大学,我想知道小粉桥 1 号这幢楼是否当时就存在。严老师有印象,表示一直是这个格局。在这之后,我又去房产局查找档案,找到了过去的房产登记表,发现这幢小楼是根据拉贝商住两用的要求,由当时金陵大学农学院谢家声教授组织建设,建成后出租给拉贝的,既作为西门子公司驻南京代表处,又是拉贝自己的住宅。原来,门牌号码之所对不上,是因为 1949 年后广州路拓宽,把故居朝向广州路的大门改建成了围墙,只有边门的号码,也就是小粉桥 1 号被保留下来,并沿用至今。

　　在确认故居地址的过程中,我们咨询了很多住在附近的人,包括当年受过庇护的难民,他们补充了很多细节。有一对夫妻,当时他们还是小孩,躲在拉贝家里避难,拉贝具体做了些什么,他们不可能知道,毕竟语言不通,也无权过问。让他们印象深刻的是,院子里有人跑出去闲逛,被日本人抓走,拉贝费了好大的劲才把人救回来,他警告全体难民,要是不听话往外跑,出了事自己负责,因为从日本人手里救人并不容易。三令五申之后,大家都不敢随便出去了。也有人回忆起拉贝的善良,12 月天气很冷,很多人住在外面的棚子里,地上潮湿,拉贝拿来好多芦席和稻草铺在底下。还有人提到,当时难民患有脚气病,拉贝弄来蚕豆给大家吃,可以治脚气。当年出版社刚买下《拉贝日记》的版权,还没有翻译成中文,所以我们都不知道日记里写了些什么,只能靠当地居民零零碎碎的回忆了解1937年的情形。在考证拉贝故居地址的过程中,小粉桥一带的老人向我们分享了很多自己的经历,和档案、日记都能对应起来。

　　1997年,我们最终确认,小粉桥1号就是拉贝故居的所在地,《焦点访谈》节目播出,《扬子晚报》也刊登了文章《追寻南京辛德勒的足迹》,介绍了我们寻找拉贝故居的过程。原本为了拓宽马路,这幢房子计划要拆迁,但媒体报道后就暂时搁置了。8月,拉贝的外孙女莱因哈特夫人来到南京,听说外公的故居还在,就到小粉桥1号外围参观,提到自己小时候还在里面待过,印象非常深刻。拉贝故居尽管没有拆迁,但一直处于无人问津的状态,直到德国总统访问南京大学,得知约翰·拉贝的事迹,希望能够促成故居的修缮工作。于是,南京市政府、南京大学、西门子公司等纷纷出资,在2006年正式建成了如今的拉贝纪念馆。那时,纪念馆的汤馆长联系上我,我决定把手上的资料都提供给他们,包括很多照片和影印档案,这些材料都是很有说服力的,我也很希望他们能够通过纪念馆把这些东西都保存下来,因为建好这座故居这也是我的一个心愿。

铁证如山——《拉贝日记》的历史价值

　　我在20世纪80年代的研究中发现拉贝写有日记,不过从韩湘琳先生那里得知日记曾经被德国当局没收。如果我们当时想想办法,比如通过留学生去寻找日记,或许可以成功找到,同时张纯如等美籍华人给《汉堡晚报》写了一封信,也获得了《拉贝日记》的线索。曾经有南大德语系的人问过我,拉贝是不是有一本日记,他们想到德国去找,我告诉他们日记已经被收走了,没有人知道它后来流落何方。那还是在80年代,信息流通远远不如今天,要是当时去找找看,说不定可以发现日记的下落。所以,1996年莱因哈特夫人在纽约公布《拉贝日记》的时候,我觉得有点遗憾，如果早点想想办法，或许我们也能找到它，当然我还是觉得非常高兴的，因为日记保存完好，没有丢失。

在众多关于南京沦陷的历史资料、文学作品中，《拉贝日记》有着独特的价值。它的价值在于客观性、公正性，一个很重要的原因就是，这本日记是由日本的盟国德国的公民写的，而且这位公民还是纳粹党员，相当于是他们自己阵营里披露出来的信息。日本的右翼分子总是说南京大屠杀是造假的，认为证据是伪造的，那么《拉贝日记》就是有力的回击。我们之所以重视《拉贝日记》，就是因为它是一份客观公正的历史资料。

而且，《拉贝日记》还可以作为一个旁证，和我们中国的史料对应起来，比如拉贝记录的案例和我们自己史料中的内容互相印证，那么就能说明我们的史料是真实的、是客观公正。拉贝自己的观察可能是有局限的，毕竟很多东西日本人不会给外国人看到，但《拉贝日记》作为内部披露的信息，是由日本盟国的一位公民记录的史料，它的客观公正性不容怀疑，无法否认。

著书立传——《拉贝传》

在档案馆工作期间，我利用业余时间开展研究。我是学历史出身，对于考据历史有一定的信念，可是我掌握的史料是有限的，有时候没办法形成理论性的研究成果，因为手头的资料不够多。那么我就想到，也许可以用文学笔法做一些拓展，可以写出一些生动活泼、让人感兴趣的文章。所以我当时就定下了用文学笔法研究历史的创作思路，后来就完成了《拉贝传》这样一部作品。

创作《拉贝传》时，我也遇到了较大的困难。虽然《拉贝日记》详细记录了拉贝在南京大屠杀期间的经历，但他此前的人生经历、回国后的晚年生活是什么样的，我无从得知。能完成这部作品，要感谢拉贝的外孙女莱因哈特夫人，她给了我很大的帮助。我向她提了许多有关拉贝生平的问题,翻译成英文寄给她,她就据此一一回答,将拉贝的童年生活一条一条地写给我,莱因哈特夫人最后寄给我的材料有整整一大盒子,德文和英文都有。我怕自己水平不够理解出错,所以请人将这些材料全部翻译成中文,再去检索内容。

莱因哈特夫人为了解并回答我的问题,还进行了详细调查,比如当时有记者说拉贝曾经提出退党申请,因为档案上有盖章的记号,我很好奇是否确有其事。莱因哈特夫人特意到联邦档案馆去查询,告诉我上面的记号代表什么意思。莱因哈特夫人陪伴拉贝度过了晚年生活,所以她给我的资料对我帮助非常大。

我既然研究了拉贝其人,就希望能够详细地呈现他的一生,把他完整的人物形象树立在中国人民面前,这是我创作《拉贝传》的缘由。南京大屠杀期间,那些难民称拉贝为"活菩萨",因为他们上天无路,入地无门,随时都有可能被日本人杀害,在这样的时刻,是拉贝来帮助他们、保护他们,所以他们觉得拉贝就像菩萨一样。拉贝拯救了二十多万人,其实比辛德勒更不容易,辛德勒当时救了两千多人——当然救人不在多少,但拉贝所为显然要更困难。而且我觉得拉贝是一个很纯粹、很善良的人,看到别人受难,他会忍不住掉眼泪。日本人的飞机要来轰炸,南京城里的穷人没有防空洞,有的父母还抱着孩子,大呼小叫逃往五台山的公共防空洞避难。拉贝想到那么多人面临生命危险,而自家的防空洞容纳不了他们,就感到很难过。他很想帮助他们,但又没有那么大的能力,这种难受的心情都写在他的日记里。拉贝身上还有很多其他的性格,他爱面子,总是担心丢脸,有时可能还有点小虚荣,所以在我看来,他是个很单纯、很可爱的人。

铭记历史——"拉贝热"之后

1996 年《拉贝日记》引起轰动,中央电视台、各个地方台进行报道,报纸上的文章连篇累牍。但二十多年过去了,拉贝不可能永远是热点,所以也难怪现在的人们不了解他。当下,我们有必要加强宣传,继续宣传拉贝,实际上就是揭露日本当年的血债、当年的罪行,让历史悲剧不再重演。

我们要如何扩大拉贝的影响力呢?我呼吁把有关作品列入中小学生课外阅读书目,因为我觉得,既然需要加强对青年学生的思想品德教育,那么我们就需要一个标杆、一个楷模,我觉得拉贝是当之无愧的。以前我们说白求恩是一个榜样,我觉得拉贝也是,他的事迹也很生动,如果把他列入课外阅读的范围,或许就能扩大他的影响力,给孩子们带来积极的教育成效。

五、对话拉贝研究专家梁怡^①

采访对象:*梁怡*

采访时间:*2021 年 7 月 7 日*

采访地点:*北京联合大学*

采访整理:*雷乾昊*

采访对象简介:*梁怡,北京联合大学人文社会科学教学部原主任、教授、硕士生导师,约翰·拉贝北京交流中心首席专家,约翰·拉贝和平奖获得者。*

从克林德碑讲起

约翰·拉贝先生来到北京是 1908 年 8 月 10 日。如果今天大家去北京前门的铁道博物馆,那里就是当年的老北京火车站——正阳门火车东站。我在两个月大的时候就被父母用一个手提包带到西安,他们是去工作。那个时候老北京火车站还在用。

在中国的 30 年间,拉贝前 17 年在北京,后 6 年在天津,7 年在南京。这 30 年里,他和中国人民结下了深厚的友谊。拉贝的父亲是个船长,自从父亲去世以后,他们家的生计就比较困难了。拉贝后来去非洲谋生,在那里遭遇瘟疫,无奈返乡,之后被人推荐来到北京工作。到北京一段时间

---

① 根据梁怡教授对科考项目组的报告整理。

后,直到1911年才进入西门子公司工作。去年托马斯·拉贝寄给了我一张明信片照片,地址只写了(当年的)哈德门路(看是不是拉贝故居),可还是确定不了到底是哈德门路几号。我又寻求北京方志办的人、驻华的外国友人帮助,最后,仍然遍寻不得。所以,到现在我们很遗憾,还是找不到拉贝当年的具体住址。

拉贝到北京时,生逢乱世。26岁的年轻人对政治还是比较迷茫的。拉贝当年见到克林德碑时所写的感想是:在别人的眼皮子底下立这样的一块令人感到屈辱的碑,是不对的。如果你在碑底下随便问一个老人这个碑是在纪念谁?那个老人会坚定地告诉你:这是给杀克林德的人立的碑!即便实际上克林德碑是一个道歉碑,是一个屈辱碑,上面刻着三种文字的致歉。这是一个初到中国的年轻德国人对北京的认知。

在当年南京安全区的照片资料中,我觉得需要特别关注一个人是乔治·费奇(又名费吴生)。2017年,费吴生的侄孙拿着一张他在协和医院出生的证明到北京来,说他现在年事已高,以后也没有机会再来到这里了。所以,他想去小时候的家里看一看。于是,一些研究地方志的专家热情地帮助他寻找,最后确定北京的演乐胡同就是他们家之前的住所。院子是三进式跨院,但现在已经是分配给三家人住的单位宿舍了。当天,费了好大的力气,院落主人才准许这位老人进去。老人在院子里四处指认,兴奋地说:"这是我养兔子的地方,这个位置是家里的厨房,我小时候看的书还在……"院落的主人也很激动,我们一群人在一起越说越热闹,越说越开心。

老人也跟我们介绍起他的叔伯爷爷费吴生先生,这是我目前知道的唯一去过延安的南京安全区国际委员会成员。费吴生是与美国基督教中国青年会一道去的,并与周恩来同车前往。到了延安之后,他见到了共产党领袖毛泽东和负责统一战线的王明。他还在那里看了演出,写了感想。如果要研究南京国际安全区的外国友人,也应该格外关注一下费吴生这个人。

另一件关于费吴生重要的事情是,当年美国牧师约翰·马吉拍摄的电影胶片是由他带出来的。很多人都知道也看过约翰·马吉摄制的关于日军制造南京大屠杀的珍贵影片。据介绍,那些胶片是费吴生缝在大衣兜里带到上海去冲洗的。总共冲了 4 卷,分别留给了拉贝、约翰·马吉和他自己,还有一卷的下落现在无从得知了。

4 份胶卷中,约翰·拉贝带着自己的那一份离开中国。回到德国之后,奔走呼号,进行演讲宣传,号召德国人声援中国人民抗战。结果他被盖世太保关押入狱,等到释放出来的时候,电影胶片被没收了;日记虽然还给了他,但不允许他再公开日记的内容。20 世纪 40 年代,物理学家何泽慧身在柏林,拉贝给她看了日记原件,她无比激动,泪流满面。据目前所知,她应该是看过拉贝日记原件的第一个中国人。当然,60 年后,拉贝的南京日记能够公之于世,实属不易。

总的来说,我认为拉贝的南京日记和北京日记是全部拉贝日记中分量最重、史料和研究价值最高的。南京部分偏向于真实的历史事件记录,而北京日记更偏向于他对中国文化的喜爱和珍藏。

《北京日记》的主要内容

《北京日记》共五卷,前四卷总名《我眼中的北京》(以下简称《日记》),但原本每卷是没有标题。现在每一卷的标题都是我起的,为便于读者阅读。

第一卷,市井生活,真实反映了老北京的社会风貌,在他的记录里,有大车店、戏园子、影壁、朝天撅(一种小孩头上发型,拉贝认为是辟邪的),等等。

第二卷,北京民俗,《日记》中有 103 幅漂亮的幌子图(所谓幌子就是各个店铺的招牌),还有手工绘制的 16 幅满汉民族妇女发饰图,以及包含各种民间生活写照的 56 幅百工图,百工图里面有帮人搬家的、"惜字会馆"的手绘画。在过去,老百姓认为有字的纸非常珍贵,不可以随意烧毁,会有专人到各家各户统一收回统一销毁,所以叫作惜字会馆。除此以外,还有16幅受审犯人图,13幅中国儿童游戏图,以及各种交通工具图片、扇面画等。拉贝当时买了很多手绘人头像等作品,后来他把这些捐给了汉堡博物馆,他自己仅收藏了十几幅,每张都有A4纸大小。

第三卷,北京的建筑,其中很多现在已经不可寻了。在《日记》中依次提到的北京的城门和城墙是前门、紫禁城、景山、皇城区域和城墙、新华门、天坛、先农坛、雍和宫、孔庙、国子监、鼓楼、公主坟等。其中前门火车站,各国使领馆,明陵的石像、华表,天文台等都重点提到了,并配有图片。

第四卷,北京的名胜古迹。有日坛、东岳庙、铁塔、地坛、黄寺、黑寺、大慈寺、月坛、白云观、御风塔、碧云寺、天宁寺、圆明园残骸、颐和园、卧佛寺、卢沟桥、威海寺、潭柘寺、团城、长城、十三陵南口等。拉贝当时留存的很多影像和资料,现在已经找不到了。

第五卷,慈禧太后最后的诏书。在这卷的卷首扉页有一段写作说明:"来到一个陌生的城市或踏入一个陌生的国度,我们应该把最初感受以文字的形式记录下来,否则日后将成为一种遗憾。27年后的今天,我想弥补当时的缺憾。虽然某些东西已经遗忘,但留在记忆中的仍旧能够支撑我完成这部书。我亲爱的妻子保存的曾经的家书以及当年的笔记和印刷品是我回忆的参照物。1935年11月1日,南京。"这卷中有八国联军在东交民巷、慈禧和光绪皇帝相继去世后一段时间的北京街头的照片和"宫门抄",当年各使馆大门的照片等。

《北京日记》的价值

第一,还原了清末民初北京的社会风貌。比如,拉贝记载的中国人的生死观里,有保留全尸的传统观念。他在北京也见到了一些被处刑的革命党人,他说即使他们慷慨激昂地就义牺牲,但是心里仍然希望能够保留全尸。《日记》中还有一些关于中国人痴迷下棋的描写,他说,路边很容易见到几个老人专注地下棋,即使是小孩子,拿几个石子也可以兴高采烈地下棋。再比如,关于隆福寺热闹集市场面的描写,现在我们看到的隆福寺只是一个立着的牌楼,已经完全看不到隆福寺原来的样貌。还有关于前门商业街繁荣景象的描写,以及对戏楼热闹景象的精彩记录。拉贝写道:"对于北京人来说,戏楼开启,全家老小都会去看。小孩子在痰盂里面小便,大人们嗑瓜子看戏聊天。对于戏台上演的内容,我们这些外国人完全跟不上,即使跟着翻译去领略唱念做打,也难以跟上节奏。"读到这些精彩又生动的描写,你一定会拍手称趣,哈哈大笑。所以,这也就是我们为什么会想到把《日记》翻译出版的考虑。因为拉贝所记载的是真实的,饱含他的情感,而不只是单纯的图片说明,体现出他对北京风土民情的喜爱。

第二,丰富了清末民初北京非物质文化遗产的内容。拉贝收藏的各种招幌有 103 幅之多,反映了当时北京商业的繁荣。我记得之前去德国的时候,有一条街,全是铁制的店面幌子,也就是德国店铺的招牌,我一看到就立马想到了拉贝当时记录的 103 幅招幌,那些是多么漂亮的小旗子,当它们一同在街上飘的时候是怎样好看的画面呀!拉贝还收藏了反映各个行业技能的百工图,这些都是民间生活的写照。他还收藏了彩色的套画系列,再现了北京工艺技艺的独特魅力。除此之外,还有精美手工绘制的各种妇女发型图 16 幅、古代衙门缉审犯人图 16 幅。

他捐献给汉堡博物馆的收藏画中有一幅把小女孩儿的小辫子生动地比喻为"避雷针"的图案,这些都反映了清末民初北京人的着装和孩子们的生活内容。我个人认为第二卷是拉贝北京日记中最精彩最漂亮的。

第三,展示了清末民初北京的典型建筑和风景名胜。拉贝在日记中曾写到,他认为从建筑学上说,中国的住宅都是由从前的游牧民族居住的帐篷孵化而来的,层层飞檐、雄伟的建筑风格以及巨大的庭院,都给人一种压迫感。他还对"佛手公主坟"和"二闸"进行了一些解疑。除此以外,他还记载了一些名胜古迹的逸事。

第四，拉贝北京日记反映了清末民初北京政局动荡的情况。这一点主要体现在《拉贝日记》第五卷。他来北京时间并不长便赶上了光绪帝和慈禧太后去世、义和团运动、辛亥革命等重大事情发生。宫里面常会发出一些告示叫作"宫门抄"。一些使馆人员翻译过后给了他，他便在《日记》中将其翻译成了德文。此外，日记中还收录了一些清廷的历史文件、八国联军在京的照片、给中国人带来屈辱的克林德碑原址的照片等。他还叙述了一些革命党人被屠杀于街头的事件，这些都反映了当时北京的政治复杂。

第五，折射出清末民初北京的近代化程度。据拉贝记载，当时北京城已经有了人工制冰，是由美国使馆的卫兵引入中国的；还有从比利时进口的白铁、戏园子里西式的沙发……从他拍摄的一些前门商铺的照片，能够看出当时前门一带的商场有了相当数量的英文牌匾。

最后一点，拉贝的南京日记最有价值的一件事就是拉贝在其中揭露了日军暴行，为中国进行爱国主义教育提供了有力证据。从《敌机飞临南京》这一套日记被披露以来，国际上就有关于拉贝南京日记真实性的污蔑或猜测；而包括北京卷在内的 20 多本《拉贝日记》，可以真实地反映拉贝先生有良好的收藏习惯和严谨的做事风格，以及对中国文化特有的浓厚情感，这些都显示出他能在南京人民危难之时，伸手援助中国难民是有其真挚情感根源的。

中国人民抗日战争纪念馆原副馆长刘建业曾说，《拉贝日记》北京卷的发现是我们在判断拉贝南京日记的真实性、严肃性上一个有力的佐证，那就是从北京卷中，我们看到了拉贝写日记的严谨认真、公正真实的态度。这正好告诉那些国外的学者，拉贝在此前 20 余年陆续写成的《拉贝日记》北京卷是南京日记真实性的例证，有了这个例证，我们可以更加有把握地说，拉贝南京日记的真实性是不容置疑的。

关于北京交流中心

接下来再跟大家说一下约翰·拉贝北京交流中心的工作以及对未来的展望。最开始我的提议只是想建一个特藏室，展示、宣传拉贝的事迹。过去托马斯·拉贝每年都到北京，我们两家作为朋友都会见面、叙话。2017年见面的时候，我跟他说起了这件事，他欣然同意。我们商量起什么名字。他说，其他国家的都叫作约翰·拉贝交流中心，他便提议说要不你们就叫北京交流中心，成为全世界第6个约翰·拉贝交流中心。由此，相当于中国有了两个约翰·拉贝交流中心，一个在南京，一个在北京。我还记得当年歌剧《拉贝日记》在北京演出的时候，南京的拉贝与国际安全区纪念馆的杨善友主任非常热心，他跟西门子公司相关的负责人说，你们得给北京联合大学票，因为那是中国的两个拉贝交流中心之一。在仅有的一天演出里，我们获得了去观看的赠票。

之后，在北京联合大学校党委和行政的支持下，北京交流中心于2019年9月2日正式成立。我们最基本的工作，是服务教学、科研和对外交流。每年我也会在图书馆为同学们义务讲解。

当年，拉贝在寄回家的信中说，"我现在所处的位置是国中之国，是安全的"。这也和我们今天讲课时形容租借地是"国中之国"是同义词，只是没想到这个词在百年前一个德国年轻人的日记中就出现了。可是，到30年后，他加深了他对中国文化的认同感和对中国人民的情感，救助了25万中国人。从年轻到年老，拉贝也发生了深刻的思想变化。之所以他能够做出人道主义的义举，是因为他和中国人民建立了深厚的感情，对中国文化有着深刻的认同。正如习近平主席所讲："中国人民纪念拉贝，是因为他对生命有大爱，对和平有追求。"

患难与共

2021 年 3 月,托马斯·拉贝得知我们学校即将开学,他欣喜地表示会来看望我们。可不到两个星期,他在电话中非常悲痛地告诉我们他的家乡疫情很严重,他的很多亲人和同事都感染了。我们急忙写信询问需要怎样的帮助,他说他急需口罩。所以我们就抓紧动员学校和交流中心的学术委员会委员,也动员自己身边的人,为他们寄去口罩。后来,使馆也通过电话联系到了他,向他寄送药物。疫情缓和之后,他真挚地录制视频向我们表达感谢。在侵华日军南京大屠杀遇难同胞纪念馆举行的第 7 个国家公祭仪式上的视频发言,他专门用所学的中文说"患难见真情"。

托马斯·拉贝高度认同人类命运共同体理念,每一次给我们写信,每一次录像讲话都会强调这一点。他总是主动去宣传和讲述中国故事,表现出了极大的热情,我们就希望有这样的人能和我们的事业结合起来,去共同努力向未来。

最后,我们想说,国际援助是具体的,是通过每个国家和个人之间的互动,让对方在疫情肆虐的危险环境中也能体会到友情和温暖。人道主义重视的是人间大爱。国际主义是人类最高层次的精神力量。希望大家同心协力,在践行人类命运共同体理念过程中,为加强中德友谊、为人类永久和平、为中华民族伟大复兴做贡献。

六、对话南京大屠杀史出版专家杨金荣

采访对象：杨金荣

采访时间：2022 年 8 月 1 日

采访地点：南京大学出版社

采访人：雷乾昊、高天琛、冯宇瑄

采访整理：王泽森

采访对象简介：杨金荣，历史学博士，南京大学出版社编审、学术分社社长，江苏省新闻出版行业领军人才，中国出版政府奖获得者，政协江苏省第九、十、十一届委员，中华中山文化交流协会理事，兼任南京大学信息管理学院教授，出版专业硕士生导师，美国格林奈尔学院历史系访问学者，澳大利亚拉筹伯大学社会科学院和中国台湾"中央研究院近代史研究所"高级访问学者。著有《胡适晚年自由主义的困境》《学术出版研究与探索》，主编多卷本《海外学术出版史译丛》。

南京大屠杀史研究成果推广缘起

我学历史出身的，但研究方向不是南京大屠杀史。出版是我的职业，我会琢磨出版，做些出版研究，因为我还有指导南京大学出版专硕研究生的任务。最近十多年来，我常思考如何把南京大屠杀史研究成果精准地推向世界。为什么要做这件事？这里面有历史责任、职业使命,也有专业意识在驱动。什么是历史责任？我们这一代人,正好赶上了国家改革开放、逐步走向强大的时代。学术研究与学术出版,都遇上了好的时代。这是把南京大屠杀史研究推向世界的重要机遇期。在积贫积弱的年代,不可能做这件事情。国家对南京大屠杀历史及其研究的重视是空前的,专门设立了国家公祭日。每年的 12 月 13 日,都有国家领导人出席南京大屠杀死难者国家公祭仪式。这是一种国家意志。做好南京大屠杀史研究成果的出版,特别是在海外的出版传播是我们这一代人应当肩承的责任。说到"职业使命",我是出版界的"老兵",应该用好出版平台,把南京大屠杀史研究"走出去"的担当尽可能多地扛起来。至于专业意识,我本科、硕士和博士都是在南京大学历史系(现在的历史学院)读的,就是当年金陵大学的校园,也是南京大屠杀惨案发生时期南京安全区的一部分。我最擅长的当然是我的专业,历史专业出身的我,关注南京大屠杀史研究成果走向世界,是贡献自己专业智慧的一个机会。

2013 年,我到美国大学的出版社去访问,为的就是在美国推动英文版《南京大屠杀史》。第一站是夏威夷大学出版社。为什么要到夏威夷大学去？因为夏威夷的地缘特点决定了这家出版社有 60%～70% 的历史著作跟亚洲相关。到了夏威夷大学出版社,亲身感知美国学术出版的机制跟我们国内不一样,出版社是没有选题决定权的,选题的决定权在学校出版委员会。后来的经历证明在美国大学出版社出版南京大屠杀史研究这类学术著作很不容易。在宾州州立大学出版社,社长帕特里克听到南京大屠杀史的介绍时,惊讶地说:"张纯如女士出过畅销书,那不是虚构作品吗？真有这个事情？"我听了也觉得很吃惊。张纯如的那本书,曾在《纽约时报》连续十周被评为最佳畅销书。美国大学出版社的社长以为南京大屠杀史题材属于文学故事,当时在场的我几乎倒吸一口凉气！南京大屠杀惨案死去了三十万同胞,西方还有人认为是小说般的虚构。海外有好多人把美国华裔女作家张纯如写南京大屠杀的那本著作当文学故事来看待，所以说，把"南京大屠杀档案"这样已经入选《世界记忆名录》的项目推向海外，真正"走出去"，多么有必要。宾州州立大学出版社社长无意中的一句话，给我很大的刺激，也坚定了我一定要在海外多语种出版《南京大屠杀史》的信念。

日本政府多年来对待南京大屠杀历史的态度，让中国人民很不满，我作为南京市民和从事出版工作的历史学者，也痛恨日本侵略对中国现代化进程造成的不可逆转的破坏。早在2005年，我在给著名历史学家章开沅先生编辑他的著作《天理难容：美国传教士眼中的南京大屠杀（1937—1938）》日文版时，专门摘录了章先生在序言中的一段话，印在书的封底。这段话是这样说的：

> 人们都说，对于战争责任的反省，日本不如德国。我不愿说日本人不如德国人，而宁可说日本政府不如德国政府。但不愿承担战争责任的政府毕竟会使自己的民族蒙受屈辱，何况这不是一般的历史责任，这是涉及数千万人死亡与难以数计的财产损失的巨大侵略罪行，全世界人民不会原谅那些继续掩盖历史真相和推卸战争罪责的日本政府。只要这样的政府存在，它在世界人民的心目中也难以受到应有的尊敬，更难以赢得真正的友情。

我非常赞同章开沅先生这段话。德国为什么能够得到和解？因为他们对待历史的态度和日本对待南京大屠杀的态度完全不同。日本在对待历史的态度上过于顽固，没有诚意。就像一个人做了错事，没有反省、没有悔罪，当然就不能获得别人对他的尊重。放大到一个国家、一个民族也是同样的道理。

今天，以西方话语为中心的叙事模式还没有改变。关于中国历史、中国文化的诸多部分，还没能完全进入西方的主流叙事当中。我们的文化

"走出去"也好,学术"走出去"也好,可谓任重道远。我们怎么样更好地进行传播,这是我们出版工作者需要思考的问题。千万不要只把它当成一个形象工程、一个政治任务来完成,而是要遵循文化交流、文明互鉴的规律,把它当成一个持久的文化工程来做。我觉得这确实需要专业学者和出版人的共同努力!

为了读者的匠心设计

《南京大屠杀史》这样的作品,阅读起来是没有愉悦感的,甚至会让人感到很不舒服。因为当你阅读的时候,你在重构历史现场,脑海中尽是反人类的东西——烧、杀、淫、掠……这些不仅是对个人生命的践踏,还是对国家尊严的凌辱、对文化的摧残、对城市的毁灭,会让人感受到人类历史上令人窒息的黑暗,每一页都让人被迫面对罪恶。虽然还不至于令人感到抑郁,但实在让人感到悲愤、压抑和不适,慨叹当时的国家不够强大:"南京在当时可是我们的国都啊,怎么会受到如此浩劫?"

出版《南京大屠杀史》,面向海外传播这段历史,充分考虑到这一因素。到目前为止,通过中华学术外译、丝路书香工程等已经签约 13 个语种的《南京大屠杀史》,包括英文、韩文、阿拉伯文、希伯来文、哈萨克文、俄文、法文、德文、西班牙文、波兰文、阿尔巴尼亚文、泰文、印地文,已经出版了 8 个语种,即将出版的 5 个语种是阿拉伯文、俄文、法文、德文和泰文。根据国际惯例,通常原版权输出方是可以对引进方的封面设计提要求或审核的。已经出版的 8 个语种《南京大屠杀史》,除了韩文版是冷色调的,其他都是暖色调的。泰文版的封面设计我也刚刚看到,也是暖色调的。可以说,几乎每一个海外版的封面都接受了我的意见,包括图片的选择、色调的布排等。《南京大屠杀全史》(《南京大屠杀史》是《全史》的简明本)最早就考虑到这个因素。最初,设计师设计出来的黑白封皮,视觉冲击很强,但是看了之后有一种排斥感,理性告诉我,这不是传播需要的效果。

如果直观的封面是大黑大白,图书的内容又充满血腥,那会非常压抑。提出的修改意见是要增加一些暖色的部分作以调和,例如暗红色、米黄色等。最后《南京大屠杀全史》封皮选择了中性色彩,书名"南京大屠杀全史"采用硬封火印热压工艺,材料是从英国 Napura 公司进口的 Canvas 麻布纸,是国内首批使用的特殊帆布质感的特种材料纸,纸张中含有变色纤维,可以实现高温变色的特殊效果,有一种雕刻和烙印的特殊质感,呈现出一种碑刻式的凝重。所以如此斟酌是充分考虑到了读者的接受心理。最终,这个作品荣获了中国出版政府奖提名奖。

共鸣:一切为了更好地"走出去"

南京大屠杀史研究成果的外译出版,确实是 21 世纪以来中华学术外译的经典案例。南京大屠杀史实的海外传播,包括图书、艺术、展览等多种形式。歌剧《拉贝日记》就是通过舞台艺术形式传播的。相比较而言,图书版权输出的形式最为学界所看重,面临的挑战也最多。《南京大屠杀史》外译本,到目前为止有 8 个语种的版本,不是说翻译了、出版了,就结束了,更重要的是要产生传播的效果。翻译、出版、传播是一个链条。当前,我们比较薄弱的环节恰恰是传播方面。在翻译方面,可以寻求专业的团队,聚合海内外人才共同推进。在出版方面,国家也给予了项目资金的支持,出版渠道经过多年建设也有一些积累和资源储备。传播关乎如何让我们的成果在海外"进得去""走得远",特别是能上读者的书架,这就需要出版人士的努力。

学术出版有一些成例,比如一部作品问世,你会发现有相应的专业人士写书评,还有人写导读、推荐语等。我把这样的经验引进到《南京大屠杀史》"走出去"工程中。在《南京大屠杀史》希伯来文版的推广中,请到了以色列特拉维夫大学前任常务副校长、著名汉学家谢爱伦先生来写导读。谢爱伦先生作为希伯来语目标国家中的学界精英,他在希伯来语版读者中间能起到一种认识引领作用。所以,我们现在每个语种的外译本都在推进做这件事,请当地汉学家写导读,译者写译序。

2020 年发行的《南京大屠杀史》印地文版,缘起于 2018 年印度 BKM 皇家柯林斯出版集团董事柯林斯主席莫罕·卡尔诗先生对南京大学出版社的访问。当时他对南京大屠杀的历史表示震惊:"南京是一座如此美丽的城市,而且是古代中国的首都之一。你怎么能想象在 1937 年的六个星期里,有 30 万人被杀害?"后来南大出版社和印度 BKM 皇家柯林斯出版集团合作推出了《南京大屠杀史》印地文版。我通过版权代理请印地文译者普拉哈特·雷君教授作了译序。作为译者,他是第一个看这本书的人,他在阅读、翻译的过程中有什么感受,写下来对读者很有意义。下面这段文字是他翻译之后最真实的感受:

> 恰恰是在翻译这本书的过程中,我才知道张纯如的名著《南京浩劫——第二次世界大战中被遗忘的大浩劫》于 1997 年出版之前,公众对这一历史悲剧并不知晓……在阅读并翻译《南京大屠杀史》一书时,我感到很讽刺。今天,日本作为一个国家已经有了不同的形象。这个国家热爱和平,信仰佛教,面临许多自然灾害,是第二次世界大战最受苦难的国家之一,人们对日本产生了同情心。但是,当我们一读《南京大屠杀史》,这本书中记录的日军实施暴行、暴力的细节与方式,就产生了一种不同的日本形象。它被深埋在历史的某个地方。日本帝国没有遵守战争的基本原则。读了这本书,人们意识到,日军超越了掠夺、纵火和暴力的所有界限,对平民特别是对妇女,施以残酷的暴力。她们被强奸、折磨,很多时候阅读本书中与她们有关的段落时,我们不由沉浸在历史的悲伤中。这并不代表日军的武勇,恰恰更多反映出日军的野蛮。这是历史上耻辱的一页。

　　出于文化安全的角度考虑,对方写好了导读和译序后,我还要审阅。这件事推进起来困难重重。国家管理部门也没有提出具体要求,可以说,我是自加压力,为海外传播摸索路径。这也是目前中国学术"走出去"面临的挑战之一。《南京大屠杀史》海外在地化传播的工作,也是一种尝试。希望可以为中国主题学术"走出去"提供个性化的典范。

　　具体说回来,关于南京大屠杀史研究成果"走出去"的问题,我个人有一个反思。当前,我们采用的办法是用一个中文版本,翻译成若干个语种。未来也许要尝试做一些变通。我们可以用一个母版,根据不同国家的文化心理、读者的接受情况来适当调适,最终在翻译出版与传播阅读中寻找一种价值共鸣。例如,张纯如的《南京浩劫》这本书,英文标题是"The Rape of Nanking"。她为什么要用"rape"这个词? 我后来思考,大概是张纯如很了解美国人看重什么。"The Rape of Nanking"直译是"南京强奸",在我们的叙事习惯中,我们更多强调的是国家的尊严被践踏了。但美国价值非常强调个人的人权是不是被侵犯了,"The Rape of Nanking"也许恰好触动了美国人价值观的痛点。所以,从翻译到叙事,我们日后是不是也要尝试,去触动目标语国家价值观念中的痛点? 这是值得我们深入思考的。

　　在中国文化"走出去"的大背景下,把南京大屠杀史研究成果通过多语种海外出版推广,确实是前人没有做过的事情,对我而言也是全新的挑战。从 2017 年开始,我先后得到"南京市百名优秀文化人才资助项目"、国家记忆与国际和平研究院的支持,主持"出版语境下的南京大屠杀史研究"的课题。我希望能够从南京大屠杀史外译传播这项工作实践中总结一些经验,通过我们的一个个案例、一次次尝试归纳一些理论思考,为我们今后的学术"走出去"提供镜鉴。

政协大会提案，促成"拉贝和平学校"

我是江苏省政协第九、十、十一届委员，在最后一届任期内，我提了两件关于南京大屠杀史研究的提案。第一件是在 2013 年省政协的联组讨论会上，我谈到，要把代表我们江苏人文社会科学研究的标志性成果推广至全世界，尤其是发生在江苏，又具有全国性乃至世界性意义的作品。我认为最有代表性的成果就是围绕南京大屠杀展开的相关研究。当时，我这个提案得到很多政协委员的积极回应。同组的省政协委员、著名电影表演艺术家陶泽如先生当时就表示："杨委员的这个提案非常好，现如今一些艺术作品把历史歪曲了。"政协委员联组发言后，我又在政协会议上向省委宣传部提交了编号为 0563 的提案《建议多语种向世界介绍南京大屠杀史研究，将江苏历史文化研究的高端成果推向国际》，省委宣传部以苏宣复〔2013〕34 号专函回复我了，表示肯定与支持。《南京大屠杀史》的英译得到了省委的支持，这为日后申请在新加坡出版英文版和开展其他语种的翻译工作奠定了非常好的基础。

第二次是在 2017 年年初，我在省政协第十一届五次全会上提案，建议在南京命名一所"拉贝和平学校"。这个提案也得到了南京市人民政府办公厅的积极回应。市政府办公厅专门指定教育局的一位同志和我联系。最终，选定了南京的汉口路小学，因为汉口路小学就位于南京安全区范围内。就在那一年的国家公祭日，我和南京市汉口路小学的同学代表在拉贝纪念馆共同见证了"拉贝和平学校"的授牌仪式。

我为什么要推动命名"拉贝和平学校"这件事呢？我们可以想一想，当年的约翰·拉贝，只是德国西门子公司的一名员工，甚至是一名纳粹党员，但是他的身上却闪耀着人性的光芒。他利用安全区国际委员会主席的身份，救助了一大批手无寸铁的平民。约翰·拉贝是一个有大爱的人，他救助了南京城最无助的人们。作为这座城市的后人，我们应该铭记他，并把这份人道的精神传承下去。怎么传承呢？通过教育的方式,我们能够把这段历史传递下去,教育一代又一代后来者不要忘记约翰·拉贝当年的这份善举和对这座城市的恩惠,他给予了那些身处绝境的民众生的希望。也许,生活在和平年代的我们很难理解,但是当我们翻开这段历史,读一读《南京大屠杀史》,想一想我们的先辈们在南京被屠城期间的那种绝望、无助,我们真的应该发自内心地去感激约翰·拉贝,并把他的大爱精神传承下去。作为政协委员,我认为这个提案是在我的诸多提案中有亮点有焦点的,而且落实得很快。

附：杨金荣委员的提案

2012 年是南京大屠杀 75 周年。年初,南京市领导在访问日本友好城市名古屋市时,名古屋市市长河村隆之公然否定南京大屠杀。年中,日本上演了购买中国固有领土钓鱼岛的购岛闹剧,日本政坛急剧"右倾"。年末,江苏地区的学者第一次推出了大型原创型的学术著作《南京大屠杀全史》三册,近 110 万言,这是海内外学术界理性客观研究南京大屠杀史的标志性成果。南京地区张宪文教授等一批历史学家,十多年来访问英、美、法、德、意、俄、日等国家,深入各国档案馆、图书馆,在掌握大量第一手汉文及域外文字原始文献和口述史料的基础上,经过潜心研究,撰写了《南京大屠杀全史》,这是一部严谨的史学著作,它帮助人们正确认识南京大屠杀这一人类的大惨剧。

2012 年年底,省委省政府下发了《加快推进社科强省建设实施意见》。对繁荣发展江苏哲学社会科学事业提出了新目标和新任务。作为来自省政协社会科学界的委员,对省委省政府关于社科强省的部署决定感到欢欣鼓舞。

社科强省的重要路径之一,就是产出一批能够走向国际、产生重要影响的研究成果。据我所知,由我省人文社会科学工作者协同努力、历经十数年研究代表江苏历史文化研究高水平的大型学术著作《南京大屠杀全史》，刚刚在北京举行新书发布会，引起海内外学术界和社会大众的高度关注，像这样的精品学术著作，非常值得多语种翻译通过合作出版等方式，推向国际，以彰显江苏哲学社会科学取得成绩，拓展江苏哲学社会科学在国际学术界的话语权，提升江苏文化强省的影响力。

众所周知，由于语言的障碍，世界对于南京大屠杀的历史知之甚少，而日本右翼学者配合日本右翼政治势力，出版了大量否定南京大屠杀、否定日本侵华战争的出版物。江苏作为南京大屠杀的发生地和南京大屠杀史研究最主要的地区，非常有必要把江苏学者们十数年来的研究成果介绍给包括日本在内的世界各国人民。为此，建议江苏省外宣办把向外翻译介绍南京大屠杀历史真相作为"十二五"期间一项重要的任务，此举不仅提升江苏学人在世界的学术话语权，而且彰显江苏服务国家发展战略的软实力。

——摘自江苏省政协官网，http://www.jszx.gov.cn/zxhy/qwhy/11j1c/qhrb/201301/t20130123_2410.html

《文艺、社会科学、新闻出版、工会、共青团青联、妇联界别委员联组会议发言》

中共江苏省委宣传部苏宣复［2013］34号，对政协江苏省委十一届一次会议第0563号提案的答复（略）

七、对话联合国教科文组织和平学教席主持人刘成①

采访对象：刘成

采访时间：2021 年 6 月 16 日

采访地点：南京大学外国语学院图书馆

采访整理：张艺儒、张焱阳

采访对象简介：刘成，历史学博士，教授，博士生导师，现任南京大学联合国教科文组织和平学教席主持人、南京大学和平学研究所所长、英国与英联邦国家研究所所长，主要从事英国史、和平学研究。

走向和平学

和平学作为一门新的学科诞生于二战之后，它的建立与两次世界大战后人类对于战争的反思息息相关，人们意识到，"以战止战"的传统思维难以实现可持续的和平。正因如此，和平学的使命就在于，通过跨学科的合作，探究如何以非暴力手段预防和化解冲突，构建旨在实现和平的知识与实践体系。

我与和平学的缘分开始于千禧年之后，当时南京大学和英国考文垂大学共同开展了一个和平学的合作项目，2003 年，我作为访问学者前往

---

① 本文根据刘成教授在项目启动仪式上的演讲及公开访谈整理而成。

考文垂大学的和平学中心进行交流。这段经历大大丰富了我对和平问题的认知,使我获得了在该方向继续研究下去的兴趣,也让我意识到自己有责任把这门学科引入中国,由此开始,和平学就成为我事业中非常重要的一部分。

和平学带来了很多新的理念,其中一个核心概念就是非暴力。甘地有句名言,他说大树是藏在种子里的(the tree is hidden in the seed)。什么意思?你想要和平的大树,就必须撒下和平的种子;通过暴力的途径,只能通向暴力。有时候,人们既想要达成长久的和平,又坚信通过战争也能实现这一目的,然而,历史上和平与战争的交替循环表明,暴力只能带来短暂的和平状态,只有通过非暴力的途径才能获得持久发展的和平。

值得我们注意的是,暴力不仅有战争这种直接暴力,还有结构暴力与文化暴力。结构暴力往往与贫困、疾病、压制和社会歧视这些话题有关,它的根源在于社会政治与经济结构中存在不公正的安排,使得一部分人面临痛苦乃至灾难,而他们的潜能也得不到充分发挥。与直接性的暴力相比,结构性的暴力是无形的,需要一个长期的过程才能被消除。在此之外,文化暴力被视为其他暴力形式的源泉,它赋予了直接暴力和结构暴力合理性。通俗来讲,有些文化认为有些暴力是正常的,比如一些国家欺负另一些国家,一些种族欺负另一些种族,都被认为是合理的行为,甚至在有些国家,家庭暴力也是合理的文化现象。如果不摒弃这样的文化暴力,怎么可能消除群体之间、社会之中的暴力成分呢?

和平学不仅深化了对于暴力的认识,也丰富了和平的内涵。一直以来,很多人认为没有战争就是和平,而和平学给我们带来了一种全新的"积极和平"的视角。也就是说,和平不只是战争的不在场,还意味着创建一种社会环境,人们在其中可以过上体面的生活,得到充分的发展。要追求积极和平,也就必须关注更广阔的领域——消除饥饿、脱离贫困、性别平等、环境保护等,因为如果不关注这些问题,它们可能在某个时刻引发冲突,从而威胁到和平的维系。积极和平的理念深化了人们对于和平事业的认知,当我们的认知范围得到拓宽,应尽的责任也就随之扩大,所以,维护和平所需的工作不仅仅局限于消除战争,还需要考虑如何去处理结构暴力和文化暴力。

以和平学视角读懂南京

作为一个土生土长的南京人,我经常讲,南京是一个悲情的城市——发生在 1937 年的南京大屠杀,是这座城市最深刻的创伤记忆。我是历史学教授,我非常明白,忘记历史就是背叛。历史是必须牢记的,但是 how to remember? 如何去记忆? 不同的人有不同的解释,我们在记忆历史的过程当中,由于过程不一样,其结果有时可能和仇恨联系在一起,有时则可能与和平相连。你们去参观拉贝纪念馆有这样一句话:"牢记历史,珍爱和平。"你们去侵华日军南京大屠杀遇难同胞纪念馆,也有这样一句话。习总书记在公祭日讲话的时候也说这样一句话,这话说得非常对! 我们如何让这样一段历史被人们牢记,又能够导向和平? 这是我们反复在思考的问题。

好,那么怎样才能真正跟和平相连? 我要换一种说法来表达,就是"追求和平是对创伤历史的最好的纪念和修复"。这是我对和平的理解,也是我在 2015 年提出要创建国际和平城市最主要的一个动力。这一理念也得到了江苏省政府和南京市政府的认可,于是在我的建议下,南京大学和平学研究所、南京大屠杀史与国际和平研究院联合向"国际和平城市协会"提交了申请,在 2017 年的时候,南京成为中国首座、世界第 169 座国际和平城市。

什么叫"和平城市"呢? 这一概念同样在二战后付诸实践,近几十年来发展迅速。简单来说,是指一座城市以和平为发展理念,融合历史、记忆、遗迹中的和平元素,多途径、多维度地提升城市发展水平并推动国际和平。

南京本是二战"殉难城市",遭受过残酷的破坏。人们往往首先以揭开伤疤、批判罪恶的方式阅读这座城市20世纪的历史。然而,当南京转向"和平城市",这意味创伤记忆不是唯一的历史遗产,促进和解、追求和平、走向和谐才是它更具现实意义和未来导向的城市使命。殉难城市是自己主动向别人去诉说痛苦,和平城市是别人主动向你询问伤痛。考文垂、德累斯顿、广岛与南京同为二战时期的世界殉难城市,这些城市构建和平的经验表明,用和平话语传播创伤记忆,更容易引发世界人民的认同和共鸣。从这个角度来说,和平城市建设更能真正唤起世人对南京大屠杀这段惨痛历史的关注,促进它从城市记忆、国家记忆发展为"世界记忆"。只有把国家记忆变成世界共同记忆的时候,创伤的历史才会与和平相连,不同国家甚至敌对的国家之间才会实现和解。和平学所具有的穿透力,让我们不必反复揭开那血淋淋的历史伤痕,别人也能够感同身受。

以和平学视角理解拉贝

作为南京的市民或者南大的学生,我们对拉贝的故事都比较了解,值得我们思考的是,如何在今天这个新的时代,像拉贝一样,拥有对和平的追求?虽然时代变了,但是他的意义、他的遗产、他的动力其实在任何时候都是一样的。拉贝在南京国际安全区的工作,意味着一个人在社会生活当中有一份责任,让自己所处的环境跟和平联系,跟暴力相离。在战争年代是如此,在和平年代更是如此。

在当下,每一个人应该做些什么呢?拉贝其实已经告诉了我们——应该做一个和平的志愿者。没有人强迫拉贝必须留下来,而且他的国家告诉他,应该立刻离开中国回德国去。他后来回到德国以后,德国的公司都把他解雇了,以至于他后来的生活是比较悲惨的,但是他无怨无悔,为什么?拉贝做了他认为一个人应该做的事情——成为和平的志愿者。

拉贝就是一个大志愿者,冒着生命危险去做这样一番维护和平的事

业。和平需要在座的你们成为这样的志愿者——我们首先要意识到自己
与和平的关联性，明白自己的努力是有意义的。只有我们每个人都成为
和平的一分子，世界的和平才离我们越来越近。所以我们一定要丢掉"没
有我的努力，这个世界依旧会变得和平"的幻想，和平不只是政治家和外
交官的责任——当然他们有很多的责任，但是他们的责任更多是宏观的。
而和平更加需要我们每个人的参与，需要把目光转向每个公民，需要让我
们的行为给世界带来合理的转变。我想，这是我们今天重读拉贝的故事，
所能收获的新的启迪。

我们如何与和平相连

我觉得，我们开展"拉贝日记与和平城市"的科考活动，也就是在做和
平的志愿者，做我们南京国际和平城市的志愿者。一个志愿者心中具有
发自内心的对人类的爱、对和平的渴望。你们自愿去做——因为你们都
是自愿报名的，而且报名很踊跃。我想你们心中有一种爱心，有一种对和
平的向往，促使你们在假期选择跟和平联系在一起。在我看来，这就是拉
贝精神的再现。

通过各种各样的纪念活动，我们不断地触摸历史，但是为了回顾而回
顾，其意义是有限的，我们要去寻找研究历史的现实意义，也就是时刻牢
记"和平"这个关键词。我们在说历史，可是这段历史的伤痛是要通过和
平的工作过程来展现的，这样，历史的因素就会变成我们建设和平的一种
力量，而不是未来冲突的原因。

我对我们大家都寄予很大的期望，因为和平在于每一个人，每个人都
是重要的。社会不可能自动前行，它必须靠外在的各种因素去推动它。
外在的原因是多种多样的，它需要大学提供智力的支撑，需要新闻媒体，
需要法律司法实行公正，但是更重要的是什么？是你和我，在我们的生
活、学习和工作当中，通过我们的所言所行去创造和平。一个好的历史教

育一定要跟和平相连,暴力只能重复暴力,而和平可以传播和平。我们应当搭建一座桥梁,连接过去的伤痛和未来的和平。如果我们真的能搭起这样一座桥,那将是一座和平之桥。我希望能看到你们搭起那座桥,走过那座桥,也能借助这座桥看到一个更加美好、更加和平,我们人人都喜爱的社会和世界。

第四章

对外传播：歌剧《拉贝日记》

❀ 对话歌剧《拉贝日记》导演周沫

❀ 对话歌剧《拉贝日记》编剧周可

❀ 对话歌剧《拉贝日记》指挥程晔

❀ 对话拉贝扮演者薛皓垠

❀ 对话韩湘琳扮演者郭亚峰

❀ 对话魏特琳扮演者徐晓英

❀ 对话歌剧德语译者罗克

一、对话歌剧《拉贝日记》导演周沫

采访对象：周沫

采访时间：2021 年 7 月 15 日

采访方式：线上 Zoom 会议

采访人：徐亚楠、袁雪琦、阮千慧、宗阳扬

采访整理：徐亚楠

采访对象简介：周沫，歌剧《拉贝日记》巡演版导演。

缘 起

　　每一个土生土长的南京人，都会在每年 12 月 13 日上午 10 时，听到全城防空警报鸣响。那个鸣笛声一响，大家全都要停下一切学习、工作，马路上的车辆也会停下来鸣笛。在我很小的时候，学校就会组织参观侵华日军南京大屠杀遇难同胞纪念馆，所以我一直知道这段历史。《拉贝日记》是在我上小学的时候公布于世的。我记得《拉贝日记》出中文版的时候，在南京乃至全国都是一个很大的新闻，所以我那时就知道了"拉贝"这个名字……然后你就会知道魏特琳，因为南京师范大学校园里有魏特琳的雕像。但是拉贝和魏特琳真正为南京做了什么，是我在开始构思这个歌剧的时候才开始深入了解的。

　　出国留学之后，我才开始真正深入了解这段历史，并想要把它带上舞台，成为舞台作品。我离开中国后才发现，跳出东亚这个圈层，其实世界上大部分人,是根本都没有听说过南京大屠杀的。我2005年本科入学,我们必修的一课,就是学习德国二战的犹太人大屠杀的历史。那时我就提到,同一时间的远东地区有南京大屠杀,然而这在欧美的历史课本里是鲜少提及的。

在那之后,我开始阅读大量历史资料,加上我本科辅修了政治学,所以也学过东亚地缘政治这一领域的问题。转学导演以后,我发现,其实南京大屠杀这个题材,除我们自己本土的舞台作品之外,在国际舞台上几乎从来没有出现过。

歌剧《拉贝日记》最早是我提出构思的。2015年,德国刚要对叙利亚难民和伊拉克难民开放边境,所以当时德国国内民族主义高涨,对难民有很强的抵触心理。那个时候我突然想到了拉贝。因为如果你在英文世界搜索"拉贝"的话,第一个出来的结果就是说拉贝是纳粹党员,这在我们中文世界是很少提及的。我当时突然有一个灵感:拉贝当初作为一个远东区纳粹党的小组负责人,他能够在那个时刻、在那个大时代背景下,放弃自己原有的文化背景和政治乃至种族偏见,做出一个超越自身局限、展现人性光辉的抉择——我觉得这会是一个非常非常好的立意和切入点,并且很适合呈现给对这段历史不了解的国际观众。我为此构思了十年,以什么样的切入点创作南京大屠杀题材,能够超越中日韩三国观众,让国际上更多的观众也能理解。其实南京大屠杀的作品有三个视角:遇难方——中国,施暴者——日本,还有第三方是国际见证方。当你从见证方的角度创作的时候,其实是相对中立的,对于不怎么了解这段历史的国外观众来说,是能够接受的。

使　命

我提出要把《拉贝日记》改编成歌剧,并且要在2017年12月13日,也就是南京大屠杀八十周年祭的时候,在江苏大剧院首演。但因为种种原因，首演的那一版并不是我导演的，第一版的歌词和剧本的创作我也没有参与。

那是在2018年的夏天，我那时候在圣达菲歌剧节工作。南京创作方联系我说，你作为南京人，可不可以回来跟作曲唐建平老师，还有南京的相关专家开一个剧本讨论会，提提意见。在回国的飞机上，我详细地把初版的剧本、歌词、录像全看了一遍，也很直接地提了很多我自己的意见。我当时2019年的工作档期是完全满档的。南京的制作方说，这部作品要去德国巡演，是中国原创作品第一次受邀去柏林国家歌剧院以及易北河音乐厅——我们做歌剧的都知道，柏林的国家歌剧院在业界是响当当的，并且考虑到这是德国第一次邀演非西方题材的歌剧赴德演出，所以这会是一个有重要的文化交流意义的戏。南京市也拿出了很大的诚意，说可以配合我的档期。我当时就觉得有很强烈的使命感——因为我出国后才知道，我的奶奶其实经历过南京大屠杀，但是她以前从来没有讲过。所以，当时我就决定把原本手上的六部戏全部推掉，清出了大概九个月的档期，专心做《拉贝日记》的巡演版。

2019年在做巡演版的时候，时间非常紧迫，作曲和编剧能做的改动也很有限，所以我能够做的就是在视觉上进行调整。比如"平安夜"那一场戏，有一个好像是被日本人拖去强暴的女生，那个细节是我自己加进去的，原来是没有的，包括拉贝到鼓楼医院那一幕。那个被强暴了的女孩，医生一摸她，她就一声尖叫。其实你去看魏特琳的日记，就会知道，很多金陵女大学生就是会被翻进校园的日本兵拖走，然后魏特琳还有拉贝，就要跑到慰安所里把她们救回来。这场戏的细节，其实是源自我生活中的一个经历。我在上大学的时候参与校园的女性中心，专门针对在校园受到的性侵害。遭遇性侵之后，只要受害人打我们的热线电话，我们就会第一时间到现场，报警、存证、验伤，我做了大概三年，要去性犯罪第一现场。但是有一次，我到现场看到是我在大学最好的朋友。那时我去轻轻地摸她的肩膀，我一摸她就尖叫——"啊！"——这样子。

所以,有很多戏剧逻辑上面的那种"补丁",是我作为导演补充起来的,这样的话整个故事的线性叙事才能联结起来。面对欧洲观众,尤其是德奥观众,你会需要埋很多很多很多的伏笔,然后在关键的时候把它们连起来。

我觉得我真正做的就是视觉统筹,透过导演语汇把复杂的历史叙事连起来,从故事上保证叙述的严谨性。最值得骄傲和感怀的是,结尾出现了张纯如——我决定做《拉贝日记》,也是因为张纯如。我觉得这是结尾的神来一笔。西方社会知道拉贝的人很少,但不少人知道张纯如,所以,透过张纯如,其实是把这段对于他们而言很遥远陌生的历史事件,拉到现代的视野里,张纯如就是一个桥梁。借由张纯如这个在西方比较了解的角色,把这个故事给串联起来。事实证明这个设计也是非常精准的,因为后来在德国、奥地利演出的时候,只要张纯如的扮演者和结尾关于她的字母出现,很多观众都哭了。

幕　后

我非常幸运,江苏大剧院给我配备了来自国家大剧院的两位优秀的舞台监督李根实和李程老师,而主演薛皓垠、韩鹏、徐晓英包括田浩江老师,也有丰富的国外工作经验,跟我的节奏非常适应。一开始有点不太适应的是合唱团,因为我要求他们参与的部分很多,且我的排练速度非常快。实际上,在这部歌剧中合唱是很重要的,是整个故事的重要推力。当时我在排练的第一天就对全体合唱演员说,这个剧虽然叫《拉贝日记》,但是你们是真真正正的主角,我们要观众透过拉贝的眼睛让世界看那个时代,看中国南京的普罗大众,而你们是这个故事的灵魂。我排练节奏非常快,要求很高,合唱团一开始压力很大,但大概一周之后他们就适应了,后来,他们自己也觉得这很有自豪感,也在工作方法上实现了中西方演出行业的交流。江苏演艺集团跟我说,他们把我在排练拉贝时的排练笔记、日程全部都存了档,希望他们未来的歌剧可以借鉴我的那种工作方法,对此我是十分感恩和欣慰的。

巡演的反响非常好,尤其是易北河的音乐会的成功,我是没有想到的。易北河演出之后,全场观众起立鼓掌15分钟。拉贝演出结束之后的一年里,都会有德国和奥地利的观众通过我自己个人的工作网站给我写信,说他们之前根本不知道拉贝这个人,但是看完这个戏后深受触动,回家专门买来《拉贝日记》,也买了与南京大屠杀相关历史的书籍,要了解这一段历史。

回　首

我不希望像西方世界的太多作品一样,将白人拯救难民的形象"伟人化",我要用他们可以理解和感知的视角切入,来展现这一段被遗忘的中国历史。在《拉贝日记》最后拉贝演唱的告别演说咏叹调时,我把所有历史上参与安全区工作的中国人照片和姓名,一个一个像孔明灯一样用多媒体特效打在舞台的正中央——我希望让世界知道,在那个特殊的时代,我们要感激一批国际友人大爱襄助,但真正落到实事上,这也是中国同胞互助自救的故事。也就是说,我是要用一个外国人能够理解的视角,让他了解中国人的故事,而不是说"又是一个白人拯救中国"的叙事。在《拉贝日记》后,我也继续创排了很多别的戏,但我可能不会再碰到这样一部让我全身心投入、着魔疯狂的作品。在排拉贝期间,我的奶奶因为癌症去世,当时我完全不知道,父母亲怕我分心,直到最后关头才告诉我。为这部戏我付出了很多,每天的创作都觉得心如刀割的切身痛苦,但是无论如何艰难,我每天都告诉自己这是我一定要做的事,是我一定要讲的故事!

而且我觉得难于言表的是,当我站在江苏大剧院排练厅的时候,我就感觉到我排的那些画面是真的——很多观众跟我说:你怎么会排得这么真切动人?我说:真的,很奇怪,我站在排练厅,那些画面要怎么走,就好像我自己亲身经历过一样。后来我和在分子生物学领域的朋友聊天的时候，他说，其实祖辈的一些记忆，比如战乱，会有 DNA 作为分子伤痕，一代代传递下去。所以那些现场、那些画面，就好像我真真实实经历过一样，然后，我将一直在我脑海中的画面排演出来，我想这应该是我的奶奶透过血脉留给我的记忆。

　　排练过程中其实我有很大的压力，有相当长的时间我整夜没法睡觉，天天在哭，一边排练一边哭，好一阵子才缓过来，但我完全不后悔。我觉得这是一个非常有意义的作品，尽管和每一个作品一样有些许遗憾，但是我觉得在我力所能及的范围里，我已经做到最好，我的初衷也达到了，因为我们的确把这个作品带到了德国和奥地利，让当地的观众看到了，现在还做成了歌剧电影，未来会有更多观众看到。《拉贝日记》可能是我一辈子难忘的作品。

尾　声

　　国家大剧院那一版，是我们第一次使用了张纯如的结尾面对观众。在国家大剧院的时候，扮演张纯如的舞蹈演员出来，我还没有上最后结尾字幕的时候，北京的剧院里就听见有观众在大喊："张纯如！"最后证明这个结尾是成功的。我记得很清楚，作为导演上台要去谢幕的时候，马吉的扮演者田浩江老师在侧台，在马上要上台谢幕之前，他突然拉住我说："今天是非常难忘的一天，因为我感觉演出很成功，并且我们每一个人都能感觉到张纯如的在天之灵在剧院里看着我们，她一定会很为你做的一切骄傲！"当时我直接泪崩："田老师我要上台谢幕，你怎么给我讲这样一句话！"所以后台的画面就是，主演全部就上台谢幕，我作为导演则跪在侧台号啕大哭。北京的谢幕我哭到完全没有办法，直到现在我们讲到这里，想到那一刻，我都会哽咽着说，作为一个创作者，大部分时候我们在选择题材，但是我现在回头看，我觉得其实可能冥冥之中这个题材挑选了我，所以能够参与这个作品,我很感激,也很骄傲。

现在回头去看,两年过去了,讲到在国家大剧院那场演出,我还是会泪流满面。然后我觉得很有意思的是,在 2019 年年底歌剧《拉贝日记》电影版杀青,我们喊最后一个"卡"杀青,我走出导播车的那一刻,我的手机响了,接起电话就是一个陌生的女性声音,她说:"请问周沫导演在吗?",我说:"我是。"然后电话那端说:"您好,我是张盈盈,我是张纯如的妈妈……"你没有办法编出这样的情节——歌剧《拉贝日记》电影版杀青的那一刻,张纯如的妈妈给我打电话说:"我知道你在《拉贝日记》的结尾把张纯如放进去了,真的很感谢你!"

因为这个机缘我现在也跟张纯如的妈妈保持联系,我们在努力争取把张纯如的生平也做成歌剧,搬上歌剧舞台。

伤　口

其实对于每一个南京人来说,南京大屠杀都是心里的一道伤口,可能没有办法愈合的伤口。英文有一句话叫作"forgive but never forget",就是我们可以选择原谅,但是不会遗忘。《拉贝日记》中有一句歌词是:"历史也许会篡改,真相不该被掩埋。"所以,做这个《拉贝日记》歌剧的意义也就在这里。你看我们的舞台设计,南京的城墙砖为什么有一个裂痕?这其实就是在具象意义上讲:这一场浩劫,对于这个城市、对我们这个民族来说,创痛和伤痕也许永远都不会愈合,但是我们后人要学会的是,怎样跟这个伤痕共处,并且告诉世界,不要再产生下一个创伤,不要再让历史重演,其实做这个戏的初衷,也是这样的。

二、对话歌剧《拉贝日记》编剧周可

采访对象:周可

采访时间:2021 年 7 月 11 日

采访地点:南京保利大剧院

采访人:阮千慧、宗阳扬、徐亚楠、袁雪琦、郁嬿

采访整理:徐亚楠

采访对象简介:周可,歌剧《拉贝日记》编剧。

不解之缘

我之前曾看过《拉贝日记》的电影——很早之前其实就有电影,包括张纯如的《南京浩劫:被遗忘的大屠杀》,所以大概了解这一段历史。当时江苏大剧院刚建成,他们要做一个自制的项目;对于南京来讲,这段惨痛历史值得纪念,值得我们思考。这个故事本身是由江苏省大剧院和江苏省委宣传部提出来的,让我们做这样一个题材。我第一次作为编剧的身份来写这个剧的时候,就提出过我们是不是可以去侵华日军南京大屠杀遇难同胞纪念馆参观一下。那我们当时就去了。我选的那天特别巧,是1 月 5 号,就是拉贝的忌日,一个非常巧的特殊日子,所以我去纪念馆的时候,他们就跟我说你怎么选了这么一个日子,我说我随便选的,这是很特别的一件事情。

我带着几十本书回了上海,花了一个月的时间,研读这些史料,因为

169

我需要先写一个大纲。那么,在众多的史实当中,选取什么样的故事来表现这段历史?首先要对于史实有一个基本的还原,所以我看了不同的日记:《拉贝日记》《魏特琳日记》《马吉日记》,这是西方友人的日记;我也看了中国军官的一些回忆录,这是中国亲历者的角度;还有像《东史郎日记》,这是日本侵略者的角度。不管是哪一种角度,他们都相对完整地叙述了这件事,所以我会从这些书中选取我认为符合史实的一些内容,拎出来作为参考。当时我找了两个我的学生,让她们将认为有价值的内容都标注出来。她们俩看了大概两天就不行了,跟我说,老师看不了了,抑郁了。你看到这些画面文字的时候,会有一种完全没有办法控制的情感。所以后来我说,那你们俩别看了,别看抑郁了。

尊重史实

我们很清楚,这个戏其实是为了传递中国的声音。但我们不想让西方的观众认为这就是一个政治宣传——他们很容易有这样的刻板印象。我们不想把一个真实的事情讲得虚假了。所以,我在一开始就没有任何的虚构,我们是尽量地还原史实。第一次开剧本研讨会的时候,有一部分传统的专家们认为这个戏的"矛盾性"不够强,可以制造一些人为的矛盾冲突,但这不是我想要的。我说,没有什么东西比历史更有力量了。历史中的这些事件,难道还不够戏剧性吗?它已经够有分量了,以至于起初我们都想把它做成"文献剧"。这是一个基本出发点,我们不想把真实的故事讲"假"了。

但戏还是要写的。坦白地讲,我也是第一次写歌剧。我是一个话剧导演,但歌剧是由音乐来构架整个故事的。所以从我自己的角度来讲,我认为,这段历史其实是透过拉贝的视角,讲述南京大屠杀的这些日子;从日本侵略者进入南京到拉贝离开,这些日子到底发生了什么?

开始的导演是大都会歌剧院的一个老导演,也是犹太人,他自己的亲身经历就跟这个戏也是蛮有缘分的。他很小的时候随父母从俄国逃到了中国，住在上海，当时上海接纳了一大批犹太人。作为犹太人，他在中国待到5岁才离开。他自己记忆特别深的就是他作为犹太人在上海得到了庇护，还有他对中国人的印象。所以当他一听说这个题材是关于南京大屠杀的，他就很有冲动要来做这个戏。我们当时去英国跟他会合的时候，我记得特别清楚，我们中国的创作团队跟他见面的第一个话题就是关于"什么是真实"。我们在谈论这个问题的时候，是基于我们知道中国人对这段历史都非常了解，因为从小接受的教育以及看了很多的影视剧，我们对这段历史，尤其是身为南京的市民，应该是感受很深的，但是在西方世界并不是，整个国际社会都知道纳粹在二战期间屠杀了犹太人这个事实，但并没有太多的人知道侵华日军在南京大屠杀期间屠杀了30万中国人，这个事实并不被大家知晓。

当年拉贝带着冲印出来的马吉拍摄的胶片回到德国，因为他本身是西门子公司派驻中国的代表，也是一个纳粹党员，所以他回到德国的时候，他觉得元首，也就是希特勒，并不知道德国的盟友在中国犯下了如此罪行，所以他就觉得要带着这些东西回去给元首看。结果这些东西很快都被没收了，包括他的日记，包括这些胶片都被盖世太保没收了，然后告诉他要禁言，这件事情不可以再说了，他也被西门子公司辞退。而且他的命运更加糟糕，二战结束以后，英美占领了德国之后，发现他是纳粹，又开始对他进行审查。所以他回到国内，并不被盖世太保接受，等到英美接管了德国之后，他仍然被怀疑，他之后没有多少经济来源，然后家里面十几口人，生活也是非常艰辛的。后来，南京市民知道拉贝回去以后的境遇并不好，就组织捐款，通过瑞士使领馆，每个月给他买奶粉、牛肉，还有咖啡这些必需品，邮寄到拉贝的家里。这些由南京市民募捐的钱，是对他当年在南京救下了那么多人的回报。

我们的前期创作就很有意思，我拿着一本中文版的《拉贝日记》，导演拿着一本英文版，两个人对照着阅读。我们尽量地复原史实本身，在面前这些史料中，找到双方都认同的那段事实。

当时工作组中有好多外国朋友，像我们的多媒体设计师来自澳洲，灯光设计师、老导演的好朋友是英国人，还有来自美国、以色列、乌克兰等国家的人。他们一开始是不太知道有这段历史的，但是，当他们真的进入这个创作当中，他们都非常认可这种人道主义精神。因为从某种角度上来讲，当年留下来的这二十几位西方友人能够成立这个安全区国际委员会来保护南京市民的安全，我觉得这些人是非常了不起的。而且当时我们在史料中也看到，比如说魏特琳，她自己在金陵女子文理学院，那里收容了1万多人，那个地方就只有妇女儿童。她是美国人，但我们知道日本人对美国人态度其实并不是那么友好，他们把她作为敌人对待，所以实际上魏特琳在整个过程当中也会被日本士兵打耳光，或者是用枪托砸，只是不敢对她有更进一步的暴力行为。为了保护难民，她其实也会受到伤害，但是她还是觉得自己出于人道主义精神，作为老师也好，作为一个红十字会的成员也好，对这些人她认为自己是有义务来照顾和帮助的。她甚至从郊区带领这些妇女、难民穿越当时被封锁的南京，回到自己的难民所，这些行为其实都是让人挺敬佩的。还有马吉，其实对他来讲，作为一个神父，他能够冒死把这些用当时的胶片拍下来非常了不起。后来东京审判的时候，很多证据是来自于他当时拍摄的这些影像。

人性之光

基于此，我尽量去发掘这几个人的人性光辉。不管是魏特琳、马吉还是拉贝，他们都对自己产生过质疑。你比如说魏特琳，她是1940年离开的中国，回到美国正好一年，她自杀了。她死于抑郁症。魏特琳在南京的这些年，一直试图要去保护那些学生；可她眼见着有人在她面前消失，有人在她面前死亡。她真的是很无力，他们形容她像只老母鸡一样，尽量地去庇护这些孩子们。但是到最后，她仍然觉得自己无力。我当时看到这个材料的时候，就很难过。我说，如果这个事情是我——我想我处于她这个位置——太难了，我本来就保护不了这些人，我还在尽自己所能。在南京经历的这些事情，对像魏特琳这些人的人生来讲可能是毁灭性的。拉贝也一样，因为他不可能忘记这段历史，尽管他们在这里面做了很多我们后人看来非常伟大的事情。

对我来说，《拉贝日记》歌剧就是这种对灵魂的讨论。我是希望这部作品，多多少少，能够展现他们人性的这一面。这是我一开始创作这个题材的根本原则。

"是对还是错？难道让他们和敌人同归于尽？"剧中加入这段咏叹调，其实是因为我在查资料的时候，就觉得拉贝一定很痛苦。当有人突破人性的规则、有人完全无视这些规则的时候，就是挑战了他的认知。突然之间，过去所有对人性的理解都不成立了，那些时刻，他的情感和理智在不停地碰撞。有些事情，我觉得可能在做选择的当下，他是来不及去想的，是良知和信仰告诉他这么做的。当拉贝看到日本兵兽性大发，他会思考：这个兽性从哪里来？人天生具备的，还是说战争本身造成的？这些东西对拉贝来讲，都是挺让他难过的，他在日记里面也表达了很多的疑惑。你可以看到他的日记，可以看到他整个人的变化。但是拉贝还是在坚持。他虽然提出了这些问题，在剧中我们也提到，后来拉贝其实明白，他也许救不了人，但至少要做历史的见证者——"我们得发声"。我觉得，最后他可能是质疑"人"，就是，对人性、对神，可能都产生了质疑。但是我认为，他在质疑之后，最终还是选择了人性的光辉吧。

在那一刻，那种善良，那种对人性的希望，最终还是战胜了他的沮丧、他的怀疑。到最后拉贝发现他自己真的救不了的时候，他觉得自己至少可以反抗，但反抗的方式也许不是拿起武器去跟暴徒打，而是要让全世界知道这件事——得把真相告诉别人。当时第一个把胶片带出去的是美国人费吴生，他把拍的那些胶片，缝到自己的大衣的衣角里面，然后坐火车，跟日本士兵们就这么坐在一起，坐到上海去的。你就知道，当时他的那个心里是战战兢兢的。他到了上海，就把这个胶片送到柯达的冲印店去冲印。

拉贝是很喜欢中国人的，他也很喜欢中国文化。他帮助过一个国民党的飞行员，这个飞行员受了伤，当时差点成为俘虏。救助后，怎么才能把他送走？当时离开南京的时候，拉贝可以带走一个人，他可以带一个人去上海，他本来想带助手韩湘琳走。南京当时破坏得很厉害，很危险。拉贝当时其实就是想让韩跟他走，但韩就觉得，这个机会还是留给那个飞行员，因为只有借这个机会他才可能逃走。所以在那个情况下，我觉得他们是彼此支撑的。拉贝也觉得，如果没有了这些中国人对他的精神支持，他也坚持不下来。他说，他第一次在他们家修防空洞，他是德国人，很多地方修的防空洞，炸几次就塌了，但是他修的防空洞特别好。他一开始，只能收留大概几十个人吧。后来呢，周围的邻居都知道他们家有防空洞，很牢固，都想来。他们隔壁住了一个小鞋匠，小鞋匠带着他的妻儿也想来。他就不让小鞋匠来，他就说，你做生意不老实，你乱收人家的钱，所以我不让你来。但他后来还是同意了。

拉贝这个人他其实并不是那种活在书本里的人，他很真实。你看他的日记，你会发现他也会生气，他也会发怒；他也有各种各样的小心思。他对人的判断是，你善良，我就善良。我觉得就像《辛德勒名单》一样，他一开始并没有真的说，我要救多少多少人，但人是这样的，当你付出的时候，你感受到那些人真的需要；他们又真的在一无所有的情况下，处于灾难当中。下雪的时候就要给大家送热粥，那些难民对他们的依赖打动了他们，人类的苦难其实是一样的。

我们同为人类，而且人性来讲是区别于兽性的，是在于我们有情感和最基本的善良。所以在最黑暗的时候，仍然可以看到那个光亮。我一直在说，这个《拉贝日记》让我感受到的就是：哪怕到了最黑暗的地狱，你仍然坚信乌云的背后是有光的——人性的光辉，是最后照亮大家的东西。

和平之歌

歌剧国际巡演版，其实是把第一版演出中大家认为叙述不是很清楚，或者说在唱段上——因为这是歌剧，以及在表现手段上，可能会有些累赘的地方做了调整，包括一些唱词上面不是那么准确的部分。因为毕竟有正确的历史观，所以对于该用什么样的一些词语来表达，还是有非常严格的要求的。所以在这一版，我们主要还是对剧本做了一些精修，精确到当中怎么样去表述是更好的。因为是巡演，其实改变比较大的是舞美。之前是在南京，在江苏大剧院进行的首演，这次也是12月13号公祭日那一天首演，那天还请来了拉贝、马吉等人的后代，所以这个事情当时还是比较隆重的。因为是歌剧，所以整个景都很大，可以说是庞大，但是后来我们去考察了德国柏林的国家歌剧院，还有易北河的音乐厅，包括维也纳的歌剧院。欧洲歌剧院普遍偏小，所以那么大的景就很难布置，而且巡演也非常不便利，所以在第二版中就针对第一版当中的一些问题，把景做了最大的调整，便于巡演。

一开始第一版的结尾是在整个故事讲完以后，出现一个小孩。当时的史料记载，拉贝要离开南京的时候，很多人去送行，大家都说他是活菩萨，然后很多人不愿意让他走，但他没有办法，因为当时他已经被西门子公司调离了，而且南京也成立了"南京市自治委员会"，这其实是个伪政府。这个伪政府的成立就是为了解散这个安全区国际委员会。同时，西门子公司催促拉贝回国。他没有办法，他没有办法在这再待下去，他必须得走。所以我们当时的结尾是离开的时候有一个小男孩，那个小男孩是一个贯穿歌剧的人物，他失去了他的双亲，也失去了他的弟弟，他代表着中国的未来。拉贝走的时候呢，这个小男孩就说，我们的保护伞走了以后我们该怎么办？所以，他有一段表演，就是茫然地倒在雪地里面，但是后来慢慢地，像做了一场梦醒来之后，时空已经跨越到了八十年以后，当他去把那个幕布升起来的时候，看到的都是一些现代的人。最后就唱起了一首和平之歌。这段历史是不能忘记的，但是我们不能活在仇恨里。所以我们最后的那段和平之歌也是说，所有的人，我们今天生活得很幸福的人，当然不可以忘记这段历史，但是不能活在仇恨里。但最后大家可能就是对于结尾这个小孩怎么处理有一些新的看法，所以这个部分就拿掉了。

我觉得，从《拉贝日记》的这个主题来讲，"爱"是永恒的主题，就是人和人之间如果无法学会爱的话，始终会有悲剧产生。这个悲剧，不管是战争，或者是以其他任何的方式，我觉得它都是人类最大的一个悲剧。

三、对话歌剧《拉贝日记》指挥程晔

采访对象：程晔

采访时间：2021 年 7 月 9 日

采访地点：南京大学外国语学院德语系会议室

采访人：顾祥姝、彭韵筑、陈博敏、吕晨

采访整理：吕晨

采访对象简介：程晔，上海音乐学院教授、江苏交响乐团常任指挥、国家一级指挥、歌剧《拉贝日记》指挥。

用国际的方式讲中国的故事

从纯音乐角度来讲，歌剧本身是西方的音乐形式，歌剧《拉贝日记》的作曲家唐建平先生作曲时也完全运用了西方的手法。现在音乐这个领域里，经常会提到"中西文化的融合"。其实，歌剧也好，音乐也好，甚至乐器也好，它都是个载体，而它演奏出什么东西，才是灵魂所在。我们要把中国的故事传达到西方，那么，像《拉贝日记》的歌剧形式，就是一种比较方便、比较容易得到全球接受的方式。因为歌剧的历史比较悠久，这个形式已经被全世界接受，那么我们就用一种他们能够接受、能够听得懂的方式来传播中国的故事和故事里面的精神。而我个人作为指挥，也包括我们的演奏者，我们都从小学习西洋音乐，运用这种西方的音乐方式也更得心应手。再者，虽然我们中国的民乐现在也非常红火，但是到国际上看，它毕竟不能完全沟通起来，因为外国人不懂民乐乐器，也不了解中国的戏曲和演唱方式。歌剧《拉贝日记》本身讲的是中国的故事，同时让外国人可以很方便地接受——我们是用一种国际通用的方式，来讲一个中国的故事。

关于中国的歌剧，我可以说，像《拉贝日记》这样去描述一个历史事件，是有一定中国特色的。近两年，中国的歌剧蓬勃发展，几乎所有的剧院、剧团都在出一些新作品，而这些歌剧基本都以历史题材为基础，比如某个历史事件或描述一段历史——这其实和西方的歌剧区别非常大。西方的歌剧大部分是小事件、生活琐事，往往是爱情主题的，而我们现在中国的歌剧，大多关于宏大的历史主题。其实从歌剧的角度来讲，一般一部歌剧最多三个小时，在三个小时里面要表现出这样宏大的历史事件，本身是非常困难的。时间短，而要讲的事情多，歌剧《拉贝日记》就是这样。它会稍显仓促，而且往往很难把所有事情都讲到位。这也是歌剧的一个特点，歌剧本来就不太能够把所有的事情讲到位，歌剧更多是描绘出一个场景。《拉贝日记》也是一样，它主要通过对几个场景的简单描写来表达（这个历史事件），但因为有音乐作为衬托，大家还可以通过音乐来感受它。音乐本身也可以描述出很多事情。所以我觉得，歌剧在呈现历史事件上尽管有它的劣势，但同时它又能通过音乐来打动人，有优劣两个方面。

追忆歌剧排演，感动一如当初

我指挥歌剧《拉贝日记》，一开始只是因为这是我单位的工作。对于这段历史和拉贝的故事我当然知道，但确实不太清楚。我也是通过这部歌剧，才对相关历史稍微多了些了解，有了些粗浅的认知。歌剧一定程度上还原了当时的场景，其中有很多非常令人震撼、令人感动的事件，我们也慢慢知道了这些事，确实也很受感动。我们很多演奏者会在演奏过程中流泪，这几乎是每场都会发生的情况。

我也指挥过其他很多歌剧。从指挥角度来讲,《拉贝日记》和其他歌剧相比,没有特别明显的不同,从技术角度上完全可以这样讲。因为我们是纯音乐工作者,准备的时候,并没有觉得这部剧有什么特别的。

但是,歌剧《拉贝日记》的排练方式让我印象特别深刻,一是因为导演,二是因为大家对这部歌剧的投入。江苏到今天为止,出品了五部歌剧,《拉贝日记》是第四部。这里首先要说到这部歌剧我们从排演、排练到最终演出,包括我们在德国的演出,其间我们始终强调它是歌剧《拉贝日记》巡演版,这是因为 2019 年巡演版《拉贝日记》的舞台呈现、歌词,都与最初另一位外国导演指导的完全不同。巡演版导演是周沫,她其实也是歌剧《拉贝日记》的发起人之一,在很早之前就提出来,我们南京有没有可能来做这么一部歌剧。2019 年的时候,周沫导演亲自来指导,她完全采用一种国际化的排练形式。我们中国专业的歌剧导演比较少,周沫过来以后,让整个歌剧有了完全不同的呈现,包括演员的积极性、演员的状态,都被她调动得非常好。所以我们这部歌剧能取得成功,应该讲周沫导演的功劳是最大的,她可以说是整个这部剧的灵魂人物。因为她的很多处理使得有些缺陷得到了弥补,甚至更好,做出了很多我们觉得特别不一样的地方。比如她最后把张纯如的镜头放进去了,这些都是一个创造力的东西。要知道导演和指挥往往搞不好关系,因为做的事情可能会有冲突,但对我个人来讲,指挥歌剧《拉贝日记》最有意思的事情就是碰到了这么一个导演,这也是很少有的能够跟导演比较合拍的经历。我们整个排演过程是非常愉快的,并且完全以国际化的方式来操作,有了这么专业的流程,所以我们的歌剧做得比较成功。

如果还要说《拉贝日记》这部歌剧的不同,除了排练过程,主要在于它的题材,因为这个历史题材比较沉重。我们在演出的过程中也有不同的感受。我演了好多场,不能说每场都一样,但在现场被感动到的场景是很多的,这里主要是内容本身对我的这种刺激。

现在回忆起当年的排练和巡演,我始终觉得非常愉快。因为我进组比较晚,所以我印象比较深刻的主要是后来在汉堡的演出。汉堡的易北河音乐厅可以说是全世界最好的音乐厅,对于我们乐团,对于我们所有歌唱家来讲,能够在这么一个音乐厅里演出,并且观众还以德国人为主,也算是个高光时刻,因为我们中国的乐团到国外去演出,主要都是当地的华人来听。其次是在每场演出中,外国观众都对我们报以非常热烈而且很正面的反响,这也让我们非常高兴。

除此之外,歌剧《拉贝日记》电影版的排练和拍摄,也让我们感到非常愉快。电影版也是我指挥的,由我们交响乐团录音。巡演版是江苏交响乐团和苏州交响乐团合作完成,两个团各出一半人来演出,但电影版全部由我们江苏交响乐团来录制。本身这部歌剧就不是一个简单的作品,而是个比较复杂的作品,我们乐团在这么短短几天、将近一周的时间内,可以说齐心协力把这个版本呈现得非常不错。其实电影版跟歌剧的演出还是很不一样的,包括很多机位的设置之类的,我们还有电影导演来做这个事情。那几天我基本上全程跟着,我们不能说全面地了解拉贝,但可以说,我们全面地、更深地了解了这个歌剧。作为指挥,我平时不会太纠结于一些细节,但到电影拍摄的时候,我们会在转播车上非常仔细地听每个人唱的词,每个人的表情也会看得非常仔细。我们看到很多演员都非常投入。目前,就全世界来讲,歌剧越来越注重"演";我们已经不太叫歌唱家了,我们叫"歌剧演员"。歌剧的观看性已经加强。

我们这里歌剧演员比较少,特别是合唱团的一些演员本来就不怎么会演。通过我们江苏这几部歌剧以后,他们就很会演、开始会演了。开场的泪流得就很生动,感情十分充沛。这是一部你听得越多、了解得越深以后,你越会被打动的剧。有些电影看一遍、两遍再看到第十遍的时候,你就不想看了,觉得没有意思,但是这部剧不一样,不论你看多少遍,那么多遍演下来,我们每次演下来仍然会觉得感动,它依旧有它的新鲜感,故事始终在打动我们,台上人的感情也更加真挚和充分。我想,这也是因为这部剧的内容——因为拉贝对我们南京所做的贡献,永远能够打动我们的演奏者和歌唱家。

亲历文化差异,艺术助推交流

我 2007 年去德国,2012 年回国。因为我在柏林读书,所以还有些有趣的经历。东西德合并以后,东西柏林也合并了,所以我们音乐学院的教授一部分是(原)东德的,一部分是(原)西德的,这就特别有意思,因为同时接触两种文化的情况可能在柏林比较多,但在别的城市就比较少。我们也能感受到他们的不同心态,包括教学方式等都不太一样。(原)东德老师很像我们中国的老师会手把手教,(原)西德老师可能有点像美国的老师,是一种比较开放式的教育,这个是很明显的差异。有意思的还有,我在德国的指挥老师是在中国认识的,当时是我们去牵线请他到深圳来做音乐总监,他自己也很喜欢中国。他在苏联学指挥,太太是俄罗斯人。

我在德国不管是读书也好、演出也好,我们接触到的德国人都特别友好,这是很明显的感受。包括在歌剧《拉贝日记》的巡演过程中也一样,德国观众对我们整个演出都是一个非常热情的态度。其实我们了解到德国人对《拉贝日记》的历史并不是很清楚,因为这个事情毕竟发生在中国,拉贝回到德国以后可能也并不是一个特别中心的人物。但是我们发现德国在对待自己二战这段历史的时候,有一个非常正确的态度,它是有忏悔心态的,这点我们在德国能够很明显地感受到。相比之下,日本的态度可能就非常不一样。我在德国读书期间也碰到过类似的事情,比如说有一些音乐作品德国人不愿意触碰或觉得这个作品不好,就是因为这些作品在二战期间被纳粹德国利用,像不少德国音乐学院的教授会不愿意接触这一类作品。比如说,我们当时学过一部作品,是李斯特的交响诗《前奏曲》,在我们中国有音乐学院的学生去学习,也有演出。但到德国以后,我们发现这个作品在德国好像极少有人去触碰它。我们老师就告诉我们，当时德国纳粹电台放的音乐片头，就是那个曲子，所以德国人不太愿意触碰它。我觉得从这种角度来讲，德国人对于自己在二战的历史，还是有非常大的反思和转变的。

其实去演出之前，我们就感觉虽然我们这个剧里面讲的是日本的罪行，但是毕竟我们清楚大的背景。虽然说我们是去感恩拉贝，但这个背景本身对德国人来讲，毕竟不是一件很光彩的事，拉贝曾经的纳粹党员身份对德国人来讲，毕竟也不光彩，所以，我们也不知道德国人会怎样接受这个故事。但是，从我们演出的情况来看，德国人整体上对这部剧非常欢迎。我们每次演出完，德国人的反响都非常好。不过，我们确实也碰到过德国人对这部剧的剧本提出一些问题，但更多的是从内容角度，不是从音乐角度。总体而言，我们到德国演出后能感受到，歌剧《拉贝日记》对德国人是有一定影响的。

四、对话拉贝扮演者薛皓垠

采访对象：薛皓垠

采访时间：2021 年 7 月 12 日（线上），2022 年 8 月 9 日（线下）

采访方式：微信采访

采访人：陈博敏、彭韵筑、文华艳、雷乾昊、张嘉麒

采访整理人：文华艳

采访对象简介：薛皓垠，中国著名男高音歌唱家，歌剧《拉贝日记》约翰·拉贝饰演者。

和衷共济，始终如一

我在接演这部歌剧之前，大概只看过关于《拉贝日记》的一部电影，这部电影也没有看全，所以我对拉贝这个人本身的了解并不是很多，只是知道他写了这么一本日记，记录了日本侵略者在南京的暴行。当时还有一个电影叫《金陵十三钗》，这个电影有一段说的是《拉贝日记》，进行了一些艺术化的处理。在接这个戏之前，我对拉贝的了解大概就是这样。

接了这个角色后，我才开始看资料、读历史，了解拉贝。我非常震惊，觉得很意外。二战时德国人的名声是非常坏的，可一个德国人在南京的这些善举，拯救了那么多老百姓，让人非常钦佩。尤其是在歌剧舞台上的时候，我会感觉自己已经在他的精神状态里了，已经进入了角色。而且唐建平老师的音乐也非常有张力，让情感的宣泄非常充足。所以每一次我

们演这个戏,演完之后,都觉得心力交瘁,因为他这个事件比较大、比较悲。

我们去了德国国家歌剧院巡演,这个剧院有两百多年的历史,在它的历史上,从来没有演过任何一个外来的原创歌剧,歌剧《拉贝日记》是第一次。而这样一个人物、这样一个故事,又是极少的二战时期一个正面的德国人形象和事迹,真是多方的努力才促成了这件事情。我们深感德国的开放,德国人也非常敬业、精细。而且,约翰·拉贝的孙子基本全程都跟着我们,也跟我在一起聊天,其实他也岁数很大了,快70岁了,他经常说我是他的"爷爷",他非常激动和高兴。而且我觉得能把这段历史以歌剧、以国际化语言的形式带到欧洲去,让他们能够听到中国的歌剧作品,本身就是一个非常有意义的事情。

中国人是重情重义的。据我所知,拉贝后人在非常困难的时候,南京市政府也给予他们很多的帮助,应该说是也在报恩。比如德国的公墓是需要付租金的,约翰·拉贝的墓的租期快到了的时候,他们家里人拿不出续租的租金,最后也是南京市政府为他续约了40年,对拉贝的后人,这边也还有一些其他的帮助,因为我们感恩,这一点已经表现得淋漓尽致了。这么多年两国人民的往来,都让我非常感动。

用音乐诉说情感

我出演过不少中国的原创歌剧,至少有二十五六部吧。我唱过革命英雄人物,唱过大气节的英雄,唱过古代和现代的城市题材。但是《拉贝日记》这部戏,是我在演过的这么多原创歌剧当中体验最深刻的一位人物,很不好演。他的历史背景、个人背景,还有当时的情况,其实都没有特别多具体的史实来支撑,只是靠他的日记,靠大家艺术上的创作,来把这些东西串到一起,这本身就是个很难的事情。

歌剧对演员的要求还不太一样。歌剧的合适演员需要具备几个要素。第一，他需要可以胜任主角大量的唱段、大量的表演，因为不是说其他的艺术形式简单，就是相对来说，能唱歌剧需要有十年功底打底，甚至还要再往上，不封顶的一个时间段去训练，要有专业的训练、专业的实践经验。大家要考察一位演员各个方面的条件才知道这个人是否能够担当一部歌剧的主角承担演唱和表演的全部工作。这个工作很复杂，演员可能又比较娇气，一旦在关键的时间节点不舒服、感冒，说实在一点就等于是白忙活。第二，是能否跟作曲家配合好，能否跟所有的工作人员配合好，跟导演配合好，跟指挥配合好，舞台上呈现是否完整。这对一个人是综合考验，筛来筛去其实能从事这个工作的人相对来说是比较少的。因为我跟唐建平老师合作比较多，唐老师对我也比较了解，所以说他刚开始进入这个剧组，就是从基础能力出发，再基于大家对我的了解，邀请了我进组。进组之后，像周可老师，当然是非常优秀的编剧，但是她平时工作的范畴跟我们不大重叠，她是影视、话剧这方面的工作比较多，所以说我们是第一次认识。周沫导演的话，我们虽然以前没见过，但是我们认识之前的渊源也很深，她在国外学习导演，很早的时候我们就互相听说过，只是没见过面。而且她在国外做导演的时候，因为各个剧院都有导演和演员之间的青年艺术家培训计划，她那时候就对我比较了解。总之，我们经过了挺长时间的磨合，先是在剧院的前期工作，后经排练，在国内的演出，又到了国家大剧院演出，最后到了德国、奥地利。所以说一部歌剧的形成是一个漫长的工作，需要立项，立项完了以后编剧、作曲，然后演员选角、排练，加上灯光、服装、化妆、道具，最后全部配合起来在舞台上能够演出，起码是一个两三年以上的工作。对这份工作，大家都是付出了巨大的艰辛努力的，我们在一起的时候也都会非常珍惜这种工作机会，因为都知道这是很多人在一起很努力才能够完成的一个工作，大家都知道它的来之不易，而且又要走出国门，创造很多的第一次，我们希望这个第一次要成功，不能失败。所以说大家在一块的时候磨合得也非常的好，对题材和所有的艺术方面都有默契和肯定。总之，我们的合作非常愉快，超出了我们开始的一些想象，大家也都很感恩。

中国人演外国人本来就存在一定难度，好在我们都在国外工作过多年，对于外国人也还算是有些了解。国际的、善良的心和精神，深深打动了我们。一个德国人，一个西门子公司驻中国代表，能为中国百姓做出如此多的牺牲和努力，本身就让人非常感激，也十分感动。

主创们年龄都相仿，很重要的是大家也很专业。如果你和跟你合作的人很多方面不在一个层面上就会很困难。但当时大家都很专业，态度也都非常虔诚，都很想把这事情做好，所以说最后有一个好的结果应该说是一种必然。其实不了解歌剧的人，可能不太清楚这个里面到底是怎么回事，真正做这个职业的人才会知道这里面有多麻烦，有多烦琐。为什么大家都说歌剧是艺术皇冠上的明珠，这个说法好像大家都知道，但是有很多人不大理解为什么要这么说。大家可能会想是不是在刻意地抬高歌剧的艺术地位。但其实真的是这样，因为歌剧是几乎所有艺术形式的一种集大成。在舞台上，灯光、服装、舞美、舞蹈、表演，再到形体，一直到乐队，到最后整个成品，它牵扯到的方方面面是任何一种艺术形式都没办法与之相提并论的，一点都不夸张。所以说大家当时确实很激动。尤其是在德国国家歌剧院演完了之后，因为那也是创造历史，在某件事中可以直接参与创造历史的过程一定是非常幸福、非常感恩的。

我记得，这个戏的首演也非常宏大，把当时这几位主要人物的后人全部请到了南京，在国家公祭日的当天晚上，首演《拉贝日记》。所以，我觉得江苏作为一个经济大省、文化大省，尤其是在文化上，做出了非常卓越的贡献。而且整个的安排设计，都让人觉得非常受鼓舞，不管再苦再累，都觉得精神上非常充沛满足，特别好。我能够参与其中做这个事情，来主演这个戏，心中感到万分荣幸。

歌剧《拉贝日记》的最后部分，拉贝有大段的感谢词。当时拉贝的歌词，基本上是在《拉贝日记》里他临走前致辞的基础上改的，当然做了一些简单的艺术化处理——歌词化的处理，但绝大部分是保留了他当时的原话，所以最后的咏叹调大概有将近九分钟。这个在一般的歌曲当中是非常少见的，一个咏叹调能达到九分钟，非常少见，但是他确实也说了这么多——他确实感谢了那么多，他发自肺腑地去跟中国人民一条心。这么深的一种感受，我们要想把它表达出来，我们应该最大程度上保留这一段精彩的内容。这对音乐来说、对作曲家来说，是非常难写的，这么一个感谢词怎么能谱成音乐？大家可以想象，这是非常难的，所以说唐老师也是绞尽脑汁、用尽方法，最后才能以一种非常温暖、舒服的方式，抑扬顿挫地呈现出了这段咏叹调。

在最后那一段，我作为约翰·拉贝的扮演者，当时非常激动，但又很无奈，各种心情错综交杂在一起——这个最后点题的结尾，是一个特别好的艺术化处理。

借艺术治愈心灵

歌剧承载的艺术形式比较多，需要有演唱，需要通过音乐的形式来把这个人情怀和历史事实表现在舞台上，其实这种表现形式应该说更难，观众接受起来也会相对有一定距离。所以说，用歌剧这种形式来表现时要更加注意手法、手段，以及在舞台上的呈现，才能让大家产生共鸣。而歌剧的长处，在于它会以更加博大、丰富的形式，来体现人物高尚的人格、情操、胸怀和格局。我演过不同的角色，每一个都让我对不同的音乐、不同角色的人生，有更加深刻的体验。从事歌剧事业的我是非常幸运的。

歌剧《拉贝日记》是一种国际化的语言、国际化的呈现，但是由我们中国人来讲述、演绎，这对欧洲观众来说可能也很少见。这叫什么呢？叫"综合软实力"吧。只有我们国家的综合国力发展到了一定程度，才能够有这种展现，而不是说我们只是简简单单嘴上一说，其实是在拿西方的东西讲述彼此之间的故事。

歌剧这种表演形式,在德国和奥地利是非常普遍的。所以说,用他们更加熟悉的一种形式来讲述这个故事,来把这个二战当中这位可爱的、可以说是平民英雄的这么一个角色讲述给他们,他们没有任何接受的障碍,更多的是欢迎、接纳。演出的时候90%以上都是德国和奥地利的观众。演出之后的反响热烈,大家鼓掌迟迟不离去——这种感觉,不是一种虚辞说,"我们去哪演出了,都是无比成功啊,大家都不愿离去,所有的人都多感动多感动"——我觉得超越了这些虚辞。用这种国际化语言的歌剧,尤其又是说的他们的故事,他们看完之后的反应,我甚至觉得比中国的观众更强烈一些。谢幕的时候,我们感受到了他们发自内心的对《拉贝日记》歌剧的认可和感谢。我觉得通过这么一个戏,起码让在场的德国观众释然了不少,让他们知道,在那个特殊时期,德国人还是做了一些善事的。

我们自己国家创作的歌剧讲述的是这样一个我们一定要纪念、一定要宣扬、让全世界人民都知道的这么一个人物,又以歌剧形式放在了他们国家的国家歌剧院演出——很多历史上的第一次,都重合在那一天的舞台上,我们的心情其实很复杂,因为这个题材过于沉重,我觉得对每一个中国人来说都非常沉重。南京大屠杀对于每个中国人来说都是一个不愿提及但又不能忘记的事,其实很矛盾。你看,包括我们在表演当中,以及最后的谢幕,所有的演出方式都跟我们平时演歌剧不一样,非常肃穆,非常严肃,以一种很虔诚、很复杂的心情和感受在演这部戏。总之,结果让我感到很欣慰,也很感动,去巡演的每一站都比预想的要好很多。当然我也期待这个戏可以登上更多的舞台。

人的情感都是充满矛盾的,只要想起(大屠杀)这种事情,就觉得无比沉重,但是又必须不停地去把它讲给世人听。所以,确实需要我们以各种各样的形式来把这件事情讲好,讲清楚、讲明白。

和平的求索永不停歇

我十七八年前第一次来南京，当时是为了一个演出任务过来的，一直到现在，我对这个城市都充满了好感。我觉得这个城市很包容。这是一座集聚了江南的秀美和缜密、北方的豪迈和宽广的城市，所以说北方人南方人在这里待得都很舒服。无论是从文化上还是从饮食上，从各个方面来说，南京都是非常包容的，也不愧有这么深厚的历史底蕴。现在江苏大剧院的前景和发展也都非常好，江苏大剧院落成后的第一部戏就是《拉贝日记》，这是它开院的一部戏，所以它也一定会把这个戏作为一个非常重要的项目继续做下去。虽然说最后我们美国的巡演没有成行，但是不代表以后不会去。这个故事也肯定会有人一直讲述下去，让更多的人知道这段历史，这是警钟长鸣。以后还会有很多机会，再去讲述中国故事，讲述南京故事。

全世界人民的内心深处，肯定都是向往和平的，起码老百姓是这样。但是现在的国际环境复杂而严峻，这个不言而喻。每个人接触的信息不同，也会有不同的理解。但是，我觉得不可改变的是，我们祖国的变化真的非常大，已经有足够的底气可以在国际社会上说话，说真正有分量的话。我们最终的目标是和平。但是这个世界上战争时有发生，还有饥饿和贫穷。我们的歌剧也把这一面，就是南京人民或者中国人民所承受的苦难呈现在舞台上。我们就是要告诉大家这段真实的历史，尤其是要让国际社会正视这段历史，不能说不了解就不谈，不是很清楚就先往后放，这对我们来说是不可以的。我希望我们既要经济富强，也要掌握话语权、制高点，这样的话，我们讲述的事情、说的故事才更有力量。

五、对话韩湘琳扮演者郭亚峰

采访对象:郭亚峰

采访时间:2021 年 7 月 7 日

采访地点:江苏紫金大戏院

采访人:陈博敏、朱雨田、顾祥姝

采访整理:陈博敏

采访对象简介:郭亚峰,歌剧《拉贝日记》巡演版韩湘琳饰演者。

缘　起

我们都知道,1937 年末 1938 年初,南京城沦为一座人间地狱,日本侵略军在南京进行了惨无人道的屠杀。城陷之时,一些官员和社会名流早就撤离南京了,反而是拉贝、马吉和魏特琳等欧美人士挺身而出,冒着生命危险成立了安全区国际委员会,坚定地同南京人民站在一起。八十多年过去了,为了感激、为了纪念拉贝先生,我们在江苏省委宣传部指导下,由江苏省文化投资管理集团和江苏演艺集团联合出品了这么一部原创的歌剧——《拉贝日记》。

当时歌剧的选角,如拉贝、魏特琳、马吉的饰演者都是导演组邀请国内较有名气的歌唱家来担任,而像韩湘琳等角色则是通过考试来选拔的。

一部很难唱的歌剧

因为歌剧只有两个多小时，却需要把整个故事分块地展现给观众，本身就有难度，而且在舞台现场呈现，它原原本本地反馈出演员对角色的塑造。此外，歌剧是唱与演的结合，演员除了唱，还得看黑压压乐池里的指挥。而《拉贝日记》这部歌剧的编曲又是非常难的，它不像《沂蒙山》以沂蒙山小调的旋律为核心朗朗上口，而是运用了比较多的宣叙调。宣叙调旋律感不强但又有音高，在唱的时候需要不停地找调。对歌唱演员来说是个不小的挑战。

一段创伤历史

歌剧第一部的末尾，侵华日军在南京城内搜捕受伤的中国士兵。他们闯入安全区，抓那些手上有老茧、肩膀上有痕迹的人，而这些人中间的确有中国军人。日军宣称是让他们去做劳力，而且有丰厚的报酬。拉贝先生想要保护这些人却也无能为力，只能看着日军将他们带走。不久，远处响起了枪声，这些鲜活的生命就这样消逝了。第二幕中，一个八岁的小男孩目睹他的妈妈和弟弟被刺刀穿过身体。还有一个片段是李秀英——也就是我们熟知的南京大屠杀的幸存者，躺在病床上，身上被捅了30多刀，很幸运地活了下来，然而她腹中的胎儿却没了。包括在平安夜，日本人闯进金陵女子文理学院，时任教务长是魏特琳，日军要求魏特琳交出一百个姑娘当慰安妇……面对日军的种种罪行，作为一名中国人，我们不该忘记这段历史。

我眼中的韩湘琳

我饰演的韩湘琳虽然戏不多,但我还是想对他有一个较完整的了解,所以当时查阅了很多资料,也去了侵华日军南京大屠杀遇难同胞纪念馆,但他留下的文字资料或信息确实比较少。在我的理解中,他是一位在当时有才学、勇敢、很有能力、有担当的中国人。如果韩湘琳没有文化,就做不了拉贝的秘书,在那个时候他应该算是知识青年了。

安全区设立后,韩湘琳担任南京安全区国际委员会粮食委员会主任,又是西门子难民所的负责人,有很多具体的工作,是韩湘琳带着一帮中国人在做。在那样的时刻,韩湘琳能够站出来做这些事情,说明他是一个非常有担当的中国人。当时很多能逃的人都逃走了,能躲的人也都躲起来了。当然,他的义举也受拉贝先生的影响。他的老板,一个外国人都能挺身而出,他肯定也是义不容辞的。

全身心的投入

演出自始至终,我都把自己当作韩湘琳。虽然他的唱段不多,但哪怕只是站在拉贝身边,一举一动我都把拉贝当作我的老板,我就是韩湘琳,我就是这么一个中国人。其实他与拉贝这种老板与员工的关系在我看来更像是朋友关系,老板能为了中国人站出来,我就更应该这样。我就站在拉贝边上,哪怕只是一个坚定的眼神,哪怕只是一个微小的动作,都能给予彼此力量,就是这样的感觉。

饰演李秀英的演员在演这部剧的时候刚刚生完孩子,所以她每次演出都有几乎情绪失控的感觉。她跟我说,作为一个在生活中刚刚当妈妈的人,当她在戏中身中 30 多刀,躺在床上,腹中的胎儿已经丧生时,她会将角色和自己作为母亲的身份联系起来。所以在演那段咏叹调喊出"畜生"时，她就会失控，会特别投入。我们刚来的一个同志，他在镜头里也是眼泪哗哗的。大家都很投入，不用去想自己，不用去琢磨，自然而然地就会融入情景之中，不需要去想泪点，泪点就有了。

歌剧《拉贝日记》与我

柏林国家歌剧院是世界十大歌剧院之一，能有幸站在这个舞台上去唱、去表达，用中国的语言表达世界的故事，我觉得真的很激动。对于一个学声乐的人来说，没有多少人能站在这个舞台上。其实也是这部剧给我带来了很多。

我刚到德国，晚上洗澡的时候小腹总是疼。饰演拉贝的薛皓垠说我得了小肠气，但当时我还不知道什么叫小肠气。我们唱歌靠的就是小腹的力量，小腹疼怎么办，而且因为当时是初到德国，我们还有好几场要演，但没办法，我还是坚持了下来，也是这部剧给了我力量。

文化走出去

我们首先是在德国的柏林国家歌剧院演出，后来是到了汉堡，最后一站是奥地利维也纳。演出现场基本上是座无虚席。对德国人来说，中国的歌剧登上了德国的舞台，又是讲述德国人的故事，而且很多德国人也没去过中国，他们对中国的文化还是很感兴趣的，这也是为什么我们总是说要走出去的原因之一。

我们本来2020年应该是去美国的，因为魏特琳、马吉等是美国人，所以说我们这边已经交了定金，但是因为疫情一直未能成行，不过迟早还是要去的。

吾辈当自强

其实我觉得历史是昨天的,但历史同时又是一面镜子,它时时刻刻激励着我们勿忘国耻、兴我中华。铭记历史,方能不断成长;铭记历史,才能深刻理解并面对各种危难。只有我们每一个人把自己变得更强大,我们祖国才会变得更强大。我们作为中国人,应当努力使自己强大起来。

六、对话魏特琳扮演者徐晓英

采访对象:徐晓英

采访时间:2021 年 7 月 15 日

采访方式:线上音频采访

采访人:吕晨

采访整理:吕晨

采访对象简介:徐晓英,中国著名女高音歌唱家,歌剧《拉贝日记》明妮·魏特琳饰演者。

魏特琳:一位天使般的伟大女性

我非常敬佩明妮·魏特琳这位伟大的女性,我也特别庆幸自己能够扮演她。其实我当时接到《拉贝日记》这部歌剧时,还不太了解拉贝、魏特琳、约翰·马吉等这些帮助过千千万万中国人的外国友人。得知自己将扮演明妮·魏特琳女士这个角色后,我通过翻阅资料、在网上查询以及观看相关记录,开始对她的生平略有了解。

魏特琳女士是美国人,她的家境比较贫苦,自己赚钱读了大学,随后来到中国。她先到了安徽,再到南京金陵女子大学掌管校务,并两度代理校长。中国有非常多的优秀女性就是从金女大走出去的,比如我知道的就有我们的前辈、著名的第一代女子指挥家郑小瑛老师,她也是从金女大出来的。

　　尽管查过一些资料,我的认知还是非常浅薄。后来是在排演过程中,通过点点滴滴的积累,包括了解张纯如女士等发现《拉贝日记》并将南京大屠杀这一历史事实的铁证公布于世界人民面前的历程,我渐渐对魏特琳这位天使般伟大的女性有了更深刻的了解。对我来说,她不只是保护了千千万万的妇女儿童,更多的是让我感受到她那种发自内心的无助、无奈,还有她对日军发自内心的仇视,包括最后伪政府栽赃、陷害她,称她为人贩子时她的愤怒。

　　在平安夜那一幕中,作曲老师和编剧老师从开始的一小段平静进入,也就是魏特琳和学生们一起向上帝祷告的场景,突然日本兵就冲进来了。他们对魏特琳说:"你交出 100 名妙龄少女,我就可以保你上万人的性命。"魏特琳当时还想和那些日本兵讲理,但怎么可能有道理讲呢? 其实举手出来的姑娘是自愿的,也是自愿牺牲,她们牺牲自己以保全大家。但魏特琳的心都碎了,她的情绪也逐渐崩溃。歌剧中还有一大段非常激烈的和日本人争抢女孩子的场景,我作为扮演者深刻体会到当时学生们依靠魏特琳,而魏特琳尽最大力量保护她们,演到后来我已经是发自内心地、全身心地在感受当时的场景,但是我也知道这远远不及当时魏特琳女士百万分之一的痛苦。我们江苏的演员姑娘们也都演得特别特别好,能感觉到我们之间的心离得特别近。那种害怕、那种强作镇定,还有最终被抢夺之后的撕心裂肺的哭喊,都被姑娘们演得淋漓尽致。

　　在抢夺女学生这幕最后有一大段咏叹调,这里魏特琳身为虔诚的基督教徒向上帝祈祷呐喊。她被日本兵推倒在地,无力地趴在地上,在咏叹调最高潮的地方有几个高音的呐喊,我觉得自己已经不是用方法在唱,我是真的在喊在呼救,我能体会到那时的魏特琳多么无助、内心痛苦到了极点,她的信仰几乎崩塌。她爱的学生们一个一个被抢走,魏特琳知道她们接下来面临的将是什么。

　　魏特琳一生没有结婚,没有后代。所以她是把这些孩子当成了自己的孩子。她想用自己的羽翼来保护她们,可当时她信仰的神保护不了她,更保护不了她的孩子们，她自己也什么都做不了。魏特琳的心在滴血，她不明白这些侵略者为何如此残忍，他们没有父母、妻儿、兄弟姐妹吗？我很感恩自己生活在如此幸福的社会里，作为没有亲历过南京大屠杀的人，是无法切实地体会当时的那种痛苦的，但是我们每一位演员都非常努力地翻阅资料，都想尽最大的努力，将音乐、将戏剧冲突，充分展现在观众面前，展现在中国和世界人民的面前。让世界人民都能真正了解到这段历史，知道这是真实存在的杀戮。

最后让我特别难过的是，这位天使后来患了非常严重的抑郁症。她回到美国，最后在家里自杀了，因为她的信仰彻底崩塌了，最终选择自杀，恐怕是含恨的吧，这让我特别的心痛，最后她的墓碑上写了"永生金陵"四个字，更让我感受到她的善良、她的勇敢、她的纯洁、她的美丽。

艺术无国界，大爱无国界

南京大屠杀是留在全国人民心中永远无法忘记的伤痛。我们将南京大屠杀以歌剧的形式展现在观众面前，但现场演出的惨痛真的远不及当时的百万分之一。

歌剧中最让大家痛心，也是我印象特别深的有几点，除了魏特琳保护女学生的咏叹调，还有一段是一个小男孩的情节——这也是真实存在的事情，我们演出的都是真实人物。小男孩的妈妈和弟弟都被日本兵给杀害了，死的时候妈妈正怀中抱着弟弟喂奶，因为妈妈以为给弟弟喂奶就能治好孩子，到最后弟弟的小嘴和妈妈的肌肤还粘在一起。其实从一开始排练的时候，我就不能听这段，因为我自己也是个母亲，每次我听到这段时我的眼泪就止不住地掉。歌剧后面还有一个怀孕的青年妇女，这位年轻的母亲身中数刀却活下来了，可是她的孩子没有了，这些都感动了全场。包括最后拉贝先生离开中国的一段咏叹调演讲，也得到了热烈的反响。不管在哪里演出，面对这几个场景，观众都是要么泪崩，要么报以热

197

烈的掌声。

其实，不光艺术无国界、音乐无国界，人心也都是肉长的。我们大家演得很真实，歌剧中的音乐和戏剧冲突力度也很大，所以我自己的感触也特别深。虽然我们用中文演唱，但歌剧《拉贝日记》不管是在中国还是在外国都收到了很好的反响。我们也将拉贝先生的孙子、马吉先生的后人请来中国观剧，只有魏特琳女士没有亲人、没有后人。这些后人们拉着我的手跟我讲，你们唱得、演得太好了，就像是我们的亲人在我们面前。他们深刻地感受到了当时中国人民被欺辱、被屠杀的悲惨，看到了先人们作为外国友人为中国人民做的这些好事、对中国的帮助，他们也为自己的先辈能这样帮助中国人民感到非常自豪。

我们在中国和德国都进行了演出，对于这部歌剧，大家共同的感受就是对暴行的批判。同时中国人民也充满了感恩，感恩外国友人对我们中国人民的无偿帮助，而外国人民则为拉贝帮助中国人的善举感到自豪。拉贝的善良、勇敢是不分国界的。

不忘历史苦痛，共创美好未来

歌剧《拉贝日记》的表演让我觉得痛彻心扉。我觉得我不只是为中国人民被日本侵略者残杀的暴行心痛，我也心疼魏特琳。任何事情都是循序渐进的，我当时拿到剧本的时候只是单纯地练音乐、读剧本。随着不断的排演，年轻可爱的周沫导演也给我讲解、给予我启发，她非常敬重张纯如女士。在这一过程中我也在逐渐完善自己，我不再只是单纯地演唱，而是希望把演唱、表演、戏剧从内心里面挖掘出来。我越挖掘、越表演，那种心疼的感觉就越强烈，尤其是平安夜跟日本侵略者争抢女学生那段到最后的咏叹调，这是我演其他歌剧不曾有过的感受。

歌剧里那个小男孩好了之后，他臂上戴着一个日本的袖章，我饰演的魏特琳给他拿了下来，我跟他讲，他是中国人的希望，意思就是中国会强大起来。在歌剧最后，魏特琳女士与拉贝、传教士等人就分开了。我听说后来魏特琳得了抑郁症，她自杀了，她的墓碑上写下"永生金陵"这四个字，她永远不会为自己所做出的努力和行为后悔，她其实是看到了太多血淋淋的暴行，又被伪政府栽赃陷害，这是一种信仰的崩塌、精神的崩塌。

我也不想让自己沉浸一部歌剧太深，有的时候还是要想想现在的幸福生活，这样的生活太不容易了。我们更要珍惜、要感恩，用一颗感恩的心来对待生活，做好自己。我也希望自己能尽一点微薄之力，为祖国也好，为身边的人也好，做一些好事情。希望我们的祖国和整个世界都能够幸福快乐，人民都能够健康地开怀大笑、幸福美满地生活。

七、对话歌剧德语译者罗克

采访对象：Nikolas Krause（中文名：罗克）

采访时间：2021 年 7 月 6 日

采访方式：线上 Zoom 会议

采访人：刘哲航、郑修治、李羽丰

采访整理：李羽丰

采访对象简介：Nikolas Krause，参与歌剧《拉贝日记》德语字幕翻译工作。

与中国，与拉贝结缘

最初我是在美国学习的中文，那时我便选择了南京大学作为我在中国留学的目标学校。在美国学习中文的两年里，我的第一位中国老师是来自盐城的王老师。得知我要前往南京，他的女儿送给了我一本张纯如女士的《南京浩劫》。正是通过阅读这本书，我第一次较为全面地了解了南京大屠杀这段历史，而这也是我知晓拉贝先生的契机。

2004 年，我来到南京生活，一待就是十多年。抵宁的第一年，我就前往侵华日军南京大屠杀遇难同胞纪念馆参加了和平集会和悼念仪式。对于这段历史，我感到非常震惊和悲伤。2007 年 12 月 13 日，纪念馆第三期工程对外开放时我也在现场。这么多年来，我并没有把自己当作一个外国人，而是一个南京人。为了更好地了解这段历史，我积极参与了类似的悼念活动。

于我而言,了解拉贝先生在南京的所作所为是我的义务之一。出于敬意和责任,我帮助翻译了歌剧《拉贝日记》。我想通过这些工作,让更多的人了解拉贝先生的经历以及他日记中体现的人道主义精神。

西方世界与中国形象

在翻译过程当中,我遇到的一个宏大且复杂的问题,即如何向西方观众展现中国形象。作为一名历史学者,我认为欧洲人眼中的中国形象经历了千年的历史变迁。中国自己塑造的形象与他国所知晓的形象并不是完全一致的。最初,欧洲对中国印象源自马可波罗的游记见闻和来过中国的传教士的口述。这让当时的欧洲对中国产生了极大的兴趣。而德意志皇帝威廉二世对于中国持有消极的态度,认为西方不应该对中国抱有太多好感。后来,卡夫卡的短篇小说《中国长城建造时》,则将中华民族视为一个团结的、集体至上的民族。这些都展现了中国形象在欧洲的历史变迁。

如今,欧洲人眼中的中国形象,也是复杂而立体的。在处理这一问题时,我们要注意到"他者"这一观念。"他者"意味着将自己的身份与他人划清界限,这一观念对欧洲有着深远影响。欧洲人将自身从世界整体中分割出来,定义自己的身份,创造出了另一个"世界":人们过分强调以自我为中心,与其他文化保持距离。我认为这种"他者"观念是消极的,会引起各种冲突甚至战争。我自己也曾持有这样的"他者"观念,因此我时刻保持警醒并反省自我。我认为当我们在阐释一个集体形象,或者"定义"自我及他人时,都应该意识到"他者"观念的存在,以免造成误解。在近代,中国饱受了战争的摧残,战争创伤对其形象的塑造影响十分深重。而今,一个崭新的强大的形象,已经取代了中国的受害者形象。

我不愿意将自己定义为一个德国人,因为我认为每个人都不应该被民族身份或者"他者"观念束缚。无论我们的国籍是什么,作为人类,对待任何人都应该从人性角度出发,而非出身或国别。我在中国生活了多年,我把自己当作这片土地上的一分子。而我通过翻译歌剧《拉贝日记》展现中国形象,则是我在这片土地所履行的职责。我希望自己能够与更多中国人相识,更多地去了解这段历史,这不仅仅是为了中国,也是为了全世界。南京大屠杀不仅仅是中国人的创伤,也是全世界的创伤。

西方世界与拉贝形象

在抗日战争时期,拉贝在南京所做的一切并不仅仅从一个德国人的身份出发,还从人性角度出发。在当时,德国与日本是盟友关系,而拉贝是纳粹党员,面对日军有一定的话语权,他的这个身份可能保护南京市民。他与众多国际友人一起创建了国际安全区,为南京民众提供了安全保障。拉贝在帮助他人时并没有在意国籍的差别,他没有将中国人与其他国家的人区分开来,他是在帮助全人类,至少我是这样认为的。我无法从一个"德国历史学家"的角度对他的行为进行评述,我只能从人类的角度,从人道主义的角度看待拉贝,致敬他做出的贡献。

回到德国之后,拉贝并没有得到高度评价。二战结束,拉贝曾因纳粹党员身份,先后被苏联和英国逮捕。鉴于他在南京的功绩,中国人民对他进行了接济。拉贝逝世之后,他的日记重见天日,其中记录了很多日军在南京的暴行。鉴于当时德国纳粹在二战当中的立场,德国人对于拉贝的评价基本是消极的,而他的南京日记经历了半个多世纪才被许可出版。

自 2004 年到中国以来,我已经很久没有回德国了,但我也看到许多与南京大屠杀有关的影视作品在德国上映。歌剧《拉贝日记》实现了德国巡演,其中包括柏林以及拉贝的家乡汉堡。歌剧在德国的巡演得到了非常好的反响。当时我在南京,很遗憾不能前往德国观看演出。但我从已经观剧的友人那里得知,很多观众都被演出打动,在歌剧结束时热泪盈眠。我看到报纸上的报道都表示歌剧很受欢迎，引起了人们对拉贝先生的关注。

和平与集体创伤

在西方，对集体创伤的研究和认识正在成为一个越来越重要的课题。集体创伤造成的影响是在人类发展进程中产生的，它给人类带来沉重的心理负担。例如，很多德国人在二战之后都变得冷淡与克制，这种情绪上的低潮也是集体创伤的体现之一。中国在抗日战争中遭遇的苦难也是中国人的集体创伤，如果这一集体创伤没有很好地得到治愈，将会继续传递给下一代，即便是生活在新中国的人们，也会深受其影响。

从集体创伤中解脱出来的关键，是意识到它的存在。在 2021 年开设的一门关于集体创伤的线上课程中，我曾解释道，有些集体创伤的后遗症可以是生理上的应激反应，如身体某个部位的疼痛等。这种情况下，人们需要多关注其内在，意识到自己正在经历创伤。世界各地的人们都有可能因为遭遇不幸而产生心理创伤。当人们在情绪上难以释怀时，必然也会在生活上遇到种种困难。

倘若人们能够感知到集体创伤的存在，并意识到它在不断地影响着我们生活的方方面面，这或许是一件好事。因为我相信创伤可以帮助我们超越国家等身份界限，去拥抱和珍视我们共同的人性。当集体创伤被正视、被治愈时，人类社会或许可以在更多方面活跃起来，也为创造和平和未来带来更多可能性。

第五章

海外回响

- 对话德国海德堡大学布克哈德·杜克教授
- 对话德国费希塔大学埃贡·施皮格尔教授
- 对话奥地利维也纳大学里夏德·特拉普尔教授
- 对话奥地利对外服务协会丹尼尔·舒斯特
- 对话奥地利对外服务协会米夏埃尔·普罗哈兹卡
- 对话奥地利青年志愿者吴家齐、赵家堃、莱纳斯

一、对话德国海德堡大学布克哈德·杜克教授

采访对象：布克哈德·杜克（Burckhard Dücker）

采访时间：2021 年 7 月 15 日

采访方式：德国海德堡大学线上会议

采访整理：吕晨，根据杜克教授为项目做的专题讲座整理，讲座主题为"向世界通报——《拉贝日记》在文学中的定位"

采访对象简介：布克哈德·杜克，博士，德国海德堡大学日耳曼学系教授，南京大学德语系客座教授。

《拉贝日记》南京卷的回忆文化功能与政治记忆功能

约翰·海因里希·德特勒夫·拉贝出生于 1882 年 11 月 23 日，1950 年 1 月 5 日去世。他曾经是西门子公司驻南京的代理人，1908 到 1938 年间他住在中国，撰写了 16 本手稿，其中大部分带有自传性质。他在 1937 年 9 月 21 日到 1938 年 2 月 26 日期间所写的手稿，也就是日记《敌机飞临南京》，具有无可比拟的重要性。其中关于南京大屠杀的记录不仅关乎第二次中日战争中的一桩关键事件，还记载着拉贝和其他外国人为中国平民所提供的人道主义援助。拉贝选择日记这种文学文本类型，因为他是自发地从自己的感知和经验出发，在每日的记录中报道这场战争，特别是日本士兵的反人类罪行。从一开始他便将这种记录视为一个时代亲历者，或者说见证者的义务和责任。可以说，拉贝遵循着一种基于良知

的、道德的义务和一种融合了基督教和人文主义的实用伦理学理念。

拉贝在得知日军对南京产生直接威胁后,便立即结束了在北戴河的度假,告别妻子,独自返回南京,去保护自己家里和公司里的职员。1937年11月22日,他还和国际委员会的其他外国人一起建立了一个非军事化的安全区,为中国平民提供一个避难所。对拉贝来说,相较于对某个政党意识形态的义务,人性、患难与共这些价值才更应该占有优先权。拉贝加入纳粹党的直接动机其实也是为了在南京创办德国学校,因为学校的建造、装修和维护需要德国纳粹的资助,拉贝是出于这种实际的考虑才成为纳粹党员的。1938年回到德国后,拉贝身上的人性和德国纳粹党员身份之间的矛盾性和对立性就在政治上发挥了影响。

直到20世纪90年代拉贝才出现在德国人的视线里。1997年魏克特对拉贝日记进行选编出版后,德国广大公众才认识了拉贝。由于日记出版于1997年,而且从那时起才开始发挥作用,它属于当今社会和文学文化的一部分。但考虑到日记产生的时期和它记录现实的写作动机,又应该在第三帝国的历史和政治文化背景下去看待拉贝日记。

今天,首先我将介绍拉贝是如何利用日记这种文本类型进行写作,以及他写作的内在目的是什么,因为日记呈现的远不止大屠杀。随后我将概述拉贝日记的结构和重点,并探讨是什么阻碍了日记在1997年之前出版,德国的文学、政治背景为何不利于日记的出版,以及这一空白对文学史和社会史所造成的影响。最后我将介绍日记的接受和拉贝在当代德国回忆文化中的价值。

拉贝日记的形式与结构

在日记这种自传体文本类型中,日记作者可以按照时间顺序和因果关系,记录、反思自己每天的经历,让它们不被遗忘。拉贝日记便是如此,它只有日期去区分每天的日记,没有章节。一般来说,撰写日记都有动

机,比如遇到了某个人、一场旅行,等等。促使拉贝日记产生的契机是
1937 年南京的军事政治冲突,形式上它是一个功能性或者说目的性文
本。功能上它是南京大屠杀存在的证据,对拉贝来说这些事件无疑创造
着历史。拉贝把自己的记录定义为"战争日记",他在 1937 年 9 月 22 日
记载日军空袭时写道:"中央广播电台的行政机关及播音室……我的战争
日记就从今天开始"。就这样,他为自己记录的事件和他个人的功能找到
了一个定位。

战争中有同伴和敌人、防守方和进攻方、受害者和加害者、自我和他
者或者说陌生人。行动上拉贝站在中国一边,但作为一名客观的见证者,
他更应该处于中立的位置。他只记载自己观察到的事件,记录自己的各
种感受。所以他在日记里记下同事或交涉对象的名字,记下会面、会议或
日军袭击的时间和地点,这些都证明了日记作为史料的可靠性和真实性。
同时拉贝在日记里也收入一些其他委员会成员的报告,还有德国、英国等
国媒体的报道和一些官方文件。他在日记中记录了自己和其他人如何应
对日本侵略者,从而去塑造、解释自己的当下。他写下当时的历史,当后
世想记忆这段历史时,就可以回看他的记录。从世界史角度来看,拉贝对
大屠杀的记录结合了中国、日本和西方,特别是德国,看待南京大屠杀的
视角。这里的"南京"作为日军大屠杀的缩写,就联系起了受害者、加害者
和遵循着普世价值的中间人的视角。这些不同视角创造出了各种各样的
回忆图像,对记忆进行着不同的解释。拉贝故居在不同时期就起到不同
的作用,在 1937 年底至 1938 年初的大屠杀期间,它作为一个避难所记忆
的是暴行,而在今天,它作为一个和平研究中心则代表着安全区和平精神
的延续。

跟大部分日记一样,拉贝用第一人称单数写作,他说"我",也就是说
他作为见证者,用自己所感知到的事情构建着他的真相、他看待事件的视
角。拉贝和其他见证者的报告让他们的当下进入历史,他们也在历史进
程中找到了自己的定位。虽然就像日记这种文本类型中常见的那样,拉

贝日记主要是一种独白的视角,但他也插入了一些对话和叙事。他书写着历史,帮助安全区内的难民找到集体身份认同。因为日记记录、诠释的就是近代历史的事件,可以说它具有近代史史料的功能。因此,对日记的研究可以从历史社会与文学创作之间的互利关联展开。不仅拉贝日记如此,应该说文学都与历史互利共生,因为文学和历史可以相互提供诠释。

拉贝的战争日记主张世界和平,他用事实来证实自己叙述的真实性。和平主张应当受到更多人的响应,这也是拉贝写战争日记的目的。作为第二次世界大战回忆文化的一部分,它记载着世界大战记忆史中的一段记忆。因为人只能在当下行动,所以人的回忆行动也是当下的行动。如果你在记忆,那你一定也在当下。拉贝日记从出版以来,就已经成为德国和全球的世界大战回忆文化的一部分。

拉贝的战争日记受南京大屠杀触发,而拉贝自己则作为呈现和被呈现的主体与事件发生着联系,他呈现着历史,同时也是被呈现的历史中的一部分。日记记录着这些事件,并对事件进行评论和反思,这样人们在未来就可以对事件进行记忆。同时,这份记忆工作不仅是对过去的记录,它也应该在当下和未来发挥作用,也就是呼吁人们停止战争与屠杀。

拉贝通过每天亲身与暴力事件的对抗,明确了自己作为日记作者的合法性。面对每一天城内暴行的动态变化,他反复琢磨着自己怎样应对,他不断反思着自己的决定、做法、心理状态等。拉贝通过写作行动着,他的书写本身就是一种行动。

日记的结构与重点内容

经过 11 天的旅途,拉贝在 1937 年 9 月 7 日从度假地北戴河返回南京。1937 年 9 月 21 日,他在第一篇日记中写道,"所有富裕的和经济情况比较好的中国人"和"许多美国人和德国人……逃走了",这让他开始反思自己留在南京的决定。对这一决定的思考在日记里反复出现,构成了日记的一个重点内容。拉贝在日记里是这么说的:"我自己对这情况从各个方面作了充分的考虑。我从比较安全的北戴河回到这里来不是出于冒险的兴趣,而首先是为了保护我的财产,为了代表西门子洋行的利益。当然洋行不会期待(也决不会这么做)我为洋行而被打死在这里。我绝对不想为了任何东西(洋行的或是我自己的一些破东西)轻率地去拿我的生命冒险。但是,这里还有一个道德问题,我作为一个'正派的汉堡商人'至今还无法跳越过去。我们的中国佣人和职员连同他们的家属约有 30 人,他们都在看着'主人'。如果我留下来,他们就忠实地站在他们的岗位上直到最后一刻(这情况我以前在中国北方的战争中见到过);如果我跑了,那么洋行和私人的房子不仅会无人居住,而且有可能被人抢劫一空。撇开最后一点不说(尽管这会使人感到难受),迄今我还无法做出辜负人们对我寄予信任的决定。"相较于保护物质财产,拉贝在做决定时显然优先考虑的是自己的道德观和他作为汉堡商人的名誉,也就是帮助自己所负责的人。对拉贝来说,人性和怜悯是自然的、基于情感的、不容置疑的行为。

有趣的是,他在第一篇日记里还附加上一个政治原因,这也是他"最后的、不是不重要的原因",但这个原因只出现在他的"潜意识"中。他说:"对我是理所当然的原因,使我坚持留在了这里。我是一名纳粹党员,是有职务的,甚至还当过短时间的地区小组副组长。"如果在拉贝眼中,在拯救中国平民生命这件事上,自己的人性和纳粹党员身份之间没有冲突的话,那么他显然相信自己的行动是符合党和阿道夫·希特勒的利益的。他似乎认为他们也遵守着跟自己一样的道德准则,即拯救无辜生命这件事优先于任何政治目的。

除了挖掘防空洞,拉贝采取的一项重要保护措施是"在院子里还撑起了一块长 6 米宽 3 米的帆布,我们在帆布上画了一面有卐字标记的纳粹党旗",日记里这么写道。如此一来,日本飞机就会知道拉贝的家是盟友德国人的财产,也就不会轰炸。拉贝利用纳粹的符号和象征从日本士兵手中拯救中国平民。这块卐字布作为一个记忆对象,联系起了那些把它当作最安全的地方、躲在它底下的人们的故事。而防空洞中则包含着潮湿、逼仄、恐惧等叙述主题。

每天都有越来越多的难民来到安全区,他们对拉贝表示感谢、在安全区里找到了安全感,这些都进一步确认并巩固了拉贝留下的决定。拉贝作为保护伞的特殊作用也在于,对那些寻求帮助的人来说,人们可以亲身接触他、跟他说话,他不是匿名的机构,而参与面对各类问题,并且随时愿意倾听人们的困难或者帮助人们解决难题,这样他就实现了一种治疗的功能。同时拉贝也让安全区焕发出一种另一个世界的光辉,它是一个安全的避难所。大家想象一下,外面是日军暴行,而里面是和平。拉贝说:"我的家被认为是最保险的地方。当我在家的时候,情况也的确如此,我会斥责每一个闯入者。但是当我不在家的时候,这里的安全状况就很糟糕。"他通过自己的行动创造出一个社会空间,里面遵循的是人权、平等、宽容,而不是强者的权力。

在拉贝看来,物资匮乏和社会结构的完全解体就是现代化和现代战争的症状。他说:"一场现代化战争就是地球上的一座阎王殿,我们在中国正经历着这场灾难,若与欧洲一场新的世界大战相比,也许它意味着只是一场儿戏。但愿善良的命运保佑我们免受此难!!"显然,拉贝认为现代化不可避免地将社会变得复杂、矛盾,它会摧毁城市、农村,殃及农业和工业、青年和老人、男人和女人。为了突出战争会危及全体的性质,拉贝在日记里只在这个地方使用了希腊语的 Pandemonium。Pandaemios 的意思是属于全体人民的,遍布全体人民中的。而在 1938 年的一本词典中,这个单词的词条是"Pandaimonion [gr.],Pandämonium [l.],恶灵和魔鬼的领地"。拉贝用这个词来形容现代战争。

面对这种对每个个体的切实威胁,安全区就显得尤为重要,因为它作为一个没有战争的空间、一个和平的空间,对所有需要它的中国平民开放。拉贝在 1937 年 11 月 19 日的日记中记道:"成立了一个国际委员会

（主要由鼓楼医院的美国医生和在金陵大学任教授的传教士组成）。"拉贝接受委员会的邀请，与他们一起努力建设一个为非战斗人员设立的中立区。虽然根据他对现代战争的思考，拉贝似乎并不相信存在"非战斗人员"这个状态，至少对欧洲来说。后面的日记记录着拉贝为安全区所做的努力，11 月 22 日他被选为主席。

值得注意的还有拉贝的历史观，拉贝的人道主义行为基于一种从个体历史能动性出发的历史观，也就是说个体愿意表现自我。任何人都能从普通人变为历史人物，只要他承担起责任。对拉贝来说，创造历史的似乎不是结构，而更多是人。所以他多次以个人身份去请求阿道夫·希特勒劝阻日本人无节制的暴行，他说："我寄希望于希特勒！……我越来越觉得，我无论如何必须在这里坚持到底……这终究要看我目前拮据到什么程度。"拉贝虽然是纳粹党员，但柏林远在千里之外，所以在南京的一切都要靠他。他在日记里重复表达着自己的希望，奢望希特勒可以帮助他们。拉贝的这种坚信暴露了他对德国的实际情况其实一无所知，这种确信似乎是想掩盖他对自己反日本立场和纳粹党政策二者之间的矛盾的怀疑。同时，他也不奢求自己的请求能得到希特勒的回复。他提前为希特勒开脱，去维护自己心中的希特勒形象。拉贝对希特勒的思考也是日记的一大重点。

拉贝的日常工作包括和德国大使陶德曼会谈、与日方和中方代表会面以确保非军事区的安全，还有召开委员会会议、安排必要生活物资和运输工具，等等。为了减缓人们的困境，他个人遵循的原则是："如果好事能成，何必要请示来请示去呢？反正到最后总会同意的。"日记里是这么写的。直到最后一刻，虽然也不抱太大希望，拉贝仍在和日本人谈判，希望他们能承认安全区。日记中写道："我们大家都深感沮丧！"

随着 1937 年 12 月 13 日日军侵占南京，情况发生了根本性变化，而且直到拉贝返回德国都没有好转。物资匮乏的老问题越来越尖锐，但从这时起，已经是生死的问题了。在日记中可以读到街道上、广场上、池塘里的尸体,读到各种形式的处决,比如枪击、用刀刺死、淹死在长江,最主要的还是日本士兵强奸、抢劫的行径和"有组织的纵火活动",这也是日记里的表述。委员会和拉贝本人必须一次次地英勇登场,通过展示纳粹标志、高喊"希特勒"或"德意志"来阻止个案的发生。拉贝很遗憾,那些美国人没法像他们一样利用德国人的身份吓退日本兵,手无寸铁的中国士兵、战俘也在安全区外被杀。拉贝亲自去证实所有事件,"以便我将来能作为目击证人把这些说出来。对这种残酷的暴行是不能沉默的!""我丝毫不后悔留了下来,因为我的存在拯救了许多人的性命。但尽管如此,我仍然感到极端的难受!"他在日记里写道。他亲眼证实着自己的历史观,这是他唯一能做的事情。他还特别赞赏了金女大教师明妮·魏特琳,她将大概四百名女难民带向大学难民收容所。委员会也将所有事件记录下来,然后"照例把这份汇编作为抗议书呈交给日本国大使馆",但没起到什么明显的效果。

2月4日,拉贝再次确认了自己写作的目的,也就是通过写下只有他所能看到、能感知到的东西来创造历史。他知道,自己的记录关乎世界历史。日记里记述道:"今天我得亲自站岗,也就是说,我必须注视着自己的难民收容所,双眼盯着我家后面德国学校里的 600 名难民和我家前面中学里的 5 000 名难民。如果日本人强行闯入,我虽然阻挡不住,但我起码可以做一个目击者,观察事态发展以向世界通报。"他说,他要向世界通报。

1938 年 1 月和 2 月,拉贝越来越频繁地提到自己生理上的压力、行动力下降,越来越想回到家乡。他在日记里倾吐自己心理上的压力,但对外没有表现出一星半点。日记里有这些记录:"一个人老是听到目击者的这类报告,就会感到厌恶。人们也许会认为,日本军队都是由释放出来的囚犯组成的,正常的人不会做出这等事来!""我们在这里变得堕落、没有骨气,丧失了正直的人格。""说实话,我在中国真待够了。但此时此刻我不能逃之夭夭!"拉贝用"不能逃之夭夭""坚守"这样的表述来激励自己,这种军事化的表达其实就体现出一种普鲁士人的形象,这可能也因为他是在威廉时代中经历的社会化过程。拉贝是 1882 年出生的,那时还是德皇统治。1938 年 1 月 27 日,拉贝在日记里还纪念了皇帝的生日。拉贝似乎将自己归为德皇时代的人,他的人生重要阶段比如学生时代、职业培训、国外经历、结婚、成家、定居中国都属于那个时代。当他用一种留恋的心态去看德皇时代时,他对希特勒的自白似乎更像是一种保护性的说辞,以防自己的日记落入错误之人的手上。在德皇生日当天,拉贝在英国领事的帮助下,把南京日记寄给在上海的妻子,进一步享受到了这个节日带来的好处。在日记包裹的随信中,他对日记的处理做出说明:"如果有谁想读它或是读其中一部分,任凭你处置。未经党的允许,此日记是不能公开发表的。"拉贝自己也清楚,日记偏离了政治上的正确道路,他也不指望能出版日记,这就跟他在日记里对希特勒掌权的庆祝产生了矛盾。也许正是日记至关重要的意义,再考虑到纳粹党对日记的潜在威胁,拉贝仅在一天后,也就是 1938 年 1 月 28 日,便要求妻子使用暗语"BUGAN-Bücher gut angekommen(日记已安全到达)"马上通知他日记是否安全抵达。早在 1937 年 12 月 30 日的信中,他便问起过自己存放在"库特沃"号上的日记。拉贝离开后不久,便证实了他的预见是正确的。1938 年 3月,纳粹德国在南京的报社《东亚观察》开设专栏刊登部分日记,但随后这一专栏被勒令停止。拉贝的日记暂时没能为世界所阅读。

1938 年 1 月 31 日,值中国新年之际,拉贝被难民们誉为"活菩萨"。随后在 2 月,难民们在令人动容的道别仪式上努力劝说拉贝留下来,帮助他们解决始终困顿的境况。委员会成员和大使馆为拉贝举行了告别招待会。

整部日记看下来,可以感受到拉贝就是一位坚守自身道德使命的人,即帮助所有困境中的人,并且不掺杂任何政治利益。所以对拉贝而言,违背党的纲领行动、功能上利用党的标志,并为此承担后果都不是什么问题。他的人道主义实践给他的人生赋予了意义。在努力协调、平衡冲突双方的过程中,拉贝展现出一种公民的责任意识,展现出一种宗教或普世价值高于政治的态度。我个人也很敬佩拉贝在当时的勇敢行为,虽然那时纳粹德国和日本是盟友,他还是义无反顾地拯救了那么多人的生命。拉贝的行为产生的后果就是被禁止公开演讲、宣扬自己的和平观念,同时事业上被降职。

拉贝在日记里写明暴行的时间、地点以及安全区的划定街道,所以他的报告是可理解、可核实的。这些地点和时间说明也提供了一种“将大城市作为文本”的阅读视角。比如 2019 年 11 月 30 日在南京举行的“国际和平徒步活动”中,记忆之场就被唤醒了。

拉贝日记——不为出版的文学作品?

直到 1945 年,拉贝都不得不为自己的人道主义立场、人性与患难与共的价值承受后果。再往后则是因为自己的纳粹党员身份,不论是 1945 年之前或者之后,拉贝都无法发表自己的日记。

1945 年 4 月 24 日到 1946 年 6 月 7 日期间,拉贝又写下了柏林日记,其中他根据自己有限的主观感知,讲述了从战争结束到新时代的过渡时期内,社会所发生的全面的系统与文化变革。苏联士兵不知道柏林日记的存在,拉贝说:“我在半明半暗的房间里匆匆写下这几行。”柏林日记记录的是拉贝人生中的另一个重要阶段,日记的动机,也即它的开端是苏联红军攻入柏林西门子城,结尾是拉贝经上诉审理后的去纳粹化。

要说是什么阻碍了拉贝有效融入、参与战后的社会政治体系建设,那就要说到去纳粹化和再教育机制。这两种机制都认为需要“再教育”的人与纳粹政权存在某种密切的联系,而这种联系需要转变成一种民主观念。社会应该传递民主价值,比如“宽容、社会责任、和谐的家庭关系”。依据八个标准可以判定一个人是否是纳粹,不论从哪个标准来看,拉贝都不是纳粹。我就不具体讲这八个标准了,但它们都不适用于拉贝。反之,拉贝早已在南京践行了民主价值,并因此被授予中国的蓝白红绶带采玉勋章和德国的红十字会功勋勋章。

　　拉贝的道德观和荣誉观不允许他利用自己曾短暂地被盖世太保逮捕的经历来获取政治犯的好处。拉贝自问,如果人们不信任他,还会选他当委员会主席吗? 1946 年 4 月 17 日,他的去纳粹化申请遭到拒绝,因为他"短期担任过南京纳粹党地方小组副组长,我这样智慧的人不可以入党的"。5 月 3 日起,他"不可以再在西门子办公室里工作",5 月 31 日起他开始家庭办公。最终在 6 月 3 日的上诉听证会上,他的去纳粹化申请才得到通过,因为他拯救了数万人的生命。

　　1950 年代,在战争文学和反战文学的热潮下,拉贝日记及其中的和平呼吁是有机会参与关于重整军备、全面征兵、裁军和原子弹等的相关讨论的。比如雷马克反战小说《西线无战事》与倡导和平的《拉贝日记》之间的关联就显而易见,因为两部作品都反映出一种和平主义倾向。拉贝断然指出"日本兵痞的残酷暴行和兽性"并总结道,这必然是一支"由释放出来的囚犯组成的"军队数。十年间,这句和平主义座右铭引发了一连串丑闻和诉讼。这里也可以再做深入研究。

　　拉贝日记直到 1997 年才为人所知,1997 年前德国知识界和文学界的讨论中也很少提到南京大屠杀。比如我们可以问,当乌韦·约翰逊 1971 年在《周年纪念日》第二卷中写道:"日本人已经夺取并占领了汉口"时,他为什么没有进一步扩展背景信息? 这句话没有说明历史背景,没提及此前发生在南京的大屠杀,更未提到拉贝。二十世纪五六十年代,甚至直到 1997 年,虽然有很多文章讲到中日战争,有一部分甚至提到了拉贝,但没人深入讲述过拉贝对中国平民的救助行为,所以直到 1997 年几乎没人知道拉贝。

　　对拉贝的家庭而言,日记没有什么独特的历史价值,反而意味着一种长期的威胁。拉贝外孙女莱因哈特夫人在 1994 年 5 月 30 日给埃尔文·魏克特的信中写道:"数十年来我一直希望这些日记根本不存在。我既没有喜欢过它们也没有阅读过它们,它们长年累月地摊在书橱上,我一直想,纳粹或俄国人会枪毙我们,因为它们在政治上具有爆炸性。"对于这种害怕波及自身的担忧,可能还要考虑到1940年代以来对纳粹战犯的审判。

1996年后对拉贝的接受和记忆

1996年12月12日,纪念南京大屠杀受难同胞联合会在纽约为约翰·拉贝举办了纪念大会,引发了世界关注。借此机会,莱因哈特夫人介绍了自己的外祖父,并展示了他的日记。因为人们从一开始就没打算隐瞒拉贝纳粹党员的身份,拉贝的形象主要体现出一种纳粹和人道主义行为之间的矛盾性,比如《纽约时报》就使用了"中国的辛德勒"这一称呼。纪念大会后,最终确定了日记会在美国、中国、日本和德国出版。

对拉贝的接受始于张纯如1997年出版的研究著作《南京浩劫:二战中被遗忘的大屠杀》,这本书1999年被翻译成德文出版。全书浓缩了众多见证者的报告,呈现一系列附有对应照片的案件。日本学家格哈德·克雷布斯2001年在评述文章《南京1937/1938》中提出张纯如对日本的批评比较片面,并指出她研究中的一些错误。然而,克雷布斯自己的论证也不是毫无破绽。克雷布斯在文中也表示,日本文学里也有关于南京大屠杀的作品,例如三岛由纪夫1955年的短篇小说《牡丹》。

拉贝对大屠杀的记录和诠释让他自己以及日记得到了高度关注和认可。因为日记与中国、德国、日本三个国家紧密相关,所以在围绕中德日三国话题的学术讨论中,拉贝的文本已经默认为文献来源之一。在这类话题中,我整理了一系列提及拉贝的文献,大家感兴趣的话可以看我马上要发表的一篇关于拉贝日记的论文。

日记在德国出版后,出现了很多评述文章。1997年3月,也是日记出版前,德语版日记编者埃尔文·魏克特就在《法兰克福汇报》上发表了一篇长文，以吸引公众对日记的关注。在另一篇评述文章里，卡洛斯·维德曼精炼概述了关于纳粹能否是个好人的争议，并说："世上没有任何地方，纳粹党的象征会被如此安然地滥用于人道主义目的。"《法兰克福汇报》的评论员断言，直到日记出版前，德国普通民众都不了解南京大屠杀和拉贝。文章还从文学视角对日记做出评价："这是一部动人的报告。"这种从文学视角的描述，将《拉贝日记》称为一部动人的报告，是比较少见的，大部分文章还是从政治视角谈日记。对于拉贝身上的矛盾性，文章做出的解答是："他为南京平民所做出的贡献并未消解其纳粹党员身份所带来的问题。他的义举使他免于受到种族主义的指控，魏克特在日记中也未发现任何涉及反犹主义的内容。约翰·拉贝仍是南京的德国好人。"我自己在日记里也没发现什么反犹主义话语。魏克特后来又再次强调这一点，因为在当代仍不断有人"觉得很难在拉贝身上看到一个德国好人"，这是魏克特 2006 年写的，也是人们长期以来对拉贝的偏见。魏克特总结拉贝的义举并指出，拉贝从未否认自己曾是纳粹党员，委员会成员也都知道。魏克特说："但他们不介意这一点。不论用词还是话题，约翰·拉贝说的都不是纳粹那套语言。"

虽然在公众和知识界讨论中还看不出来，但拉贝已经成为德国回忆文化的一部分，权威官方传记百科中的拉贝词条便证实了这一点。这里指的是《德意志人物志百科全书》和《新德意志人物志》，里面都收录了关于拉贝的文章，两部百科分别出版于 1998 年和 2003 年。根据《拉贝日记》改编、以拉贝生平为主题的电影和电视用一种现代的模式表达着历史和当代对他的认可。类似还有 2003 年 9 月 13 日，时任联邦德国总统约翰内斯·劳访问南京并表达了对拉贝的赞赏。还有后来拉贝故居被改建为纪念馆。中国对大屠杀遇难同胞和拉贝的纪念活动也在德国媒体中得到报道。同样，魏克特的悼词中也提到他编辑出版的拉贝日记，附以拉贝及其历史价值的生平信息。魏克特是 2008 年去世的。

值得一提的还有一部迄今还不太有人关注的文学作品，它也可以对我们研究拉贝日记提供参考。和平主义者埃里希·凯斯特纳逝世32年后,他的作品《蓝色的书:一部战争日记和小说笔记》在2006年首次出版。凯斯特纳在1941年1月16日开始撰写自己的战争日记。他的动机跟拉贝和其他战争日记的作者类似,凯斯特纳认为"有必要从平民的视角来记录事件——尽可能不带感情和评释"。他似乎也很清楚文章的爆炸性,所以使用了速记,也就是一种快速记录的方式,并且把书藏起来、给它做了个不显眼的蓝色封面放在书架上,所以叫《蓝色的书》。其中他两次提及南京,先是1941年2月6日他写道:"还有个传言:日本正极力试图与蒋介石媾和;日本甚至准备为此牺牲南京政府①。可以理解。因为日本现正面临与美作战的威胁,无疑需解放双臂。"另一段在小说第二卷的"时间点"这一节中:"1937年:又是对中战争。目标:逐个占领沿海省份。没有宣战。从北平到汉口征服。然后推进到内部。南京的傀儡政府。"凯斯特纳没有提到南京大屠杀和拉贝,他是否对此毫不知情,还有待考察。

一篇关于南京的旅行文学也讲到了拉贝:"直至佛罗瑞·加仑伯格的电影,我们才认识这位'中国的辛德勒'。在南京,他是一位英雄。"2016年,拉贝在弗兰克·奎利奇的中国小说《寻觅王炜》中又被再次提起,1989—1990年弗兰克·奎利奇在南京大学任教。

2005年,约翰·拉贝交流中心在海德堡成立,中心从2009年起颁发约翰·拉贝和平奖,这也让人联想到雷马克和平奖。在中心花园,中国大学生们立起一座拉贝半身铜像,并且在每年12月13日,也就是南京大屠杀死难者公祭日,人们都会在这里举行拉贝纪念仪式。西门子南京分公司里也竖立着一座拉贝雕像。2009年,拉贝孙子托马斯·拉贝所著《拉贝传》出版。电影《拉贝日记》在2009年上映,此外还有歌剧《拉贝日记》。在柏林的威廉皇帝纪念公墓中,南京市政府为拉贝夫妇修建了一座荣誉

---

① 编者按:此处应为汪伪南京政府。

墓。而拉贝夫妇的原墓碑则被永久保存在侵华日军南京大屠杀遇难同胞纪念馆内。

从一开始的籍籍无名到今天,可以说拉贝找到了自己在历史,或者说在文学史中的位置。

二、对话德国费希塔大学埃贡·施皮格尔教授

采访对象：埃贡·施皮格尔(Egon Spiegel)

采访时间：2022 年 10 月 23 日

采访方式：德国费希塔大学线上会议

采访人：刘丽蘅

采访整理：刘丽蘅、徐亚楠、章文馨

采访对象简介：埃贡·施皮格尔，德国弗莱堡大学神学博士，德国费希塔大学和平学、历史学、神学教授。

初识约翰·拉贝

我第一次听说约翰·拉贝不是在德国，而是在中国，在南京。那是 2009 年我第一次访问南京大学。当时，在我工作的大学求学的中国学生在安排我的南京之行时，也把拉贝故居纳入其中。我觉得她比较熟悉约翰·拉贝，否则没法解释她为什么要带我和其他学生去拉贝故居。她应该是觉得，我们一定要在这次南京之旅中了解约翰·拉贝的存在，理解他的命运。这或许是因为她在赴德国学习之前就已经知道了约翰·拉贝。如果她确实不是在做旅行攻略或在和导游的交接中知道约翰·拉贝的，那么这就表明约翰·拉贝的存在在中国广为人知。我在之后的许多次交流中也能感受到约翰·拉贝的存在。因此，并不是德国人的身份让我注意到拉贝和他的成就，而是我身为一个德国人到了中国才知道了拉贝。

这一事实表明,我们德国不仅亟须有自己的约翰·拉贝研究,而且也需要宣传约翰·拉贝的事迹。几年前曾经拍过一部关于约翰·拉贝的电影,耗费巨资、演员阵容强大。

被遗忘的"活菩萨"

约翰·拉贝在德国关注度不高——这不仅令人震惊,而且从中国人的角度来看也很难理解。我推测有很多原因,对此我必须详细说明。虽然为了探讨二战和大屠杀的起因,并从社会人类学的视角展开批判性的讨论,二战和大屠杀已经是德国学校教育和课外教育的核心主题,但日本入侵发生在"遥远"中国的事件显然不值得单独考虑。这是历史学和历史教学领域的具体问题,但在我看来,这也是一个严重的具有普遍性问题:虽然一方面,目前德国对中国,尤其是对中国的经济发展、中国和世界经济的关联、中国的政治意义越来越感兴趣,但另一方面,对华关系仍然表现为对中国历史以及中原地区复杂的文化、宗教、区域背景普遍缺乏兴趣。我当年对中国一无所知,如今中学毕业的学生依旧如此。无论是过去还是现在,中国几乎从未在德国的学校中被提及。与中国对欧洲文化的态度、中国学生所学的欧洲的过去和现在相比,这不仅是可耻的,而且从严格的科学理论角度来看,是想通过淡化和人类历史高度相关的历史文化,放弃真正地理解这个世界,这不仅无知,而且不可饶恕。在这一背景下要说明:中日战争也是二战中一块令人震惊的拼图。但是通常人们不仅看不到中日战争和二战的关联,而且约翰·拉贝的行动也没有得到一般公众和大多数专家的关注。人们对约翰·拉贝的认识水平之低,或者更明确地说,对南京和中国具有重大意义的约翰·拉贝的作品,在世界范围内却不受关注,这是欧洲中心主义对中国、对整个亚洲文化区的无知导致的结果。

另外,我虽然只是猜测,但必须更深入一些:几十年来,出于各种原因,我们对战争、对与国家社会主义有关的战争历史的认识持续受阻。一个受到战争创伤的社会,最初的注意力都集中在重建上。它既没有兴趣,也没有精力去批判或自我批判地处理过去的问题——在这种情况下,罪责相关的问题首当其冲。因而战争相关的人、事都幸免,没有受到批评。在学校教育方面具体来说:由于各种原因,老教师们不想也不能对刚刚结束的、难以言表的过去发表评论。年轻的教师在做学生时没有跟着老师重新评价近代史,做老师了也不会仅仅出于教学的考虑,而为补上这一课不辞辛劳。顺便说一句,许多其他原因,特别是政治原因,可能起到了一定的作用,以至于战后,乃至战后几十年,人们都没有广泛研究这段可怕且不光彩的过去。约翰·拉贝和他的救援行动也再次成为这种漠视的受害者。奥斯卡·辛德勒和安妮·弗兰克则不同。他们逐渐受到了一些人的关注,这些人对国家社会主义及其可怕影响展开了批评。而约翰·拉贝远离德国,且在国家社会主义的准则下行事,因而没有进入人们的视野。正如我们所见,直到今天——条件更有利的情况下——仍然很难受到关注。"活菩萨"的说法从未到达德国。

最后,拉贝回德国后接连发生的事情也导致其在事实层面的不为人知。之前,作为西门子公司的代表,约翰·拉贝在南京受到了特别的尊重,但因为在日本占领时为中国首都的南京时,拉贝为了和南京市民站在一起,拒绝听从公司的命令回到德国。1938年在公司的再三催促下,拉贝回到当时的纳粹德国后,公司只愿意支付他偶尔从事翻译工作的费用。曾经的约翰·拉贝在中国享受着优待,但从某一个时刻起,他跌入了老年贫困的深渊,最终在当时的德国首都柏林遭遇到和当年自己在遥远南京保护的难民相同的劫难。回国后,政府禁止约翰·拉贝根据自己收集的材料和日记,亲口描述日本占领者犯下的种种罪行,这也让约翰·拉贝备受煎熬。约翰·拉贝和他的经历就这样消失了——系统性地——被遗忘了。证人和证词就这样被淹没了。约翰·拉贝是人道主义史上一位被遗忘的伟大人物,也是经济与政治、经济权力与中央政治权力共谋的受害者。

和平主义的践行者

从和平学的角度看约翰·拉贝其人其事,他所做的一切——不管是有意识还是无意识的——都是正确的:他当时决定为自己喜欢的人服务,并对如家一般的南京负起责任。他始终是这样做的,甚至不顾公司的命令,拒绝回到德国,并为此承担了个人后果。在和平政策方面,冲突局势中的每一时刻都意味着生死攸关的抉择,拉贝始终以高度专业和最优的方式行事。他在充满暴力、高度紧张的冲突局势中的行动,对我来说,几乎就是成功的和平主义实践的典范。几十年来,我们一直借助拉贝其人其事,来研究非暴力和平行动理论和实践的复杂性,并将其用于教学。我们通过诠释拉贝的非暴力冲突行动,描述我们实际"可以"做的事情,而不是努力弄明白我们"应该"做什么。

约翰·拉贝是一个实用主义者,一个彻头彻尾的、一心一意的行动者。他致力于自己的工作,而不是迷失在道德上的胡言乱语和喋喋不休中。这种道德上的话语与他无关,他也没有时间能浪费在这些事上。这也是他令人喜欢的原因,这点也让和平研究对他很感兴趣。他主动地、自发地、完全按照和平政策的精神行事。他的和平行动——以一种原始、真实、所谓的"处女"的方式——没有成书,也不基于甘地和马丁·路德·金的著作,和后来其他人在他处的反思一起,汇入非暴力活动的学说。这两者都有道理:埋头苦干和反思。第一种对约翰·拉贝来说尤为重要:他在日记中描述了自己的埋头苦干,从而为那些更喜欢反思的人提供了素材,这些素材也构成了思考的出发点,但这一材料至今几乎没有被用于和平研究。在和平研究的许多方面,约翰·拉贝仍有待发掘。

利他主义

许多年前，我在拉贝故居的会议上做了关于拉贝的演讲，我那时提出了一个问题：什么促成了约翰·拉贝的举动？作为神学家，我特别想知道，是否是宗教的、基督教的动机让他如此无私地、甚至可以说是利他地帮助南京市民。在拉贝同时代的德国，大多数公民都是罗马天主教或新教的信徒。然而，如果我们带着这种想法去看约翰·拉贝留下的书面材料，并结合我们对约翰·拉贝的了解，那么我们将会发现并没有证据表明，约翰·拉贝的行为背后潜藏着宗教性的动机。

拉贝做了他认为必须要做的事情，这是他对与自己在当地共同生活了三十年的人们的回报。在伦理上来说，拉贝的行为没有任何宗教色彩，而是出于一种纯粹的人道主义冲动，出于一种内在的动力。用一句话来概括，拉贝是一个在伦理层面难以描述的实用主义者、一个极度谦虚的人道主义者，其对人类负责的行为在伦理上难以断定。拉贝在道德上坚守本心，在道德方面忠于自我，不受外力影响。他的行为并非外力强加的，然而这并不意味着背后没有传统的影响。在深受基督教影响的社会背景下，约翰·拉贝可能遇到这种传统的核心，即爱邻人的假设，这种假设有意或无意地、有意识或无意识地扎根在了他的心中。拉贝的亲社会性，或在这种情况下，可以说是利他主义的行动，受到传统的影响不小。然而，在论证时，宗教锚定显然没有起到决定性的作用。

荣誉称号背后的责任

南京大屠杀史与国际和平研究院（现为国家记忆与国际和平研究院）授予的"特邀研究员"称号对我来说意义重大。这不仅是莫大的荣誉，也是一项使命，我仍需要不断去学习理解。我觉得对纪念馆和研究院来说，我现在是和将来也会是扮演外围研究员的角色——尽管我一直试图把自己代入南京人民遭受暴行的可怕背景中。然而，我的优势是，我与约翰·拉贝因为德国的历史紧密连接在一起，在此基础上，我可以理解其人其事，而这是中国人无法立即做到的。因此，我对与这个奖项相关的研究任务的理解是：我更多地从一个外来者、一个外国研究者的角度来分析在中国生活了30年的外国人拉贝，而不是研究被中国同化的或是中国的视角下的拉贝。我对自己还有更高的要求，我以拉贝在中国受到的推崇为动力，结合他在中国的善举，将他介绍给德国人，以提高他在德国的知名度。如果我对拉贝的看法有助于从中国的视角更好地理解德国人，我将十分高兴，这也又一次表明了这一奖项背后对我的信任。我已经启动了一个博士项目，其目的之一是推动德国的拉贝研究。

拉贝故居与侵华日军南京大屠杀遇难同胞纪念馆

这两个机构都开展了不可或缺的纪念工作。它们记录了历史上最黑暗的篇章之一：日军对中国的侵占和他们对中国人民犯下的罪行。两个机构有着共同的历史截面，但用各自的方式记录了历史。拉贝故居从约翰·拉贝的行动的角度记录了南京大屠杀，而侵华日军南京大屠杀遇难同胞纪念馆的着眼点从各方面来看都更加全面，约翰·拉贝在这一框架中有着不可或缺的特殊地位。这两个机构通过回顾日本侵略过程中发生的令人难以置信的事件来谴责暴行，并确保年轻一代对这些事件进行批判性的反思和对待，以便在此基础上做出判断，从而使和解工作成为可能。即使年轻一代努力地去看待过去，他们也有权从永恒的怨恨对自己的束缚中解脱出来，不论已经发生的不公正，并发现、发展和实现他们自己的重新联合，这种批判性的处理工作必须首先在历史、法律和政治学层面由相关专家进行。至关重要的是，这不仅将这一事件看作是某个时间点上的事件，而且将这一事件看作一个人类学的事件，看作一种态度和行动的可能性，在任何时间、任何地点对人类发起挑战，你、我、我们以及今时、此地都无法幸免。令人遗憾的是，历史表明，即使见证者认为，这种人与人之间无比残酷的罪行具有无法超越的独特性，实际上这种罪行却一再发生。我们也不难理解不久前在卢旺达看到的大屠杀——同样是无法描述的血腥，带有所有狂热的特征，而且是在很短的时间内进行的。对我们来说，大屠杀，即在所谓的第三帝国里发生的针对六百万犹太人进行的系统性的杀害事件，似乎也是独一无二的。在这方面，拉贝故居和侵华日军南京大屠杀遇难同胞纪念馆不仅承担着将中国人在残暴的日军手中被迫经历的具体的不公记录下来的使命，除此之外还要以这样的例子来说明，我们有责任将这类行为理解为一种无比黑暗的人类学现象，理解为人类共同生存的低谷，并且相应地，竭尽所能去防止一切重蹈覆辙。

在侵华日军南京大屠杀遇难同胞纪念馆的出口处，参观者走过一个和平碑，在碑石的顶端有一只鸽子——这是和平的、洁白的、光明的时刻。刚刚讲述的大屠杀不能也不应该有辩驳的余地，这是参观者在离开纪念馆时领悟到的道理。在人们参观纪念馆时看到的难以想象的恐怖景象之外，一定有一条前进的道路和一个可能的未来。对于南京、对于中国来说，一定有一条具体的出路，以日本官方的和解姿态开始，并努力使其对战争及与之相关的罪行成为禁忌，以及克服任何形式的暴力。两个机构的使命既是历史层面具体的，又是人类学上普遍的。

合作与交流促成进步

我的成就在很大程度上归功于与拉贝故居的合作。我第一次了解到约翰·拉贝其人就是在他以前的居所里，现在这座故居已被改建为纪念馆。第一次访问时，我遇到了在那孜孜不倦工作的杨善友先生。他以充满活力、引人入胜的方式就地向参观者讲解约翰·拉贝和他在南京的工作，给我和我的学生留下了深刻印象。我很难想象，这种程度的贡献与投入他是如何坚持几十年的。自第一次访问以来,我常出入拉贝故居。不仅是与大学的另一群学生一起到那儿去做客,我还参加了在拉贝故居举行的会议,自己也做了一个关于约翰·拉贝的讲座,此外,我曾带领一位来自日本的访客参观了拉贝故居,她是我的一位好友,也对南京大屠杀的相关文献非常感兴趣。2019 年拉贝故居在馆内举行了埃里希·玛利亚·雷马克的展览,这是由刘成教授和我共同发起并组织的,在内容上通过南京大学德语系的各种活动得以实现。来自德语系的学生在陈民老师的指导下在拉贝故居举办过各种活动,给这次展览项目给予了大量支持和帮助。当时其中一个学生不仅就约翰·拉贝和埃里希·玛利亚·雷马克的情况采访了我,后来还在德国奥斯纳布吕克的埃里希·玛利亚·雷马克和平中心实习时到我所在的费希特大学访问了我。拉贝故居和奥地利之间的联系非常有趣。合作项目中,志愿者来到南京,在拉贝故居展开各种形式的工作,这一点尤其令人印象深刻。

逐年老化的拉贝故居,幸得西门子公司和博世公司在当地的分公司资助得以维护。西门子公司通过资助来努力消除一个不无道理的愧疚感,并主要是以金钱的方式做出某种补偿。不仅我个人认为,这样的资助可以也必须更加慷慨。西门子公司当时对待做出贡献的约翰·拉贝先生的态度是非常失败的。当南京被攻占的时刻,一切争论和反对成为徒劳,他被从南京的岗位上召回,并且被要求返回德国,但是由于充分的理由,他并不能照做。据此,西门子不仅没有赏识拉贝的功绩,还让他在柏林的公司陷入了生存困境。如果西门子公司不仅以目前的水平分担拉贝故居的工作,而且增强其投入,使拉贝故居在现代博物馆教育的高度上继续前行,这不仅对公司有利,也标志着对于自身公司历史的自我批判和对在震惊世界的历史事件中的失败的坦然面对。同样,我希望西门子公司能对德国的拉贝研究做出明确的资金支持承诺。

侵华日军南京大屠杀遇难同胞纪念馆方面,我曾两次带领费希塔大学的学生前往,两次参观结束时,我们都为大屠杀的受害者举行仪式以表哀悼。在由时任馆长朱成山先生特意为此组织的一次会晤上,我们详细了解了纪念馆的历史和作用。不仅如此,我与朱成山馆长进行过私人会面,与后一任馆长张建军先生也是如此。在世界范围内越来越明显的民族化的意外趋势有可能破坏正不断加快的全球化进程带来的好处时,以及新冠肺炎疫情扩散不久前,我多次参观侵华日军南京大屠杀遇难同胞纪念馆,并且曾在一次小组会议结束后进行了参观。曾经在一次访问之际与张建军馆长会面时,我被他授予研究员的称号,这既是荣誉,也是压力。我期待着在新冠肺炎疫情结束之后我们的合作能够继续下去,首先是在德国的研究工作的具体化,以及对于约翰·拉贝的研究的进一步推进。

对中西方之间文化现象的观察

至今我已经去过中国近三十次,有时一年两次或三次,有时只去几天,有一次则待了整整三个月的时间。我曾去过中国的许多大城市,并与我的同事刘成教授一起,或在他的陪同下,在知名大学讲课、参加大大小小的会议。我也有幸曾多次到南京大学德语系做客。我收到过无数次参加大型发布会或晚宴的邀请,席间我能够紧挨着主人的座位就座,从而享受到非同寻常的热情款待。我和同事以及同事的朋友一起吃饭,也经常和学生一起吃饭。我总是注意到,人们对与"西方"有关的一切都很感兴趣,无论是历史还是政治,对技术和文学也是如此。所有的谈话和在谈话中提到的问题都显示出对细节的惊人了解。迄今为止,我遇到的中国人对"西方"特别是欧洲都有相当的基本了解。这一点尤其引人注目,因为通常在西方的情况正好相反。对"西方"的极大兴趣和倾向于"西方"的、赞赏的目光使我感到又惊讶又惭愧,这种惭愧来自多方面的原因。在对中国进行殖民侵略的过程中,总的来说,欧洲人的存在是以暴力行动、压迫和剥削为标志的。比上述的兴趣更让我动容的是至今为止我无一例外地感受到的友善。我第一次访问中国时，很快注意到，通常广告中的模特不是亚洲人，而是欧洲人、美国人……在中国，大而宽的眼睛是美丽的理想，这一点让我不太舒服。当晚上我和我的同事在西安热闹的广场上散步时，我们找不到一个穿着印有汉字的 T 恤的年轻人。如果他们的 T 恤上有印花，一般是英文标语。从正面来看，似乎没有比这更能简单明了地展现中国人参与全球化的意愿的了。我个人至今在中国还能体验到，这种实际上对欧洲不加掩饰的、没由来的热情让我感到困惑。我想知道，在德国或西方其他地方的中国人是否会产生类似的兴趣和困惑。当您在中国询问巴斯蒂安·施魏因施泰格（Bastian Schweinsteiger）①，每个人都认识他，很多人对皇家马德里和拜仁慕尼黑都很熟悉。相反，我们对中国的体育或者音乐领域了解什么？我们对中国的历史有多少认识？当人们讨论二氧化碳排放量时，总会将一个绝对大的数字与中国联系起来，并与其他国家相比较，但是他们往往会忽略中国的人口数量。军备领域的数字也是如此。这不是与二氧化碳或军备有关的问题，而是对国家及其居民的公平看待问题。不言而喻的是，存在一些令人震惊的负面意见，它们可以也应该在此不被提及，即使如常言道，它们不仅可以在朋友之间被提及，而且提及它们甚至是朋友之间的一种义务。我很乐意在这种情况下做出一点贡献，使关于它的交流更加客观。

不得不提的是，我喜欢古老的中国传统音乐和乐器，以及柔和、安宁的乐声。在我德国住所花园中的私人桑拿房里，音乐声和热气、汗水一样，都是放松的一部分。我喜欢这些简单而又朗朗上口的歌曲。在中国时，我经常会坐在咖啡馆里工作，一遍又一遍地听到这些歌曲。如果我能在语言上理解这些歌词，可能它们对我来说就太普通了。但也有可能，这些歌词在旋律之外也特别对我胃口。特别是在中国以外的地方，在我的德国故乡，我也会听中国的轻音乐，不是像我们眨巴眼睛说："im Keller

---

① 编者按：德国前知名职业足球运动员。

（在地下室）"——也就是秘密地听，而是公开地听，而且乐在其中。至少对我来说，传统音乐的声音和轻音乐的"wo ai ni（我爱你）"传达了一个致力于和谐愿景的中国。

中国和平研究建设愿景

在我看来，遇见刘成教授是一大幸事。自 2009 年第一次会面以来，我们一直保持密切合作。此外，我们不仅在中国，还在德国会面，如果有机会，也会在其他国家的会议上碰面，不久前我们才在英国、意大利和日本见过。我们在美国一起度过了很长的一段时间，并在那多次接触来自和平学领域的同事。除了大量的联合讲座、会谈和研讨会，作为我们合作的特别成果，我们还出版了双语书籍《全球化世界的和平建设》，书中涉及约两百个有关和平研究、和平教育以及和平工作的话题。刘成完全有理由被称为中国现代的、超越系统的、批判性的和平研究的引领者。他是将约翰·加尔通创立的和平学研究引入中国的功臣。除了他专攻的英国历史，刘成还承担了世界历史学家的历史职责，并为中国的和平学建设投入了大量精力。为了表彰他的工作，联合国教科文组织为他在南京大学设立了一个专门用于和平研究的教席。如今，刘成是许多国际委员会和联合会的重要成员，也是一位受人尊敬的中国代表。他目前是中国优秀的和平学者，并且已经作为中国和平学的责任发起人被载入和平学的史册。

在刘成所在的南京大学联合国教科文组织和平学教席中，智力的潜能得以集中，全球联系在此汇聚，建立相应课程的想法也得以体现。我也致力于将自己以及几十年来作为顾问教授所积累的经验贡献给教席的工作。和平学研究课程无疑将有利于南京大学的国际声誉。与课程计划必然相关的一个问题就是形成相应的职业领域。所有关于和平学课程的考虑必须嵌入对受教育者职业运用的考虑之中。在此，必须进一步思考和平研究、和平教育和和平工作等。

　　关于南京大学的和平学研究,应该建立一个包括文学中心和传媒中心在内的完整的研究所,大名鼎鼎的考文垂大学和平与和解中心也许能够成为一个效仿的榜样,这可能是开创性的举措。正如刘成多年来在全国各地组织开展和平会议一样,和平学课程的建立可以得到大力推进,这种机构的网络将会覆盖全国。如果南京已经从与刘成这一受人尊敬和才能出众的和平研究者的合作中收益——我们仅是设想加入"和平城市"国际网络的想法得以实现——并且可以完全信赖他的潜能,那么引进自己的和平学课程也可以再次为南京市政府的工作提供助力,强调和巩固南京作为和平城市的地位。

　　非常感谢有趣的问题和对我的回答表现出的兴趣。这次采访再次证实了我的印象:在中国,陌生人和来客是多么坦率地作为伙伴被纳入对生活和世界的共同塑造中。这再次解释了为什么约翰·拉贝在中国工作了三十年之后,不能也没有在一夜之间,尤其是在生死关头,离开那些完全信任他并在困境中依靠他的人。

三、对话奥地利维也纳大学
里夏德·特拉普尔教授

采访对象:里夏德·特拉普尔(Richard Trappl)教授

采访时间:2021 年 6 月 23 日

采访方式:线上 Zoom 会议

采访人:贾心蕊、杨睿颖

采访整理:张元

采访对象简介:里夏德·特拉普尔,奥地利汉学家,奥地利维也纳大学孔子学院奥方院长。

中华情缘

1971 年我进入了有 650 多年历史的维也纳大学,最早学习的是日耳曼文学。从小我就对汉语感兴趣,可惜没有学习的渠道。于是 1973 年学校新设立汉学系时,我就找了学院的教授咨询。10 月 1 日我正式决定学习汉学,成为汉学系的第一批学生。那时候每周有 14 个学时的中文课程。教授找人到学院的图书馆帮忙,尽管这份工作每周占用我 20 学时,但它使我第一次接触到文字资料,也更加了解中文。后来我申请到赴中国留学的奖学金和前往中国的火车票。1974 年秋天,我从维也纳出发,经西伯利亚大铁路,坐了整整 10 天火车才到了北京,途径莫斯科,一路很不轻松。抵达北京后的两个学期,我都在北京语言大学,也就是当时的北京语言学院学习。没想到在几十年之后,也就是一年前,我被选中,成了北语的客座教授,我真的很高兴。

近十年间我在中国参加了很多课程,时常往返于中国和奥地利,最多的时候每个月一次。中国学生的勤奋、有趣、准备充分与有礼貌令我印象深刻。很多人说中国的学生可能害羞,不敢提问,但从我自己在中国度过的那学期来看,尤其是学期末的时候,同学们都会适时礼貌地提问。有一次一个学生向我提问,我已经忘了具体说了什么,但仍记得当时感受到他是做好了充分的准备才来同我讨论。诚然,从小学到中学到大学,中国的教育体系与欧洲都截然不同。中国学生要进入大学学习需要在激烈的竞争中脱颖而出,高考绝对是不轻松的,对于所有人来说都是一项重大挑战,并不是每个人都有机会进入最好的大学学习。在这里有着不同的排名标准,有大学的综合排名,也有学科排名,我能做的就是尽量给学生们最好的成绩。

正如之前提到的,我在儿时就对外语和别国文化有着很大的兴趣,但在 10 岁到 12 岁时,也就是 1960 年代左右,有关中国的信息在奥地利非常少见。到 1974 年我获得奖学金,将要前往中国的前夕,我想从去过中国的奥地利人那里了解有关信息,但当时周围没有人能提供。中国的语言很吸引我,中国的文化也给我留下很深刻的印象。在北语学习的那两年里,学院曾组织我们去了包括南京在内的许多地方,途中特别提到南京这座城市,强调和平。1975 年是我第一次来南京。那是一座融合了新旧与主次的城市。我去了明孝陵,那是明朝第一位皇帝在南京的陵墓,还游览了周围的自然景观。后来我又去过一次南京,这时的南京除新旧交融外,已然是一座规划不错的绿色城市。在南京到北京的航班上还有一段充满戏剧性的经历,当时我坐在经济舱,看向右边的那个人,他也刚好回望过来,我们都认出了对方。我想起他是一名教授,我想问问他,他现在在做什么,从事什么工作。在 2008 或是 2009 年去往北京的飞机上,我们曾相谈甚欢。他说他来自南京。他也解释了能认出我是因为之前曾经去过维也纳,访问过我们学院,不久后他会去北京大学。由此我们建立了友谊。我希望今后也可以和南京大学及其德语系结下同样的情谊。

1975 年我不只去了南京,还去了长沙参观马王堆汉墓。2019 年 12 月的时候,我不仅又去了北京也再一次去到长沙,重新游览了马王堆。通过考古学、文化史、文学和哲学史,西方人可以,也一定能够了解中国。当你关注并了解中国文化时就会发现,不管是在 2001 年、2020 年、1978 年还是 1948 年,中国文化始终存续且流传后世。拥有千年历史的孔子学说和马王堆就可以证明。可以说,中国在历史上和今天都是鲜活的。

《拉贝日记》的重现

歌剧《拉贝日记》在维也纳上演具有重大意义,我很遗憾没能亲自到场观看。孔子学院已经成立了 15 周年,规模越来越大,乐观地看,未来五年仍将继续扩大。在这十年里,我们将试着和外事部门合作,邀请拉贝的家人来到维也纳,向孔子学院介绍约翰·拉贝的内在精神。尽管我们已经有所努力,但在奥地利,拉贝的知名度不高。我想,如果欧洲能够和世界或者和占世界总人口 20% 的中国进行更加频繁的交流沟通,同时双方媒体或者个人保持更紧密联系,这一情况就会好很多。这样一个伟大的人物及他为了和平和保护生命所做出的诸多努力值得在奥地利被更多地展示、介绍。政府的相关部门也应为宣传拉贝的崇高品格和他对和平的贡献而努力。我们不会局限于日记本身,而是希望与原始报道,甚至是电影、歌剧相结合,传播约翰·拉贝的事迹,以期提高拉贝的国民知晓度。拉贝在南京、在中国的所作所为是构建和平、促进跨文化交流的绝佳案例。

正如我所说的,至少在奥地利,《拉贝日记》并没有很高的知名度,需要我们从孔子学院开始,努力扩大它的知名度。《拉贝日记》是真实可信的历史记载,有十分重大的意义,它以拉贝的个人视角呈现当时的历史状况。当我读到过去的书面资料时,总能够回想起当时的生活。刻画了身处那段历史中的人们的种种经历的《拉贝日记》也是如此,让我们能以重要的、个人化的视角去认识历史。历史研究应当关注所有信源、所有资料,《拉贝日记》必然是认识历史的一条途径,由此出发可以了解过去的中国,推动对于浩繁历史的深入研究,展示在南京所发生的一切。如今,南京成为和平城市,《拉贝日记》也与南京的未来,以及中国和世界的交流互相关联。

和平之声

2013 年,我和格尔特·卡明斯基(Gerd Kaminski)获得了拉贝奖,该奖项专门为致力于促进中国与世界交流、增进相互了解的国际友人颁发。获得这一奖项对我而言有着深刻的意义。和平并不是一个空泛的概念,需要人们坚持为之奋斗。沟通是和平最重要的基石,如果我们无法理解他人,那么和平也就难以实现。任何文明之间都需要沟通交流,认识其他文化的语言也是有必要的。因此我们一直致力于在孔子学院、维也纳乃至全球范围内向非中文母语者传递中文知识。语言是认识一种文化的窗口和基础,也是增进理解的手段。对于人们来说,那些在国际合作、国际和平中卓有贡献的人物和事迹应当被凸显。在这一层面上,约翰·拉贝就是一个很好的例子,不只是在中华文化圈,在奥地利和德国这样的德语国家也是如此。我们有着相似的历史,都经历过辉煌,也经历过浩劫,但我相信,不管是中国人,还是奥地利人、德国人,我们都希望过去的灾难和战争永远不会重演。因此,能够获得拉贝奖,我感到十分荣幸,它代表着理解与合作,对于我们都有深刻的意义。

奥地利是一个小国,但也拥有数千年的文化,在音乐、哲学、文学、建筑学、心理学等领域尤为突出,可以说为世界文化做出了贡献。相比中国五千年的文明史,中奥建交这五十年自然是转瞬即逝,对于奥地利的历史来说也是如此。五十年的时光对于一个国家的历史及对于两国之间的交往而言是很短暂的,但对于一个人的生命而言就很漫长。从我们的角度来看,奥地利和中国在未来的十年,或者可预见的未来一定会有许多文化项目走出国门,视疫情状况,今明两年将举行许多演出,尤其是音乐方面的,如奥地利的传统歌剧、著名的歌唱家演唱会、各类展览会等都可能在今年或者明年举办。在疫情得到控制之后,中国和奥地利,或者说中国和全世界之间的文化交流、交换学习、游客到访等活动都将变得更加频繁。

作为文化传播者,我们必须充分了解他国历史,并在此过程中回顾和深入了解我们自己的历史。这并不局限于中德、中奥之间,而是建立在全球语境之下。想要更好地理解世界,利用和扩展现存的关系网非常重要。我在奥地利和中国的文化交流中作为协调者,为奥中对话机制的构建而努力。如果你们同意的话,我也希望加强南京大学、南大德语系和外事网络之间的联系,这一联系在拉贝故居已有所体现。未来已经拉开序幕,国际文化交流进展顺利,且应继续扩大,在未来开展更多活动。我们现有的技术媒介和其他工具都起着良好的作用,虽然目前疫情使得人们的跨国交流变得困难,但是凭借技术手段,我们也可以在线上相遇。我们可以想见,未来人们在思想上也会顺利相连。

我们身处复杂的国际环境。在我看来,东方和西方、中国和西方、中国和美国等国的联系不应断开,而应彼此合作,试着共同解决人类面临的挑战,如气候危机、环境危机、不平等和干旱等。不仅要有高层的沟通机制,更要在人与人之间、大学之间、年轻人之间建立对话,这样才能解决问题。若非上一代人有很多机会都没有抓住,也不会有如今的种种误解和冲突。未来的合作将从上一代转移到年轻一代手中,我想年轻人会拥有更多机会。对此,教育工作和国际合作都十分重要。我想起了《论语》中孔子的一句话："学而时习之，不亦说乎?"也就是说学习和持之以恒的练习是很重要的；另一句是："有朋自远方来，不亦乐乎?"这一句就好比中国和西方的文化交流，也就是说如果有朋友从远方来，不应该感到高兴吗? 我们始终为迎接客人而感到高兴。

四、对话奥地利对外服务协会丹尼尔·舒斯特

采访对象:丹尼尔·舒斯特(Daniel J. Schuster)

采访时间:2021 年 7 月 7 日

采访方式:线上 Zoom 会议

采访人:郑子祺

采访整理:章文馨

采访对象简介:丹尼尔·舒斯特,奥地利对外服务协会(Austrian Service Abroad)维也纳办事处主任。

中国之缘

在我们那里,学生一般在高中结束和大学开始之间会去国外,利用这段时间获得一些有趣的体验,也就是英语里说的 Gap Year(间隔年)。高中结束后,我在以色列待了一年,在那里的纪念馆做志愿服务,但从严格意义上来说还不算一个间隔年。在大学开始之前,我还想有一些别的文化体验,我在奥地利对外服务协会认识了一些在中国做过志愿服务的朋友,比如第一批前往上海的志愿者马丁·维尔纳,他和我讲述了在中国的生活;我也有一些其他去过中国的朋友,他们告诉了我中国是一个多棒的国家、在那里的生活有多么有趣。于是我便决定在中国度过我的间隔年。其实,我基本没有刻意去学习中文,因为中文实在是太难了,我第一次来中国的时候几乎没学多少,因为我当时觉得这简直是不可能完成的任务。

随着我后面一次次来到中国,我的中文才逐渐好起来。

当我快要离开中国的时候,我去南京拜访了我们协会在南京的第一个和平志愿者,当时他服务于拉贝故居。由此我了解了拉贝故居,也对南京有了一些印象。南京是个美丽的城市,而且更是一个有着深厚历史和政治意义的城市。当然,我也了解南京大屠杀的历史,参观了侵华日军南京大屠杀遇难同胞纪念馆。总的来说,我个人对南京当地人有着非常好的印象。举个例子,某一天我正坐在一条长椅上学习中文,就有一个人走过来,他很感兴趣我为什么会学习中文,我们聊得很投机,一起度过了一个愉快的夜晚。这是我对南京的一些美好回忆。

在奥地利对外服务协会的工作

我负责的是志愿者站点的沟通与交流,也就是负责国际对话。当我们了解到一个我们认为值得去支持的组织或地点,并有建立联系的意愿时,我会负责与他们进行对话,以便在未来为他们派遣志愿者。我们有一个协会之间的全球性沟通网络,我们的合作伙伴分布在 45 个国家,我就是负责维护我们与合作伙伴之间的关系。我们之间经常有一些合作的活动,例如我们会和对方说,我们为你们派遣一些志愿者过去,而你们可以为我们提供一些培训和教育性质的研讨会。我们上个月就开展了由约翰内斯堡大屠杀与种族灭绝中心(Johannesburg Holocaust & Genocide Centre)举办的研讨会,两周后我们还会开展欧盟为犹太学生举办的研讨会。此外还有很多其他的活动。年轻人能了解和学习到这些志愿者站点的工作是一件好事。

除了这些相关的对话工作,我的另一项工作是负责组织和领导一些诸如研讨会和访学项目的活动。今年七月末我们就会前往波兰,进行一个以大屠杀为主题的访学项目,为期八天。一周后我们还有一个在以色列举办的为期五天的研讨会,这是我和协会领导安德烈亚斯·迈斯林格

（Andreas Maislinger）共同负责的项目。以上就是我主要的工作。

侵华日军南京大屠杀遇难同胞纪念馆

我去侵华日军南京大屠杀遇难者同胞纪念馆的时候中文不好，也没有导游，但是我清楚地记得，我当时看到了很多骸骨的照片，还有头骨，上面有刺刀留下的痕迹。了解到这些屠杀的证据，我既震惊又感到非常悲伤。

我认为，这样的纪念馆对于人们提出诸如"为什么我们要纪念""我们的目的是什么"的问题，有着重要的作用，也与宣扬和平思想有着很密切的关联。通过类似的方式来铭记历史，应该遵循这样的理念：一方面追求和平、改善关系，另一方面也需要呈现史实，纪念馆应该为历史事实服务，这也就意味着要将历史事件真实地展示在人们眼前，包括那些不经过夸张的呈现手法加工本就已经很令人震惊的史实。我想，只有当我们的纪念馆是以史实为基础的时候，这一切才会有足够的说服力。只有当我们专业地展示这些史实的时候，人们才能够理解和接受，才会深刻地认识到，"这件事正是如他们所述的那样发生的"。

此外，如果从入侵者的角度来看，（真实的陈述）也令史实更有被承认的机会，我认为这也是纪念馆作用的一部分。如果在跟日本人的交流中，能让这种呈现更加真实、专业、容易理解，那么也许能够增加这些事件被日方承认的可能性，更有可能促使他们道歉。虽然遗憾的是目前为止他们都没有这样做，但是这样的纪念确实能起到促进和平的作用。

追忆拉贝

人们可以通过多种途径来了解历史，比如书籍、电影或是歌剧。我了解到南京大屠杀事件和约翰·拉贝的事迹，是在奥地利对外服务协会。

我在前往以色列进行一项志愿服务前,曾在该协会接受了一年半的培训,这个过程中,我认识了一些去过中国的志愿者,通过与他们的交谈,我知道了拉贝和南京大屠杀,随后我也去了解了更多的相关信息。歌剧《拉贝日记》是江苏省演艺集团于 2019 年 7 月在维也纳罗纳赫剧院上演的,我没有看过,但知道这部歌剧在奥地利有很好的反响,想来是因为约翰·拉贝的故事非常打动人心。这部歌剧具象化了一种不朽的意义。

对我来说,约翰·拉贝当然是一个伟大的英雄。首先,他毫不妥协地在政治上极度困难的情况下保全了他的人性。他的特别之处在于,他与别人的交往并没有被政治因素左右。对他来说,最重要的一直是人与人之间的交流本身。1937 年 12 月,德国和中国还没有正式成为敌对国家,但自从阿道夫·希特勒掌握政权以后,德国与中国的关系急剧恶化,与日本的关系则变好了很多。但约翰·拉贝没有让自己和中国人的交往受到影响。我觉得,这也是他给后人上的重要一课,即不要当政治的吉祥物,而要将人与人之间的关系放在首位,保持自己的独立思考,即便这可能不完全与政治现状步调一致。另一个称拉贝为英雄的原因是,他尽了他的最大能力去援救难民。他利用纳粹的旗帜来保护人民,展示出了非凡的勇气;他曾经有机会离开南京、离开中国,但他还是决定留下来,冒着生命危险,去援助那里的人。他遵循的是与一般人不同的一套逻辑。在这套逻辑里,最重要的不再是自己个人幸免于难,而是关于伦理、关于人际关系。对我来说,约翰·拉贝将这个逻辑具象化了——这并不简单,所以我觉得他是个英雄。

拉贝的人生故事,并不仅仅是德国和中国人民之间的一座桥梁,更是全世界人民都可以从中学习的一课。纪念拉贝很重要,这种回忆和纪念不仅对于中德友谊有很大的贡献,更对和平有重要意义。

拉贝故居项目

我们的机构有一个愿景，就是能够纪念这些打动人心的模范性的人物，有时我们会与相关单位合作进行这些纪念工作。比如史怀哲（Albert Schweitzer，德国学者、人道主义者、诺贝尔和平奖获得者），他曾经建立了一所医院，至今仍在运行，也是根据他的遗愿，我们向医院派送驻外志愿者支持他们的工作。又例如，我们在奥斯卡·辛德勒的工厂附近的克拉科夫也有志愿者，他对我们来说也是非常重要的人物。协会还纪念许多这样的人物，比如特蕾莎修女等，约翰·拉贝也是他们中的一位。我们协会初步了解拉贝事迹的时候，拉贝故居还不是一个志愿服务站点，但是我们已经在讨论筹备前往中国的志愿者事宜了。

当时的第一批志愿者是 2008 年前往南京的。向拉贝故居派送志愿者，也是这一大框架下的一种形式。拉贝故居的志愿者们需要研究约翰·拉贝，收集有关他和安全区的史料，他们要完成很多翻译工作和宣传工作，尤其是将这些资料翻译成英语和德语，从而提升拉贝故居和拉贝的事迹在世界上的知名度，这是他们作为和平推动者的主要工作。

在志愿者动身之前，他们有相当长的一段时间需要参加协会组织的研讨会以及每周和每月的例会。行前准备中很重要的一项是后继的志愿者会与有经验的志愿者进行交流，在拉贝故居工作的志愿者，每周都会和协会中的其他人分享他们的工作经验，分享关于约翰·拉贝的事迹，我们有时还会组织以拉贝为主题的线上会议。志愿服务结束后的工作，包括线下的研讨会和线上的会议。在会议上，回国的志愿者可以和后继的志愿者见面，分享他们的经验；在我们的要求下，一部分志愿者也会到中小学去，分享他们在异国的体验。

我们的工作致力于民族之间的理解和推动和平，而中国是非常重要的国家，也是一个与我们有大量合作的国家。中国拥有世界上五分之一的人口，有着极其重要的政治地位，所以与中国的和平关系是非常重要的。我们在全球有超过 100 个派遣志愿者的站点，与拉贝故居合作的项目无论从其重要性和意义，还是故居的存在本身，都令我印象深刻。我非常高兴能去纪念这样一个人物，让他为人所知，我们很珍惜与拉贝故居的合作，也希望这个关系继续保持下去。

在纪念中推动世界和平

我想分享一张图片，它给我留下了非常深刻的印象，是 1970 年德国总理维利·勃兰特（Willy Brandt）在华沙的一座纪念碑前下跪的照片。他在碑前献上花圈，然后鞠躬、下跪。德国总理在纳粹德国受害者的纪念碑前下跪是一个极为重要的信号，也是一个郑重的道歉。我认为这就是纪念的很大一部分目的，即去展现这些事件的存在，令史实得到承认。

我认为我们应该去学习这些人类文明中的榜样，去了解约翰·拉贝这样的人物和他的传记，去接近像史怀哲、辛德勒这样的人，在生活中感知这些不同的故事。这些优秀的人遵循着不同寻常的、更好的行事逻辑。为了和平，我们必须去学习这种逻辑，他们的人生经历展现出：人们可以以另一种方式去生活，而不是以一种以血还血、以牙还牙的方式，不是以一种简单粗暴、会导致战争的方式。去学习这些经验以及参加外国的志愿者项目，以此加深彼此间的交流，分享自己的经验，是我认为一个个体可以为世界和平做的很有价值的贡献之一。

五、对话奥地利对外服务协会
米夏埃尔·普罗哈兹卡

采访对象：米夏埃尔·普罗哈兹卡（Michael Prochazka）

采访时间：2021 年 6 月 30 日

采访方式：线上 Zoom 会议

采访人：章文馨

采访整理：章文馨

采访对象简介：米夏埃尔·普罗哈兹卡，奥地利社会和经济学者，奥地利对外服务协会副会长。

留学中国

我的大学学习时长超过了 10 年。大概在 14 至 16 岁之间，我就学习了很多语言，之后开始学习经济学，这对我来说太无聊了，于是又开始学习人类学和政治学，特别是发展援助政策。大学期间我曾在巴黎留学，也曾在中国江西财经大学读过研究生。我的大学学习远超出原先的计划，因此也学习了更多专业的知识。

我在中国留学时是 20 世纪 90 年代，那是 1997 到 1998 年间，一切和现在的中国都很不一样。当时，我是江西财经大学唯一的外国学生，因为要和很多老师、教授沟通，所以也十分忙碌。虽然我为此花费了不少时间，不过这些一度令我很兴奋。当然，我也想多了解一些中国，因此很想在周末到处逛逛，但是教授不允许我独自出去旅游。尽管如此，我还是坐着火车去了庐山、龙虎山等地游玩,这很让人激动,因为通过这种方式我能够更好地认识和了解中国。这些就是我早年间在中国留学的经历。

奥地利对外服务协会与中国的合作

我是奥地利对外服务协会的理事,也是安德烈亚斯·迈斯林格 (Andreas Maislinger)先生的副手。在协会中,为了一直保持沟通,我们有定期的理事会议。在会上,大家会一起商讨各种事项并将它们修改完善。这种理事们在一起共同讨论的形式也能给予协会的管理者和安德烈亚斯一些好的点子。我很愿意为协会做出贡献,也会继续长期在协会工作,管理好我们的国外团队。

我们协会在海外设立了很多志愿点,那里有很多奥地利志愿者,我也会经常去各个志愿点,最近一次我去了新西兰的惠灵顿。我觉得在这些地方和我们的合作伙伴以及志愿者们一起交流合作是很愉快的。

说起与中国的合作,实际上在二十世纪九十年代末,我们就在齐齐哈尔建立了一个特殊的社会志愿服务站,也向那里送去了志愿者,并与那里的大学有着联系。我在江西上大学的时候曾去过上海并参观了上海犹太研究中心和当时的犹太教堂,之后便有了在上海派驻一个纪念志愿服务站的想法。真正实施这个计划却是好几年之后,2006 年我们前往上海并拜访了上海犹太研究中心,从那以后我们定期会向上海纪念志愿服务站送去志愿者。二战期间也有许多欧洲难民在上海找到了容身之所。值得一提的是,我们还获得了一份在上海的奥地利难民名单。我们的年轻志愿者们可以在上海的服务站学到很多。

之后,协会在南京建立了第三个志愿服务站,大家都很高兴。很可惜现在由于疫情我们暂时无法派去志愿者,但只要疫情结束,我们就有大批志愿者愿意到中国工作。我们将来可能还会继续扩大规模。当然,对我们来说,最重要的还是能让更多年轻人投入志愿活动,增加他们对不同民族文化的理解,这对于国际和平建设也很有帮助,我们也将会继续做这样的志愿活动。

南京与拉贝故居

在研究汉学期间,我了解到了南京大屠杀。那时候网络不像现在这么发达,我阅读了很多相关的资料和作品,之后也观看了关于南京大屠杀的电影,由此我对于南京大屠杀的史实了解得更多了一些。

2006年的时候,我曾去过南京。一方面,我对南京在历史中曾遭受过的苦难感到很悲伤,另一方面,我也对这座城市如何规避历史重演的做法很感兴趣。侵华日军南京大屠杀遇难同胞纪念馆令我印象深刻。如果有机会的话,我很想再去一次南京,亲眼看一看南京现在的发展,毕竟已经过去许多年了。

大概是九十年代末,我阅读了《拉贝日记》。《拉贝日记》无疑是一本很重要的书,也是人们研究这段历史所能利用的重要资料。它不仅仅是《拉贝日记》电影的创作基础,也是传播正确历史的重要证据。不得不说,当时南京所遭遇的是令人十分悲哀的,书中记载的很多暴行甚至让人不忍心再读下去。拉贝的行为是一种榜样,尤其对于年轻人来说是个榜样。拉贝使用了当时所有可能的途径帮助遭受苦难的中国人,这真的很不容易,他甚至不惜令自己深陷危险之中。他的确拯救了很多中国人,然而仍有数不清的中国人受到了屠杀,这是无法辩驳的历史事实,那真是一段令人悲伤的历史。

我们这里有很多汉学家对中国很感兴趣,也很想去中国,所以我们就想在中国发展和平志愿服务的合作项目。正好,南京的拉贝故居提供了这样一个机会,我们便开展了与拉贝故居的合作。我们很希望年轻人们能够投入其中,去了解他国的历史,如果能在一个这样的年纪建立起和不同文化的联系,那是非常好的。另外,约翰·拉贝对于我们来说也是一个好榜样。合作项目肯定会一直继续下去的,因为志愿者们都热情高涨,比起二三十年前,有更多的年轻人想要学习汉语、了解中国。由于疫情,我们现在没法前往中国,但只要有机会,我们一定会立刻向南京派去志愿者的。我相信这种合作关系能够长长久久。

"成功协会"奖学金计划

我们(普罗哈兹卡先生及其夫人杨虹女士)在中国生活的时候了解到有很多没有能力上学的孩子,在我们现在生活的地方也有。我们想要为这些孩子们提供可以接受好的教育的可能性,于是投入了一部分的积蓄,设立了"成功协会"项目。通过这个计划,我们希望能够帮助一些身边的孩子完成他们的学业。我们很乐意做这个项目,一是能够力所能及地帮助一些孩子,二是我们也通过和他们的联系,得以对社会有更多观察和认识。这也不是什么很大型的项目,但是每年能够帮助 5 到 10 个孩子,这让我们感到欣慰。

从个人层面和工作层面来说,我的确都致力于和平发展。对我来说很重要的是能为年轻人提供了解他国文化的机会,通过让他们到别的国家交流活动、结交外国朋友来促进和平的发展。我觉得人们真正了解一个国家之后,就不会想对其发动战争,因为有对这个国家民族和文化的理解和认识的基础在。我觉得很好的一个例子就是欧盟,欧盟的成立有效促进了欧洲各国的交流合作,更加稳定了欧洲的局面,避免了冲突的再次爆发。

六、对话奥地利青年志愿者吴家齐、
　　 赵家堃、莱纳斯

采访对象：吴家齐（Thomas Plesser），赵家堃（Tim Urban），莱纳斯（Linus Mayerhofer）

采访时间：2021 年 6 月 16 日（莱纳斯），2021 年 6 月 23 日（吴家齐），2021 年 7 月 7 日（赵家堃）

采访方式：线上 Zoom 会议

采访人：刘哲航、李羽丰、文华艳、杨睿颖

采访整理：李羽丰

采访对象简介：受奥地利对外服务协会委派，吴家齐于 2008 年，赵家堃于 2010 年，莱纳斯于 2019 年来到中国，在南京大学拉贝与国际安全区纪念馆担任国际志愿者。

成为国际志愿者

吴家齐：我 15 岁上高中那年，参加了一个交换生项目，在河南郑州的一所中学读了高一，那是我第一次来到中国。在郑州我学习了中文，认识了许多中国朋友，度过了一段非常愉快的时光。当时我就决定，之后一定会再来中国。感谢奥地利对外服务协会的帮助。我顺利地从汉语专业毕业，那时我第一次听说了约翰·拉贝中心志愿者项目。我知道南京这座城市,也非常期待去南京,因为我曾在郑州上学时了解过南京大屠杀这段历史。当约翰·拉贝故居建成,需要第一批志愿者时,我就报名了。我的家人非常支持我的决定。

赵家堃:我的母亲是中国人,我自然也算是半个中国人。我的外祖母60年前曾在南京生活,在南京大学念书。出于这些原因,我来到南京,成为一名志愿者。在我担任志愿者的这半年里,我的主要工作是将文献从德语翻译为英语。此外在纪念拉贝逝世六十周年时,我在上海参与组织纪念活动,并筹办了关于和平谅解的讨论。

莱纳斯:在来中国之前,我并不了解南京大屠杀这段历史,而这正是我想来南京的原因之一,我能够感觉到自己与这段历史紧密相连。我对中国的最初印象,来自中国与奥地利之间的交往,以及身边曾到访中国的人们的讲述。我发现自己原来对中国有很多误解,我希望可以打破自己这些偏见。来到中国后我发现,看待事物的方式还存在着一种"中国视角",而这是我在奥地利时无法想象的。因此,我来中国的另一原因,便是想纠正自己的认知偏差,并将我的经历告诉身边的人。我在志愿工作准备过程中,第一次阅读了《拉贝日记》。当我在南京时,我得到了原版日记的链接,并见到了原版日记的初代印刷本,这让我非常激动。

南京印象

吴家齐:南京作为中国历史上众多朝代的首都,传统文化与现代文明在这里得到了完美的结合。南京既有丰富的历史底蕴,也有玄武湖、紫金山这样的自然风光。我在南京体验到了无穷的乐趣。2008年我第一次来到南京,之后两年内又来过6次,我能感受到,南京没有丢失历史底蕴,同时在飞速地向前发展。在南京约翰·拉贝故居工作的一年多时间里,我和同事之间相处十分融洽,结交了非常多的朋友,至今都还保持着联系。如今我每次重返南京时,都会再去拜访他们。南京在维护和平方面也颇有建树,例如拉贝故居等一些致力于和平与国际理解的项目。我认为南京这座城市在促进和平的道路上发挥了重要的作用。日本对中国的侵略造成了很严重的后果,而在与日本的关系重建上,南京致力于促进中日友好。这一点让我感受到南京这座城市对世界和平所做出的贡献。

赵家堃:现在的南京与十年前的南京完全不一样了。南京人开放友好,非常棒。南京另外一个让我中意的方面就是,在南京有很多德国餐厅和德国面包房,我可以买到很棒的德国食物,这让我非常高兴。在拉贝故居做志愿者期间,我可以和来自世界各地的年轻人在一起工作,这体现了拉贝故居对年轻人的重要意义。

莱纳斯:一开始我对南京的印象还停留在一些老照片里,比如多年前的中山路,以及学校周边的风貌。而当我参与沿着曾经的"南京安全区"行走的"和平八公里"活动时,我发现,南京已经发生了翻天覆地的变化,令人不可思议。我惊讶于南京的城市发展速度。南京是一个还保留有很多历史建筑的绿色城市,但在学校里,一切又是崭新的、与时俱进的。南京人民都十分友善,非常欢迎外国友人。作为一名外国人,我在南京的经历都很愉快,我很快就被这座城市接纳了。作为拉贝故居的志愿者,我也从参观者那里获得了很多积极的反馈,我很高兴自己曾在南京生活过一段时间。南京是国际和平城市,向全世界展现了和平城市的理念。在国际方面,拉贝故居与许多领域的机构组织都保持合作交流,而这正体现了南京与和平的世界联结。

评价拉贝与《拉贝日记》

吴家齐:当时在我的学校历史课本当中,并没有拉贝的名字,也没有他在南京大屠杀期间为中国、为南京所做的一切。对我来说,这段历史是陌生的概念。但无论如何,在我看来拉贝毫无疑问是一名英雄,他的故事让我十分感动。在危难时刻,他不顾自己的安危,冒着生命危险拯救一座被战火包围的城市——一个外国人能够做出此举,在我看来是非常伟大的。拉贝和他的日记对记录南京大屠杀的历史有非常重要的意义。如果没有《拉贝日记》,如今很多人就会很难充分了解那段过去。《拉贝日记》中对史实的记录,推动了南京大屠杀历史的研究,是探寻历史的珍贵资料。

赵家堃:在《拉贝日记》中,我们既能看到拉贝的善举,也能看到南京大屠杀的可怕。在阅读过程中,我们仿佛也走进了拉贝的内心,了解到他在糟糕的境遇中带着一群人所做出的努力。成百上千的人因他们的努力而幸存。《拉贝日记》是一部中立的证言,从这一点出发,这部书与安妮·弗兰克写出的《安妮日记》是一样的。这部日记能让我们看到人类在历史中的错误、日本侵略中国的暴行以及中国人民的苦难,这对于我们现在以及未来的和平有重要意义。不过我们也遗憾地看到,在战后拉贝被德国遗忘了一段时间。而这部日记却记录了拉贝的善举,能让更多的年轻人认识他。

莱纳斯:拉贝先生在他的日记中,没有过于强烈地进行感情渲染,而是记述客观的事实,因此《拉贝日记》是现在研究南京大屠杀历史的重要史料。今天,《拉贝日记》的意义愈发重要。阅读这本书,我们必须先酝酿合适的心情,因为书中记录的历史是非常沉重的。《拉贝日记》可以引起对现实的反思,无论是经历过战争的父辈们,还是现在身处和平年代的年轻人,在读完《拉贝日记》抑或到访拉贝故居之后,脑海里都呈现出有关那段历史的清晰画面——我想,这就是这本书的重要意义所在。在我看来,评价拉贝先生是否是一名英雄,是一个复杂的问题;但对于很多人来说,拉贝先生就是一名英雄。而我认为,也应该注意到当时更多其他为挽救生命而奋斗的中国人和外国人。拉贝作为安全区国际委员会的主席,只是这些人当中一位突出的代表。在战乱年代,拉贝的行为是每个人都应该做的。在参加"和平八公里"活动时,我了解到南京安全区的建立是很多人共同合作实现的,是团队的力量,我们不应该忽视集体的作用。

消弭隔阂，呼吁和平

吴家齐：我曾参加过一个有关南京大屠杀幸存者的口述史项目。当时我与南京大学的一名教授会定期到南京大屠杀幸存者的家中拜访，并进行采访。我主要负责一些技术工作，拍摄了采访过程。那是非常令人兴奋的经历，我愿称其为我在拉贝故居工作期间的"高光时刻"。令我印象深刻的是，那些幸存者经历这么多年，仍能清楚地记得当时发生的事情，可见当时的场景是多么令人害怕。这是生长在和平年代的年轻人无法想象的。我在志愿者工作期间，与来自各个国家的中学生和大学生有过交流。我的感触是，人们对于历史的接受程度受到国籍和受教育程度的影响。但无论如何，进行交流的意义在于，来自世界各地的人们的目光聚焦在了同一个历史事件上。我们探讨和平与战争，也探讨年轻一代对于拉贝的认知。每个人都有自己的看法，在这个过程中引发了思想的碰撞，我们和而不同，求同存异。我认为，年轻人应该把关心历史作为一件重要的事情来看待。如今，我们能够通过互联网或者新闻报道，获得比以往都多的信息。这是维护和平的重要机会，我们要把和平的精神一代代传递下去。如果人们不再关心历史，尤其是当年轻一代不再关心历史，那么我们可能陷入历史的循环，导致战争重演。因此我们必须重视历史。

赵家堃：可以看到，即使在今天，仍有法西斯主义崇拜大行其道，尤其是在网络上。年轻人很容易受到这些信息的影响，很容易被鼓动，干出糟糕的事情，我们应当小心这种情况。

莱纳斯：欧洲中心主义的思想，在一些领域确实会带来消极影响。但我也看到，在我们成长生活的地方，对这个主题有着不同的理解。在欧洲，我们一直尝试着去发现世界的"中心"，我们把"重心"放在欧洲，也会放在世界其他地方。我承认，这种世界观在一定程度上拓宽了我的眼界，我对待事物的方式就是欧洲的理解方式，但无论如何，我们都应该相互理解，就像拉贝做的那样。我们也应该像跨文化使者那样，致力于欧洲与中国之间的文化交流。在从事志愿工作期间，我有机会与来自中国、澳大利亚等国家的同龄人交流。在围绕"安全区"行走八公里时，我与各国青年深入交流，发现尽管大家有着不同的文化背景和国别，但对于和平都秉持着相似的观点、期许、关注和忧虑。

第六章

友谊长存

❀ 对话南京市外事办公室刘铮
❀ 对话南京大学国际合作与交流处纪达夫
❀ 对话拉贝与国际安全区纪念馆杨善友
❀ 对话南京大学校友总会赵国方

一、对话南京市外事办公室刘铮

采访对象：刘铮

采访时间：2021 年 7 月 12 日

采访地点：江苏南京高科中心 B 座咖啡厅

采访人：郁嫣、沐子杰

采访整理：郁嫣

采访对象简介：刘铮，南京大学德语系 2005 届毕业生，现任南京市人民政府外事办公室友协工作处处长，长期从事南京对德国交流工作，曾负责柏林拉贝纪念墓园的重修事务。

缘　起

我是最早收到拉贝后人邮件的人，他们表达了重修墓地的愿望。后来，我在重修拉贝纪念墓园项目中主要负责协调与联系施工方、设计方、柏林市政府等工作，相当于项目经理的作用，参与了整个过程。拉贝墓地重修意义重大，且牵涉面较广，我们经过多方面考虑决定重修墓地，抱着审慎细致的态度完成了该项目。于我个人而言，拉贝墓地重修是一件很有意义的事情。

墓碑含义

拉贝先生的新墓主要由两个部分组成,新碑基座嵌有南京特产的雨花石;多彩的雨花石象征着南京人民对拉贝先生的怀念与感恩。碑身选取了中国石雕之乡河北曲阳的花岗岩,并以黑白两色组成"N"造型,"N"表示着南京这座与《拉贝日记》有特殊关系的城市,黑白两色代表战争与和平、黑暗与光明。黑白交界处镶嵌吴为山雕刻的青铜浮雕拉贝像,代表拉贝先生的伟大身影和高远的目光凝聚在历史的长河中。我不是设计者,因此我也没有办法非常准确地表达其中的精神和内涵。但是根据设计人吴为山的介绍,碑身的黑白两色不仅蕴含着太极阴阳的意韵,也象征着二十世纪三四十年代特殊的历史背景:上是光明,下是黑暗,而拉贝先生处于中间。

重修墓地

由于我们不太清楚墓地管理流程,因此在重修的具体工作中遇到了一些制度上的困难,关于后期拉贝墓地的经费维护问题也遇到了一些小挫折。由于柏林市政府财政紧张,无法长期支付墓地租金,因此未批准墓地维护的经费预算。南京市不仅出资完成了墓碑重修工作,还一次性交纳了墓地四十年的租金。我们经过不断协商和沟通,最终解决了阻碍和困难。2018 年,柏林市致函南京市,称约翰·拉贝墓地被列为柏林市历史名人墓地。这是德国官方对于拉贝先生人道主义行为的肯定。拉贝先生在南京做出的贡献和事迹应该被广泛了解、认可和传播,中国应多方面宣传拉贝的人道主义精神。

附：《南京外事志》关于重修拉贝墓地节选

约翰·拉贝 1950 年 1 月在德国柏林去世，葬于柏林西郊威廉皇帝纪念教堂墓园，其墓地租用期于 1985 年到期。拉贝后裔将墓碑捐赠至南京江东门侵华日军南京大屠杀遇难同胞纪念馆收藏。时任中共南京市委书记指示"以感恩情怀修葺好拉贝墓"。

2007 年 8 月 16 日，南京市政府外事办公室回应中国驻德国使馆"我市决定出资支持拉贝墓修缮工作"。2013 年 12 月 11 日，拉贝墓重修落成。南京市副市长胡万进率代表团在上午 10 时举行拉贝墓重修落成仪式。中国驻德国大使史明德、德国外交部东亚处副处长鲁道夫、柏林市夏洛腾区副区长恩格曼、拉贝之孙托马斯·拉贝、西门子公司柏林分公司代表及在德华人华侨代表 30 多人出席。

拉贝墓纪念墓园占地 170 平方米，三角形墓园，铺设小路，种植花草，中间置新建拉贝墓。碑上以中文刻写"感恩——永远铭记拉贝先生的国际人道主义善举！"，落款"中国南京"。

二、对话南京大学国际合作与交流处纪达夫

采访对象：纪达夫

采访时间：2021 年 7 月 6 日

采访地点：江苏南京纪达夫家中

采访人：周正、张焱阳、王润育、张嘉麒

采访整理：王润育、张嘉麒

采访对象简介：纪达夫，曾任南京大学国际合作与交流处处长。在南京大学工作期间先后借调到教育部、外交部工作，并被派到驻德国、奥地利使领馆工作多年。2003—2005 年担任南京大学外事办公室（现国际处）副主任期间，参与拉贝故居修缮工作。

《拉贝日记》与其同名歌剧

《拉贝日记》这本书，当时是在时间非常紧迫的情况下，由南大德语系组织翻译的。当时我身处国外，所以没有参与翻译。但我仍然非常关注翻译事宜，毕竟这是一件中德两国都非常重视的大事。事实上，这本书在国际上也引起了不小的反响。出于国家对这本书的重视，大家努力地在很短时间内就完成了这本书的翻译出版工作。

对于歌剧《拉贝日记》，非常巧合的是，我正好在德国汉堡——拉贝的出生地——接触到歌剧的演出。2019 年，演出方邀请我们总领馆工作人员去看他们剧团的演出。那是一座闻名世界的高档剧场，坐落在汉堡最

好的位置。现场坐满了观众,演出效果也非常不错。但是说实话,放在现在对我来讲,这部歌剧的影响不如当时《拉贝日记》出版问世时那样轰动。毕竟歌剧作为《拉贝日记》后续性的作品是做宣传上的辅助工作,从艺术角度对拉贝的故事做了补充和调整,扩大了它的受众面,在宣传上让拉贝的故事更加广为人知。

拉贝保护难民的原因

依我看,这个问题应该是比较复杂的。实际上,拉贝是一名纳粹党员。在中国人心目中,纳粹党人都是比较残暴的人物,而拉贝同时是一个商人,是一位驻华代表。我们不能把这样的人和所谓"刽子手"的形象联系在一起,因为他的职业不是军人。我可以理解他为什么能够站出来,我想,可能有这样的几个原因。第一,他不是军人,他没有像其他德国纳粹党一样残暴杀人的"义务"。第二,当时日本人很清楚,他们不会和这些外国人,特别是来自欧美国家的人对抗。所以,拉贝站出来保护难民,对他个人而言危险性不大。而且,因为南京当时是中国的首都,外国在南京设有不少如使领馆的机构,因此欧美有不少人在南京。他们当中不少人组织起来,就能建立这样一个日本人不敢轰炸的安全区。拉贝当时的院子里拉起一面大大的纳粹党旗,这就是告诉日本人不能轰炸我的院子。我想,这是第二个原因。第三个呢,就是他个人品质的因素,他是很善良的。拉贝故居里有一份史料非常重要,是拉贝故居收留的六百多名难民的详细名单,上面有每位难民摁的指印,很厚的一本。这就是在位于德国海德堡的拉贝孙子托马斯·拉贝教授家中由他亲手交给我的,然后由我转交给我们学校。那么多难民住进来,六百多人住在约翰·拉贝小粉桥的家里,这种影响是很大的。他该怎么办? 他自己也住在那栋小房子里,周围全是那些难民,你可以想象一下那种环境。但是他勇敢地站出来了——这是有良心的行为。我想,他的心地是善良的,否则他就不会做出这么大的牺牲。毕竟那是一个炮火连天的年代,还是很危险的。

修缮拉贝故居的契机

2003 年 9 月,德国总统约翰内斯·劳要来访南京大学,当时我正好在学校外办工作。2003 年 5 月,德国外交部、德国驻华大使馆、驻上海总领事馆派先遣人员来实地考察,他们都知道约翰·拉贝的故事,表示一定要参观拉贝故居,其日程已经确定。学校让外办负责此事,而我正好是其中学德语的,于是机缘巧合下,这也顺理成章地成了我的事情。总统、总理这样的国家领导人来访,算是两国关系、国际关系中最大的事情了,双方都非常重视,且是必须落实的。

但当时这栋房屋的样子仍旧很破烂。有四五家人被分配到当时位于南大院子里的这栋小楼居住,住户们还不知道这是拉贝故居。当时的小楼境况十分糟糕,不适合总统来参观。我就只好和当时的张荣副校长一起,带着已提前带队到场的德国外交部礼宾司司长,还有德国驻华使领馆工作人员以及中国外交部的人前去查看,并向他们说明拉贝故居不适合总统到访的情况。了解情况后他们也认为小楼不适合总统来访,于是此次约翰内斯·劳先生的访问在学校大礼堂演讲后就离开了。

事后,校方认识到拉贝故居是一笔财富,开始评估其建立纪念馆的价值。它除了是拉贝的故居,也是西门子公司当时在南京的代表处。思来想去,我们认为拉贝故居的重大意义可以上升到国家层面,若将其建成永久纪念馆,它还可以作为爱国主义教育的基地,同时也是中德两国关系的见证,意义非凡。

修缮拉贝故居的过程

到了具体建馆的时候,校方就让我作为代表,同已经和博西家电合并的西门子公司洽谈,有的时候南京市外办也会派一个人来。我们谈了很多设想和方案,谈了好几个回合。最后决定我们南大将故居清空,由西门子公司投资修缮。当时给出了 220 万经费,这在当年是一笔不小的数目。德国人做事非常严谨,资金上每笔钱从预算方案到使用情况他们都要反复核查。资金到位之后拉贝故居就开始进行修缮,修缮完成后就要开始收集将陈列、收藏于该馆的资料。

当时我作为学校外事部门代表,负责的是宏观层面的工作。学校层面负责方案制定,我只需要把资金管到位,穿针引线地做协调性的工作,有时也提出一些要求。具体的修缮任务由学校的后勤部门承担执行,譬如找到施工单位,把项目落实到位。至于纪念馆的资料收集工作,是由我们杨善友老师负责的。

2005 年,我刚到中国驻法兰克福总领馆工作,当时拉贝的孙子托马斯·拉贝经常要到中国来,在法兰克福总领馆给他办签证的就是我们。海德堡离我那边只有 83 公里,正好在我的辖区之内。为了筹建拉贝纪念馆,学校派了三个人到海德堡、汉堡、柏林走访考察,我就开车带着他们收集资料。他们用摄像机拍摄影像和照片,当时没有电子芯片,他们是用胶卷拍摄的。我们到德国前任驻华大使维克特家吃饭,现在的拉贝故居里还存有一张照片,是我和维克特大使的合影。

建立纪念馆主要的工作就在于故居修缮。作为文物性的建筑,修缮时应当遵守修旧如旧的原则,恢复外观原貌的复旧工作倒是比较容易完成,故居的砖是灰色的,甚至不需要复旧就已经是当时的颜色。但是当时的小楼全是破坏痕迹,也特别脏,将它修建成今天的样子算是一个大工程了。校领导对这项工作很重视,省里,甚至国家层面对此都很重视,大家都花了很大的工夫。由于小楼的住家原本是一家人（拉贝一家居住），后来变成几家人（南大教工合住），房子中间有的地方就被分隔开来。修缮时需要把它们全部恢复原样，有些地方需作修改，就这样完善起来。现在那栋小楼应该是恢复（原结构）了，而你们看到的围墙、纪念碑和雕像，都是后来加上去的。那尊雕像应该是吴为山雕刻。至于院子里的树，够年代的话可能还是原来的。

修缮故居的事后来也出现了一些插曲。要知道，当时拉贝故居和南大校园之间是没有围墙的，现在才有。所以说，它的面积说大能大、说小能小，它和南大之间本来是没有界的。

故居展览与藏品印象

作为一家纪念馆，最重要的就是真实性。史料的收集展陈，文物也好，名单也好，一定要具体而严谨。只有确保了真实性，它才有价值，才能呈现出历史的真貌。我们曾到已经九十二岁高龄的（原）德国驻华大使魏克特家中进行采访，老先生把当时的故事讲给我们听，给我留下了很深的印象。我们还去了拉贝的孙子托马斯·拉贝——那位海德堡大学医学教授的家里。他把祖父的东西拿给我们看，那可是原件的文物。当时前去的我们南大一行人，就只能把这些信件、资料都拍下来，拿到复印件。我们把这些珍贵的资料从德国收集回来，陈列于拉贝故居。重要的是，托马斯·拉贝有这些史料的原件实物，人在物在，这就粉碎了说我们捏造历史、伪造史料的谎言。我印象最深的就是这些，其真实性和可信度毋庸置疑。

如果你作为游客参观拉贝故居，我建议要去看看那些资料，尤其是我从德国带回来的那份六百多难民按指印的名单。游客们可能意识不到资料和文献的重要性。

历史长念，和平永望

这个话题说起来很大。日本人进行南京大屠杀是很残暴的，残忍程度让人无法用言语形容。中国人之所以对侵华日军恨之入骨，就是因为很多人家的祖上都是被日军残忍杀害的。这样的国仇家仇罄竹难书。

虽然知道南京大屠杀的德国人非常少，但是，德国对于自己在二战中所犯罪行的反省还是非常多的。德国电视台每周都会播放反纳粹的电影，德国总理勃兰特在波兰的那一跪，也让我觉得他们的反省比较彻底。但是日本不仅没有任何表示，而且每年参拜靖国神社，甚至认为自己是战争的受害者。这让我们中国和其他被日军侵略过的这些国家的人，感到非常不适。日本的经济发展得很好，但它对曾犯下的滔天罪行居然是这种态度，这是愚蠢的。

但是我也觉得要向前看，良好的中日关系对彼此都有好处。南京是一座和平城市。照人们通常的理解，被屠杀三十万人民的城市，应当是充满仇恨的，但是，中国人比较理性、仁厚、善良。这样的品质，具体到南京这座城市上，就体现为侵华日军南京大屠杀遇难同胞纪念馆里铭刻的300 000的数字，警钟长鸣，就是要提醒大家要以史为鉴、防止悲剧的重演，而不只是以仇恨来概括这段历史。

说回我们拉贝故居，它从当初安全区中的一座建筑，到现在我们在小粉桥建立的和平纪念馆，它的和平之光也覆盖了整个南京市，乃至江苏省、全中国。

和平是全人类的愿望，中国人民是热爱和平的，我们不喜欢穷兵黩武。我希望我们的国家能够永远和平下去。建城已两千多年的南京有着深厚的文化底蕴，历史精华和传统美德都在南京体现出来。在未来的发展中，我认为南京肯定扮演着热爱和平、保卫和平的角色，这种气质是南京很重要的标志。对于青年人，我想，首先要有宽阔的胸襟，胸怀世界，拥有正确的历史观和大局观。中华文化最大的特点就是包容。心存大爱，能减少仇恨，看到世界的参差，能取长补短。中国的思维方式，是建立"人类命运共同体"，内心善良，共同进步。其次，要更加努力，把我们国家的科学成就、优秀的传统文化传播出去、发扬光大。再次，要实事求是，脚踏实地。我对中国的未来充满信心。

三、对话拉贝与国际安全区纪念馆杨善友

采访对象：杨善友

采访时间：2022 年 8 月 9 日

采访地点：拉贝与国际安全区纪念馆

采访人：雷乾昊、高天琛、冯宇瑄

采访整理：林思彤

采访对象简介：杨善友，毕业于南京大学哲学系，拉贝与国际安全区研究专家，南京大学拉贝与国际安全区纪念馆主任。

结缘拉贝

我和拉贝其人以及这段历史的缘分，从我到南京大学读研究生就开始了。我大学本科学的是英语，我当了 15 年老师之后，2002 年辞职来到南大哲学系读研究生，这时我已经 36 岁了。2005 年毕业后，我留校到校史档案馆工作。很巧的是，在我留校之后，拉贝纪念馆的建设也开始了。

大概是在 2003 年，博西家电的盖尔克总裁和他的助手肖瑛从拉贝的房子路过。盖尔克总裁跟肖瑛说，这栋楼感觉像是拉贝的房子。他便通过南京市外办、南大外办来追踪这栋建筑的来龙去脉。同一年，德国总统约翰内斯·劳到南大访问时发现了这位德国的正面人物，他希望能推动企业做一些事情，比如把拉贝的故居建设成拉贝纪念馆，并对外开放。我认为，这揭开了拉贝纪念馆工程的序幕。很快，约翰·拉贝的老东家西门

子公司、博世—西门子家用电器公司,还有德国驻上海总领事馆,就开始和南京大学等单位筹划。到了2005年我毕业时,我们档案馆承担的工作主要是做展板,呈现历史的面貌。

在这之前,我没有这样从细节上接触过南京大屠杀,所以,从心理上来说,面对这样惨痛的历史,我是难以接受的。但是在挖掘拉贝故事的过程中,黄慧英老师所著的《拉贝传》改变了我原先的想法。从拉贝的角度切入南京大屠杀的历史,让我看到了战争不仅仅有屠杀的阴暗面,还有救援的另一面。大多数人会聚焦于黑暗、罪恶的这一面,实际上,很少有人去挖掘以拉贝为代表的、具有人性光辉的一面。我读历史、做展板,更深入地了解这段历史,直到今天,我都觉得很幸运。

史料挖掘

在挖掘历史时如何用更细致、更全面的视角去呈现历史人物,哲学系的培养给了我很多启发。在对拉贝的研究中,比较困难的问题在于缺少一份全面的拉贝编年史。比如,拉贝所在北京西门子公司办事处的位置,我们和北京联合大学梁怡老师做了很多工作,却始终没有发现它在哪里,我们仍在推进这项工作。

我们中文版的《拉贝日记》,是拉贝在南京的日记,这是记录得最完整的。拉贝在南京的日记是从1937年9月19号开始,直到1938年2月26号抵达上海结束。实际上,拉贝还写了很多日记。他在来到南京的第二年开始写《我在西门子的四分之一世纪》,但这本日记并没有问世。自1945年4月24号开始,他在《柏林日记》中开始记录柏林的生活;但直到1946年6月7号,这一年多的时间,拉贝只记下45天的日记。在这几百天中发生的很多事情,也没留下记录,直到现在,《柏林日记》的中文版还未被展示出来。我觉得,如何去还原历史,是拉贝研究中比较困难的一点,而通过他个人的历史,如何反映出整段历史的来龙去脉,这是我关心的,也是一直在做的事情。

拉贝纪念馆的全名为"拉贝与国际安全区纪念馆",所以我们的馆藏不仅仅关于拉贝,更应该收集安全区所有成员的史料和档案,这也是我们以后的发展目标之一。

难忘的故事

从 2005 年到现在,17 年中,我经历了许多难忘的事。无论是政治人物、学者,还是普通百姓,不同国家、不同民族的人,都来到拉贝纪念馆参观。纪念馆开放以来,我们接待的人数也超过 25 万人次了,有许多难忘的故事。

有一次,有一位记不清从上海还是北京来的德国人。当时疫情正严重,纪念馆还不开放,他就发邮件给我,说想来参观拉贝纪念馆,说他是托马斯·拉贝介绍的,他也叫托马斯。我就在邮件中委婉地回复他说,我们现在已经闭馆了,你又是在外地,进南京都比较困难,等疫情好转一点再来吧。但是托马斯为了参观纪念馆很下功夫,他又发来两张照片给我。他说,他在中国生活了几十年了,跟拉贝一样,他对中国很有感情。他想来参观纪念馆。

我就让他履行学校访客系统的申报后来参观。托马斯当时六十多岁了,很巧的是,那天正好是他八十多岁老母亲的生日。因为在德国疫情也很严重,他有段时间没能回国,就给他妈妈邮寄了一个蛋糕,并和她说了自己来到拉贝纪念馆参观的事。这是什么意思呢? 就是让他妈妈放心,他在中国很安全、很自由,防疫措施也做得很好。这件事给我留下很深的印象,所以后来我们请他把这一段参观经历补充成文字稿,作为参观者留言进行了档案保存。

当然,我们也迎来了很多的中国参观者,尤其是学生。有许多南大的学生,还有一些小学生、中学生,都以拉贝纪念馆志愿者的身份在宣传、推广拉贝的故事。有一次,我为一批来到纪念馆参观的小学生介绍拉贝的事迹。孩子们还要去参观赛珍珠纪念馆,而这两个馆正好都是我在做具体工作。我向孩子们讲道,参观这两个纪念馆,你们能感受到南京大学深厚的历史底蕴和广泛的文化影响。赛珍珠在这里写下了《大地》,获得了诺贝尔文学奖,如今赛珍珠纪念馆也被列为世界文学之都地标。赛珍珠从文学的角度描写历史,而拉贝则通过不同的体裁,通过《拉贝日记》反映历史。现在,拉贝故居也已经是国家重点文保单位。

纪念馆与国际志愿者

国际志愿者,特别是奥地利志愿者,是我们纪念馆的一支隐形的队伍。南京大学与奥地利对外服务协会签订合同,自 2008 年起,纪念馆接收奥地利青年志愿者,他们能以此代替服兵役。这些孩子们来到纪念馆进行半年或是一年的志愿服务后,发生了很大的变化。

首先,志愿者们到拉贝纪念馆之后会很有自豪感。奥地利志愿者在中国有两个服务点,一个是拉贝纪念馆,另一个是上海犹太研究所。跟上海犹太研究所相比,我们这儿有办公室,有单独的办公桌,为他们提供了很好的条件、很大的平台去展示,他们会感到很自豪。

来志愿服务后的第二个明显变化是他们的中文。这不仅仅是中文语言水平的提高,更在于他们对中国文化理解的加深。第一位奥地利志愿者吴家齐来到拉贝纪念馆工作一年后,学习了中文,还参加了湖南卫视举办的《汉语桥》节目并获得了冠军。一个外国人为提升汉语表达能力参加汉语比赛,这是不容易的。对于中国文化中一些只可意会、不可言传的表达,比如肢体语言,他都熟练掌握。实际上这得益于他在拉贝纪念馆的经历。外国孩子学习汉语,可能只能通过孔子学院。但是到这儿的孩子们,可以通过接待游客、参加各种活动去接触中国人,特别是与年轻人做朋友。有很多孩子去新街口吃火锅,去五台山游泳、休息,他们在南京生活,深入到许多想象不到的方方面面。有时候，他们或许比我们南京的孩子接触得还深，这就是他们的收获。

此外，拉贝纪念馆为他们了解南京、了解中国，提供了一条无可代替的渠道。现在我们的办公桌上还插有一面中国国旗，这国旗便是他们自己在街上买回来插在这里的。不仅如此，他们还买了《毛主席语录》，认为这是经典，有很多可以学习的知识。通过在拉贝纪念馆的服务，通过对中国人的了解，他们对于南京这座城市、对于中国产生了热爱，这是我们想不到的成果。

除了学习知识、感受文化，他们也通过交流传播拉贝的故事。国际志愿者们能够代表拉贝纪念馆和德国、奥地利、中国的政要交流，奥地利驻中国大使、德国驻中国大使都曾经亲自接见他们。等志愿者们回国之后，无论将来从事怎样的职业，我相信他们都会在不同场合讲述拉贝的故事，讲述在中国的经历，这对他们来说无疑是一笔财富。

对拉贝纪念馆的发展来说，国际志愿者的作用如同一座桥梁，即使他们不在这里工作了，依然可以作为一位传播者，把拉贝的故事讲出去。若仅靠纪念馆的力量向外展示，则有可能变成一座"信息孤岛"。而国际志愿者们可以结合自身志愿服务的亲身经历，向与他们有共同语言的人们讲述拉贝故事。德国、奥地利或是其他欧洲国家的访问团到来，他们会点名要奥地利志愿者来接待，这也会有一种亲近感。

建在故居的纪念馆

拉贝纪念馆是一座很小的纪念馆，而我认为，小型的、故居式的纪念馆是博物馆发展的一种方向，南大在这方面做出了典范。拉贝故居、赛珍珠故居，都是在历史人物自己的故居上建立的纪念馆，这在国际上也是少见的。如何去理解南京大屠杀的历史和抗日战争的历史，需要从细节入手，拉贝的所作所为是一个很好的切入点。日本的很多政要，特别是右

270

翼,都在否认这段历史。但是来到纪念馆志愿服务一星期后的志愿者,特别是东京国际基督教大学的学生到这儿来之后,了解拉贝的故事、看到拉贝当时保护的幸存者的名单,他们认为这是真实的,是在历史书上看不到的历史。他们也决定回去之后要宣传拉贝的故事。如果只是笼统地讲在南京大屠杀中有多少人被杀害,他们也许就没有这样具体的概念。

在拉贝故居,他们能看到被救助的每一个人的名单,这是很具体、很细节、很真实的。以拉贝故居作为纪念馆小的切入点,从而真实地、全面地反映这段历史,不仅宣传了拉贝的故事,也扩大了拉贝纪念馆的影响力。

拉贝基金会与博西家电

拉贝纪念馆是 2006 年 10 月 31 日成立的。2007 年 9 月 5 号,拉贝基金的第一期正式开始。起初修缮拉贝故居的时候,是南大、德国驻上海总领事馆、西门子公司、博西家电公司四方参与,后来还有南京市委宣传部和扬子石化-巴斯夫有限责任公司两方加盟。这六家签订了建立拉贝发展基金的协议,为拉贝纪念馆的发展助力。

基金会的作用是显而易见的。我们平时常说做事情要"善始善终",这其实是很困难的,因为我们也有一句老话"靡不有初,鲜克有终"。虽然一开始大家都充满干劲,做得很好,到了最终能有很好收尾的人就没那么多了。在善始善终这方面,博西公司是有代表性的。2005 年,从我开始介入拉贝纪念馆的工作后,遇到的便是博西公司的盖尔克总裁和他的助手肖瑛女士。从怀疑这房子是拉贝故居开始,到拉贝纪念馆开馆、拉贝基金设立,直到今天的所有重大活动,盖尔克总裁都没有缺席一场。又如我们举办的年会,以拉贝故居为主场举行的纪念活动,包括行走八公里安全区的活动,他和肖总都会前来参加。他们作为启动者,不仅揭开了拉贝项目的序幕,而且亲自参与了整个过程,这种有始有终的做法和精神让我印象特别深。

博西家电还起到了主心骨的作用。在拉贝纪念馆年会上讨论一些重大事项时,盖尔克总裁总是率先站在拉贝纪念馆的立场上表达他们的支持。在纪念馆一楼的展柜中摆放着一台电风扇,这其实是盖尔克总裁的个人物品。博西家电的一位总裁对西门子的一件古老产品有兴趣,这是因为什么呢?因为他了解到当时拉贝在南京负责销售电器,于是他把这个电风扇买回来,代表整个公司捐赠给拉贝纪念馆。他捐赠的真是一份感情,这也是一个很生动的事例了。

从2003年到今天,肖瑛也一直在支持着拉贝项目。因拉贝而结缘,我们之间也建立了理解与信任。当我们需要筹办重大活动、开年会之前,我们都会到博西家电去拜访她,征求她的意见。博西家电是一家跨国公司,所以通过她的视角和格局,我能收获许多长远且细致的建议。实际上,他们也是拉贝纪念馆的一个"智囊团"。

在一次拉贝纪念馆年会上,我们邀请博西家电和其他公司录制一段两分钟的视频。肖瑛跟我说,你放心,我请我们的两位总裁都来录制视频。在视频中,盖尔克总裁讲到了拉贝纪念馆的发展带给他的教育意义,讲述了任期中的这段历史。唐善达总裁则面向未来表态说,博西家电公司在未来拉贝纪念馆的发展中,从资金到志愿者服务等方面将提供全力支持。这个承前启后的关系在新老总裁间形成了接力,能够把拉贝的事业继续推进。

传播爱与和平

拉贝纪念馆对促进和平研究、传播和平理念发展有怎样的价值?我认为首先它是南京大屠杀历史的见证。我们在谈论和平时,不可忽视它的对立面——战争。战争与和平、屠杀与救援都是一体两面的,如果一方消失,那另一方也将不复存在。因此,拉贝纪念馆从不同的视角为历史佐证，这是它的第一个作用。

其次，拉贝纪念馆是中德友谊的见证与体现。中德两国的友谊是源远流长的，从中德两国政府间的友好交往，到民众间的来往交流，都能在拉贝纪念馆得到印证。像盖尔克总裁等，都是善始善终的人，一直在支持拉贝纪念馆。我曾将拉贝与赛珍珠的事迹进行比较，发现从国际影响上看，赛珍珠的历史影响反而不如拉贝。这是因为中德两国关系的持续稳定发展为我们提供了很好的契机。我们常说的人类命运共同体也是如此，拉贝纪念馆能够作为友谊的纽带，让大家都聚焦这段历史。

在传播和平理念上，我觉得拉贝纪念馆是爱与和平的一个地标。习近平主席曾评价拉贝"对生命有大爱、对和平有追求"，这在最高层次上确立了拉贝纪念馆的价值。从历史延续的角度看，它见证了南京大屠杀的历史。站在当下，我们正处于中德友好关系之中；展望未来，爱与和平是永恒的元素，也代表了我们未来的走向。可以说，拉贝纪念馆立足于现在，是一个能把过去和未来联系在一起的地方。当参观者来到纪念馆，他们不仅能看到展品和展板，更重要的是，他们能走进拉贝曾经真实居住过的房屋，感受过去曾经发生过的点滴，这都是真实存在的。因此，拉贝纪念馆是历史和现实的融合。

爱与和平是拉贝纪念馆的重要特点，这是绝无仅有的。它既能代表历史的发展方向，又能代表未来。

四、对话南京大学校友总会赵国方

采访对象：赵国方

采访时间：2023 年 7 月 13 日

采访地点：南京大学知行楼校友总会 206 室

采访人：朱泓安、金灵、何润楠、石梓彤、郑斯可、章文馨

采访整理：朱泓安、何润楠、金灵、石梓彤、郑斯可

采访对象简介：赵国方，2002 年开始在南大校友总会工作，担任校友总会副秘书长至今，兼任《南大校友通讯》执行主编。

我与金陵大学校友会

我从 2002 年开始就职于南京大学校友总会。我在校友总会工作的二十多年间，编辑《南大校友通讯》是其中一项很重要的任务，我也自然而然对南大的校史做了较为全面的了解，因为校友稿件提到的历史我必须严格考证核实无误后才能刊发。我一直很关注校史的发掘和整理，自己也做了一些考证，更多的是发动校友从他们经历的角度，补充一些校史细节。我在《南大校友通讯》上开设了一个专门的栏目，命名为"校史钩沉"。谈到南大的校史，必须追溯南大的两个源头，一个是中央大学，另一个是金陵大学。因此，我就与中大、金大的老校友们有了较多的联系，"校史钩沉"栏目里也留下了很多与金大校友们相关的文字。

金陵大学校友会每逢十年就会出一本文集，其中，2008 年庆祝金大

建校 120 周年和 2018 年 130 周年的纪念文集，我有幸参与协助他们做了一些工作。在庆祝金陵大学建校 130 周年时，因为大多数校友年事已高，作为金大精神的传承者，主要是我们校友总会帮助做了一些纪念活动，例如纪念活动报告会，在北大楼东南侧建立了一块纪念石，协助出版《金陵大学画传》和《金陵大学建校 130 周年纪念文集》等，学校档案馆也在仙林校区办了一个大型展览。我也曾经采访过金大的很多校友以及他们的后人，来丰富"校史钩沉"栏目中有关金大的内容。我认为，他们所提供的这些资料都是非常珍贵、非常有研究价值的。

"拉贝日记与和平城市"团队关注的国际安全区时期，是我们校史上一个很重要的时期。校友是校史的亲历者和见证者，我本人就是南大校友的一员，又从事服务广大校友的工作，我当然希望能够通过校友们的回忆和讲述，对校史有所了解，从而讲好南大故事，让更多的人对这段历史有更全面的认识。

金陵大学校园和南京国际安全区

在与金陵大学校友的联络中，我了解到很多原金陵大学校区，也就是现在的南京大学鼓楼校区和南京国际安全区之间的联系。金陵大学的校区最早位于干河沿，也就是现在金陵中学的所在地一带。1888 年创立，当初叫汇文书院。1910 年，原来的宏育书院与汇文书院合并，金陵大学正式成立。经过十多年的校园基础建设，1916 年起金陵大学大学部才迁到现在的鼓楼校区。日寇侵华，上海沦陷后，金陵大学大部分师生放弃了金大作为教会学校可能不会受太大冲击的侥幸心理，决定将学校西迁成都，仅留少量人员在南京保护校产。就这样，1937 年末的金大校舍基本空了出来。南京沦陷后，金陵大学校园一方面地理位置上靠近南京国际安全区的中心位置，另一方面，校园与一般的民宅不同，它的建筑设施具备在短时间内容留很多人员的条件，所以客观上金陵大学的校园符合建设难民收容所的要求。后来,金大校区也的确成为南京国际安全区的中枢之一,在救助难民方面起到了很重要的作用。

（单明婉根据回忆绘制的金大时期金银街、平仓巷地区示意图,《南大校友通讯》2018 年秋季刊,第 50 页）

　　根据我的了解和考证,金大校园内当时其实有不止一处难民所,与魏特琳管理下的金陵女子文理学院的难民收容所相比,金陵大学内的难民所收容的更多是男性难民,尤其是青壮年男性难民。而且在不同难民所之间,应该还有更为细化的管理。当年,金大桑蚕系周边应该都是难民所的区域,包括附近中外教师们的住宅。原金大农学院教授兼蚕桑系主任单寿父的女儿单明婉在《南大校友通讯》中提到,当年齐兆昌在金大基建科任职的时候,主持设计了金银街、平仓巷、陶谷新村、南秀村、小桃园和小粉桥的几十处教授住宅,这些住宅都是青砖灰瓦,且都有老虎窗、白色推拉凸窗和烟囱。

金陵大学教授和南京国际安全区

　　我在编辑《南大校友通讯》的过程中,接触过很多当时留守南京的金陵大学教授们的信息。《南大校友通讯》就曾经刊登过老校友回忆的金陵大学决定西迁时,陈裕光校长对留校护校人员,例如贝德士[①],陈嵘[②],齐兆昌[③]等教授的大致安排。我们也在和老校友的联络工作中得知,金陵大学的林查理教授也在自己的著作中写到过相关内容。据我所知,贝德士教授是考虑到他的美籍身份更方便开展护校工作,从而决定留下的。而陈嵘教授留守南京,则是因为他有过留日经历,并且熟练掌握日语,对

---

　　① 　贝德士(Miner Searle Bates,1897—1978),在华美国传教士和宣教学学者,1937年抗战爆发,贝德士以副校长名义负责留守金大校产。南京沦陷前后,参与发起和组织南京安全区国际委员会(后改为南京国际救济委员会),并担任最后一届主席。后在远东国际军事法庭上作证指出日军在南京城犯下的罪行。

　　② 　陈嵘(1888年3月2日—1971年1月10日),原名正嵘,字宗一,浙江平阳人,中国林学家、林业教育家、树木分类学家,中国近代林业的开拓者之一,中国树木分类学的奠基人之一。1925—1952年任金陵大学森林系教授,系主任。1939年—1945年抗日战争时期,任金陵补习学校、鼓楼中学、同伦中学、南京金陵中学校长。

　　③ 　齐兆昌(Charles T. Gee,1880—1956),浙江天台人,历任金陵大学校务委员、首任工程主管和校产管理处主任。1937年12月日军占领南京期间,齐兆昌和其他30多名中西籍教职员一齐留守南京,并担任金陵大学校园内难民收容所所长。

于留校教师们与日寇周旋大有裨益。不过对于南京沦陷期间，留校教师们开展金陵大学护校斗争、维持南京国际安全区运转的工作，究竟是否预先就有分工，具体到详细事项上到底如何分工协作，直接相关的档案和资料依然有待挖掘和补充，我希望能够通过今后的联络和研究，更加全面和详细地展示金陵大学和南京国际安全区的历史。

留守金大的教授中，我对贝德士的印象尤为深刻。贝德士的学生章开沅[①]先生曾经在自己的著作《天理难容——美国传教士眼中的南京大屠杀》详细地记录了恩师贝德士先生给他讲述的，被委任留守南京时的所见所闻，以及在南京安全区保护难民的经过。章开沅先生在自己的口述自传中，也提到了自己收集佐证恩师义举的资料的过程。可惜的是，当年金陵大学外籍教师们自己所留的，例如回忆录一类的资料较少，现在基本只能搜罗到当年的学生们对他们的回忆，所以如果能找到更多贝德士本人留下的记录，甚至是日记，我认为意义是很重大的。

校友联络和校史活化

虽然我们现在还和金大校友会有联系，有机会接触很多校友，但可惜的是现在在世的金大校友越来越少了。比如我们原来一直有联系的肖信生老师，他去年年初去世了。当时我们在校友总会一楼为他举行了一个隆重的纪念会。那么为什么我们还要继续推进金大校友相关的工作呢？从金陵大学南京校友会的角度来看，因为金陵大学在 1952 年以后就不存在了，校友们肯定都很怀念他们的母校。有一位在台湾的校友，叫孙永庆，在台湾创办了一所学校，几次更名后叫"中华科技大学"，那里的主建筑就是造成了北大楼的样子，我认为这就是对于母校的一种怀念，一种记

---

① 章开沅(1926 年 7 月 8 日—2021 年 5 月 28 日)，生于安徽芜湖，祖籍浙江吴兴，著名历史学家、教育家、华中师范大学荣誉资深教授。

忆。了解这些事情以后，校友们对母校的感情深深感动了我，而这份感动也成为我做好校友工作的推动力。

除了感动，好奇也是我的工作动力之一。我生活在这样的校园里面，总想弄清楚以前在这些建筑和这个校园里所发生的事情，所以我是抱着这样的心态去收集资料并试着还原历史的。有很多各界的名人其实是我们的前辈、我们的学长，而他们也在这片校园里面学习、生活过，所以我特别想还原当时他们在校园里的生活足迹。每一栋建筑都是有故事的，我曾经不止一次给学校提建议说，我们校园里现在的这些建筑前面应该有一个标志性的牌子，对这栋楼的历史做一下简介，例如在北大楼处，就可以在牌子上写：这里是原来的金陵大学文学院，是"三院嵯峨"的标志性建筑，就读于金大外文系的余光中先生曾在此学习。这样一来，学生们就可以了解这些建筑的过去，比如它们什么时候建成，具有什么样的独特的建筑风格，哪些科系专业曾经在那里建设和发展，曾经有哪些重要的人物在这里工作、学习或活动过。当然，也包括金大校园在安全区时期起到过什么作用。

身处校园之中，校史和我们现在的学习生活其实也是有关联的。因此，我认为活化历史很重要，这样普及校史知识，对于年轻学生来讲，就是一种贴近生活的教育。学校从去年开始在鼓楼校区进行"寻根性办学"，这个举措很好。要通过不同的方式，把校园故事、校史故事展示给年轻学生，这是寻根和传承的很好方式。而对南京国际安全区的历史普及，以及相关的和平教育来说，活化历史也必不可少。

约翰·拉贝生平

时间	地点	事　迹
1882年11月23日	汉堡	出生于德国汉堡，父亲是个船长
1898年	汉堡	父亲病逝，拉贝初中毕业就离开学校，在一家出口代销公司当徒工
1903—1906年	莫桑比克	在老板的推荐下，前往非洲东南部的葡萄牙殖民地莫桑比克，在一家英国公司工作，后因身染疟疾离开非洲回到德国
1908年	北京	来到中国，在一家德国公司做销售员
1909年10月25日	上海	和女友多拉结为伉俪
1910年12月24日	北京	女儿格蕾特尔出生
1911年	北京	进入德国西门子公司驻北京代表处工作，出任会计兼文书
1917年5月13日	北京	儿子奥托出生
1919年3月	汉堡	一战结束后，作为敌国公民被迫离开中国，返回故乡
1920—1931年	北京、天津	返回中国，先后担任西门子公司驻北京和天津代表处负责人，1930年短暂回到德国休假，后被西门子调到南京
1931年11月2日	南京	抵达南京，担任西门子公司驻南京代表处负责人，领导西门子中国公司，先临时租住在下关，后搬至小粉桥1号
1933年	南京	创办德国学校
1934年	南京	为了从德国政府获取经费维持学校运营，加入纳粹党
1937年	南京	8月，和妻子在北戴河度假，听闻日机轰炸南京的消息后，立即只身赶回南京 9月21日，开始书写日记《轰炸南京》 11月22日，被推举为南京安全区国际委员会主席

（续表）

时间	地点	事　迹
		12月8日,安全区正式对难民开放,设立25个难民收容所。拉贝的住宅也是其中之一,被称为"西门子难民收容所",最多时收留了600多名难民,其间无一伤亡
1938年	南京、柏林	2月18日,南京安全区国际委员会被迫改称"南京国际救济委员会",并宣告解散 2月23日,受西门子总公司所迫离开南京,前往上海 4月15日,经热那亚返回德国,随后被授予德国红十字功勋奖章和中国蓝白红绶带采玉勋章 4—5月,在柏林多次公开发表演讲、放映马吉拍摄的影片,揭露日军在南京的暴行 5月15日,被盖世太保暂时逮捕,被禁止公开谈论南京大屠杀;马吉的影片被没收
1938—1945年	柏林、阿富汗、印度	在西门子公司承担翻译和办事员的工作,其间先后被派去阿富汗和印度照顾那里的西门子职工,生活穷困,疾病缠身
1945年	柏林	4月24日,苏联红军攻占拉贝居住的西门子城城区后,开始书写柏林日记,记录战后柏林 5月2—4日,被苏联军官逮捕,被要求详细报告过往生活经历,协助恢复柏林秩序 7月12日—8月7日,在英国军政府总部担任首席翻译,后因曾经的纳粹党员身份被解雇
1946年	柏林	4月18日,去纳粹化申请被拒绝,提起上诉 5月,被西门子公司禁止在办公室工作,居家工作 6月3日,去纳粹化申请通过,随后继续在西门子公司担任译员
1947—1948年	柏林	南京人民听闻拉贝一家的艰难困境后为他募捐,多次寄赠钱和食物
1950年1月5日	柏林	因中风去世,葬于柏林

后　记

　　《对话拉贝》是 2021 年南京大学国际"云"科考项目"和平学视角下《拉贝日记》在中德两国的接受和影响"和 2022、2023 年"拉贝日记与和平城市"团队的实践和研究成果。

拉贝故居外景

　　本科生国际科考与科研训练项目(已升级为"本科生全球科考与科研训练项目")是南京大学新时期本科教育教学改革品牌项目,旨在让不同学科背景的本科生在中外高校联合指导下,开展跨学科、综合性、研究型科考与科研训练。两年前,也就是 2021 年 3 月,我们的国际"云"科考项目由南京大学外国语学院德语系牵头,在联合国教科文组织和平学教席、南京大学拉贝与国际安全区纪念馆、德国费希塔大学与海德堡大学等的共同支持下开展。受疫情影响,项目组主要在南京、上海、北京等地开展了实地考察,其余活动在线上进行。在南京,项目组成员参观了南京大学拉贝与国际安全区纪念馆、侵华日军南京大屠杀遇难同胞纪念馆、鼓楼医院院史馆,重走了安全区;在上海,参观了犹太难民纪念馆以及上海南市难民区旧址;在北京,参观了中国人民抗日战争纪念馆,访问约翰·拉贝北京交流中心和北京联合大学马克思主义学院等。同时,每位项目成员都获赠了一本《拉贝日记》,被要求认真研读,并观看了歌剧《拉贝日记》和分享了开展口述史研究的经验。开营式上南京大学历史系教授、联合国教科文组织和平学教席刘成老师就"什么是和平"做了专题报告,启发同学们共同思考和学习"和平志愿者"的精神,忘记历史即是背叛,追求和平是对创伤历史最好的记忆和修复。

我们为什么要开展有关《拉贝日记》的接受与传播研究? 南京是我们学习、工作、生活的城市,南京大屠杀的惨痛历史是我们应该牢记的。发生在 1937—1938 年的南京大屠杀与波兰奥斯威辛集中营、日本广岛原子弹爆炸被国际史学界并称为二战史上的三大惨案。2015 年 10 月 10 日,联合国教科文组织将"南京大屠杀档案"列入《世界记忆名录》,"这一举动象征南京大屠杀记忆从城市记忆、国家记忆,上升成为世界记忆"(引自:侵华日军南京大屠杀遇难同胞纪念馆官网)。记忆需要一代一代传承,和平也需要一代一代追求。

1937 年南京城陷入危难之际,德国西门子洋行代理人约翰·拉贝先生并未抛弃他的中国员工,正在秦皇岛度假的他不顾家人和朋友的劝阻回到南京,并和其他国际友人一道建立了南京安全区国际委员会,拯救了25 万中国人的生命。除了与日军周旋、保护难民,奔走各个使馆和机构寻求支持,夜幕降临,拉贝先生并未歇息,他将往来的文件、电报、信件以及拍摄的照片、见证的史实和自己的感受,以及对家人的思念都记录在日记里。大屠杀期间,拉贝工作生活的地方就在今天和南京大学鼓楼校区一墙之隔的小粉桥一号,当时是与金陵大学农学院院长谢家声签订的租借协议。这里曾是西门子难民收容所,最多时收容了 600 多位难民,今天成为南京大学拉贝与国际安全区纪念馆。作为南京大屠杀期间留在南京的第三方公民,拉贝先生留下的日记是揭露日军暴行的有力佐证。然而拉贝回到德国后遭到纳粹党的迫害,二战结束后又因为纳粹党员的身份受到审查,被迫保持沉默。《拉贝日记》在阁楼里尘封了几十年,1996年,才重现人间。《拉贝日记》的翻译是由当时南京大学德文教研室(今天的德语系)郑寿康、刘海宁等教师为主要力量完成的。《拉贝日记》被认为是目前研究南京大屠杀事件数量最多、保存最为完整的史料,其译介与传播具有重要的历史研究价值和教育价值。从南京大学走出的全国德语界泰斗、德国大十字勋章得主张威廉先生,在北京西门子公司工作时曾有幸和拉贝先生共事,可以说拉贝、《拉贝日记》与南京大学有着特殊的渊源。南京是全球第169个、全国第1个国际和平城市,《拉贝日记》不仅是记录日军暴行与发动战争的史料,更是当下积极探求和平、推进人类命运共同体建设的重要资源,南京大学的学生们肩负着传承历史、倡导和平的神圣使命。

2021年6月16日科考项目正式启动。36位来自南京大学14个不同大类和专业的本科生、2位研究生、5位"飞越计划"遴选的中学生组成了项目组。同天我们进行了第一场采访,以线上方式采访了2019年在拉贝故居做国际和平志愿者的奥地利青年莱纳斯,他为我们讲述了自己的志愿者故事以及如何理解青年人在追求世界和平道路上的担当。为期36天的科考我们邀请了四位中外专家做了专题报告,共计进行了25场线上线下采访。科考项目顺利结项后,我们整理了采访故事和实践感想,还拍摄了一个半小时的口述史纪录片。我们并未停下前进的步伐,2022年我们又进行了11场采访,主要补充了拉贝与国际安全区的研究专家张连红、杨善友等的采访,还采访了《南京大屠杀史》出版专家杨金荣、张纯如的母亲张盈盈、金陵大学陈裕光校长和陈嵘教授的后人等。2023年我们又进行了6场采访,采访总人数达51人。

《拉贝日记》中文版的翻译首先被确定为国际科考的研究内容,这一领域是项目组最为熟悉的。1996年《拉贝日记》公开后,江苏人民出版社和江苏教育出版社合作,在中国驻德大使馆的帮助下,成功购得日记版权,并于南京大屠杀 60 周年祭的前夕完成了《拉贝日记》第一版的出版。我们很快联系上了《拉贝日记》的译者刘海宁和钦文、江苏人民出版社的编辑汪意云和曾偲。译者刘海宁一再强调:"这个翻译任务,对我来讲,是所有翻译任务当中持续时间最长、介入最深、考证最多、记忆最深的一项。"让刘海宁感到这项翻译任务的特殊性还在于随着翻译工作不断推进,大量的历史、政治因素以及个人的感情色彩被牵涉其中,如何处理个人的情感成了难题。刘海宁分享道,"看到那段用文字形式展现的历史,了解许多南京大屠杀的细节后,人很自然地就会情绪化,因为你老是在接触一些令你感到伤心的、无助的东西"。忆及当年的工作场景,各位受访对象感慨万千,都为自己能参与这样有历史价值和教育意义的工作感到骄傲。

相对《拉贝日记》的译者和出版团队,其他大部分采访对象的联系和采访开展并不是件轻而易举的事情,即便当下互联网发达,但因为有些采访对象年事已高,以及疫情导致来自奥地利的国际青年志愿者项目中断联系,等等,采访还是遇到了不少困难。项目组的老师们进行了细致的策划。除译者和出版团队外,项目组还策划了其他四个版块的采访:拉贝和其助手韩湘琳后人、《拉贝日记》歌剧主创团队、拉贝故居国际青年志愿者团队,以及中国人民感恩拉贝的相关事迹采访。2022 和 2023 年又补充了专家学者和大屠杀幸存者后人的采访版块。同学们对采访对象先进行背景了解、查找资料,草拟采访提纲,和采访对象沟通采访内容,安排采访时间和地点,组织采访小组。尽管受到疫情的不利影响,有些采访(特别是对德国和奥地利方面的)只能采用线上的方式,但所有的采访任务都圆满完成。

为了加深对约翰·拉贝义举的理解和对约翰·拉贝的形象进行再挖掘,我们多方寻访拉贝先生和其助手韩湘琳的后人,联系上了拉贝先生的孙子托马斯·拉贝和曾外孙克里斯托弗·莱因哈特。在采访中,克里斯托弗·莱因哈特讲述了自己儿时就曾偷偷翻阅过曾外祖父的日记,他说,

"虽然他在我出生前 14 年就去世了,但我认为他是一个非常幽默、热爱人类的人……他常常表现出实用主义驱使的人道主义本性。正是这种人道主义本性让他能够在至暗时刻做出正确决定,为了'他的中国人'留在南京"。克里斯托弗·莱因哈特一直践行拉贝家族的座右铭"患难者不轻弃",他和妻子也前后为 36 个难民孩子提供了庇护,"有时是几周,通常是几年,有些是一生",他们的善良给采访的同学们留下了深刻印象。韩湘琳的女儿韩云慧女士住在上海,听说南京大学的同学们从南京赶去家里采访,早早就打开了空调准备了西瓜和饮料,就像家里的奶奶和同学们拉起了家常、聊起了往事。

2022 年我们扩大研究范围,涉及当时南京安全区的研究内容先从金陵大学入手,并从南京大学校友总会的赵国方老师处获得了一些金陵中学校友后人的联系方式,可惜有些老人已经不在世或因为年事已高无法接受采访。我们主要采访了金陵大学陈裕光校长之女陈佩结女士、金陵大学森林系陈嵘教授之子陈宏和先生等。这些采访让拉贝先生和南京安全区的故事更加立体化。

对歌剧《拉贝日记》主创团队的深度采访,也是本次项目的一大重点。在第四个南京大屠杀死难者国家公祭日之际,由江苏省委宣传部指导,江苏省文化投资管理集团、江苏省演艺集团联合制作,江苏大剧院出品的原创歌剧《拉贝日记》在江苏大剧院首次亮相。2019 年,该歌剧在欧洲公开巡演,演出在德柏林国家歌剧院、德国汉堡易北河爱乐音乐厅、奥地利维也纳罗纳赫剧院等地进行,引发国际社会的热烈反响。歌剧的主创团队听到时隔两年还有学生团队要采访他们有些许意外,回忆起当年的创作历程和演出盛况每个人都非常激动。

远在美国的周沫导演当时正要迁往密苏里州大学堪萨斯分校任音乐学院歌剧系系主任,安顿下来就欣然接受来自家乡大学生的采访。周沫强调自己"作为一个南京人,我很感恩能够承接这个火种"。"历史不该被遗忘,真相不该被掩埋,世界会记住今天的南京。"周沫讲述到在舞台上塑造美国华裔作家张纯如的形象，台下的观众看到演员登场时激动得顾不上观剧的礼仪，高声喊出"张纯如"的名字。周沫认为人类对战争的记忆通常会刻入基因，因而每一个南京人的血脉里都流淌着有关大屠杀的历史记忆，这也正契合我们项目传承历史记忆的意义。

　　每一场采访都不是简单的一问一答，而是一场历史与现实的对话，是一场直击心灵的拷问。在上海戏剧学院导演系工作的歌剧编剧周可，正巧在南京保利大剧院上演《美术馆奇幻夜》。2021 年 7 月 11 日在排练的间隙，周可老师提着排练时的大水杯，在大厅简陋的角落跟同学们讲述了编剧的故事。在前期甄选材料的过程中，她花了大量的时间研读了国际友人、日本侵略者以及中国军官等不同群体的回忆录；在后期情节的设计上，也最大限度地还原历史事实。谈及人性美，周可表示"正是这种对'善'的执着，让人们即使深陷最黑暗的地狱，仍然能够坚信'光'的存在"。歌剧《拉贝日记》所倡导的"爱与和平"是人类发展史上的永恒母题，"哪怕到了最黑暗的地狱，你仍然坚信乌云的背后是有光的——人性的光辉，是最后照亮大家的东西"。

　　2021 年 7 月 8 日我们去上海考察的高铁上联系到了歌剧的指挥程晔，他正好坐在从上海到南京的高铁上，调侃我们或许在铁轨上擦肩而过，本来陌生的距离一下子拉近了，约好了第二天就在南京大学德语系会议室进行采访。非常简陋的环境和设备下，程晔欣然接受了同学们的采访，讲述歌剧这门西方舞台艺术的形式如何讲好中国故事。中间还发生了小插曲，未及时充电导致第一台录像机停机罢工，程导耐心地跟同学们聊起自己在德国的求学经历，等待第二台机器的到位。

　　除了导演、编剧和指挥，项目组同样有幸采访到了约翰·拉贝的扮演者薛皓垠、魏特琳的扮演者徐晓英和韩湘琳的扮演者郭亚峰。当时正值中国共产党成立一百周年之际，薛皓垠和徐晓英的排练和演出任务非常繁忙，不方便接受视频采访。这两场采访令我们印象非常深刻，薛皓垠是在两场排演中不到 1 个小时的休息时间联系了我们进行了音频采访,徐晓英则是在高铁上录制的音频。谈及排练过程,徐晓英讲述道,"我记得我有几个高音的呐喊,有时我觉得自己已经不再是用方法在唱,我是真的在喊"。即便如此,徐晓英仍觉得那种痛苦是无法切身体会的。2022年8月9日薛皓垠来南京演出期间,欣然接受团队的邀请,中午牺牲了休息时间补充了线下的采访。炎炎烈日下,我们去紫金大戏院排练场采访郭亚峰,他为我们分享了从选拔、排练到海外演出的许许多多激动人心的场景,为了让更多的人了解这段真实存在的历史,每位演员都很认真地查阅资料,努力体会应有的感情,尽可能展现音乐与戏剧冲突的表达。

联系国际友人的采访首先要建立起相互的信任。通过各方热心联络,我们联系上了疫情前定期向拉贝故居派出青年志愿者的奥地利对外服务协会。该协会领导层每周三例会,邀请我们参会介绍项目的情况。前后近两个月时间我们几乎每个周三定点登陆线上会议室和协会进行沟通,采访协会负责人、维也纳大学孔子学院的奥方院长,以及三位青年志愿者。2019年的国际青年志愿者,也是疫情前最后一位来自奥地利的志愿者莱纳斯,曾经参与南京安全区"和平8公里"国际和平徒步活动等,他表示,"所有人都应该互相理解,如拉贝一样,通过对话搭建起中欧交流的桥梁"。《拉贝日记》的重大意义在于让人反思现实,无论是有二战经历的祖辈,还是学过二战历史的年轻人,读过《拉贝日记》、参观过拉贝故居后,都会对那段历史有更加清晰的认识。中奥青年应该做跨文化的使者,让更多的人了解拉贝先生的事迹和南京大屠杀这段历史,更广泛地传播拉贝的人道主义精神。另一位志愿者赵家堃认为,人们必须承认,《拉贝日记》是重要的时代见证。约翰·拉贝的伟大之处在于用一个人的力量拯救了那么多人的生命,《拉贝日记》的伟大之处在于诚实记录下了关于南京大屠杀的一切。与国际友人的采访都是我们项目组的学生进行的,除了采访前通常需要做的资料准备外,所有的提问和交流都必须用外语进行,整理文稿也需要从外语翻译成中文。我们的学生不仅发挥了在英语、德语等方面交流的优势,而且充分理解了在国际舞台上与专家学者、世界青年对话不仅仅是复原拉贝的故事,更是在国际传播上发挥作用、讲好这个中国故事。

每一次和专家的采访让同学们受益匪浅,不仅仅在研究内容上得到深入了解和拓展,他们刻苦钻研的精神更成为学生学习的榜样。黄慧英向采访同学坦言,"自己发表的文章里所见不多的史料,实则也收集了好几年"。1988 年,黄慧英在南京市档案馆发现了约翰·拉贝接受南京市政府资助的档案。历史学者的敏锐和使命感促使她进一步挖掘相关资料,约翰·拉贝的人格魅力支撑着她克服万难完成考证研究。这些貌似偶然实则必然的故事在采访中一次次打动人心,也坚定了同学们传承记忆的信念。更应珍惜当下,珍爱和平,不能让历史重演。

对每位受访者采访前,同学们都会精心准备采访提纲。有些采访提纲甚至前前后后改了七八遍,受访对象也十分感动同学们的敬业精神,在采访过程大家都积极配合,很多采访对象经常接受各类媒体的采访,我们的学生并不专业,设备也很简陋,但一片真心打动了大家。每次采访短则一个小时,长的两个多小时。仅 2021 年采访就留下了 3 750 分钟的视频资料。采访很多时候是口语化的沟通,有时为了增进感情拉近距离,也会涉及一些无关主题的内容。在口述史整理成稿时对这部分做了删减处理,同时请相关采访对象对自己讲述的史实部分进行了核对。

为什么会有这本《对话拉贝》读本的诞生?国内对南京大屠杀史、拉贝与国际安全区的史学研究专业细致,专业研究对历史考证非常重要。普通大众一般来说很少去研读专业文献,历史知识主要来自课本,这段历史的教育价值未充分彰显。这些年大众也开始养成假期去纪念馆、博物馆参观学习的习惯,同时期待更多优质的配套读物、文创产品。参观相关场馆可以从感官上走近英雄、感知历史,而采访更是一种沉浸式的交互体验。紧锣密鼓的采访和实地考察让真实的拉贝形象逐渐显现,和拉贝及《拉贝日记》相关的前尘往事也再度走入人们的视野,这本身就是对历史的铭记、对英雄的亲近、对大爱的传承。从南京出发，将和平的种子播撒到世界各地。这些接受史层面上的感性细节带给人们心灵上的教化和触动，从而延展历史的长度、深度与广度。走进历史并非为了记住仇恨——对"人"的教育，是此次科考项目的最终目标。当下，和平与发展成为时代的主流，但不同民族、阶层、性别之间仍然时有冲突。拉贝的故事启示我们，积极进行跨文化的交流是消除隔阂、打破偏见最有效的方式。

2022年6月我们去侵华日军南京大屠杀遇难同胞纪念馆商谈《南京大屠杀史》德译事宜，谈起团队展现项目实践的一个半小时纪录片，引起南京大学出版社学术分社社长、编审杨金荣老师的兴趣。采访积累下扎实的口述资料和丰富的学理探讨，为推进拉贝和《拉贝日记》的相关研究打下了基础。采访整理出版的意义不是也不在于能够激起即时的热度，而在于续写故事、传承记忆，像我们的前辈那样传播拉贝的故事，也写就我们自己回溯历史、追求和平的故事。如果未来有人也想了解《拉贝日记》，或许可以从中找到素材，加以延展，这是我们，也是所有前人共同传承的一切。

读本的诞生是对采访工作的肯定，如果我们的读者读完我们的小书，听完这些故事，能对深入了解那段历史、那些人产生兴趣，将历史真相讲述下去，承担起传承民族记忆、世界记忆的重担，对和平、人类命运共同体发出中国青年的声音，传递追求和平的声音，那就是对我们工作最大的肯定。我们的采访还将继续。《增广贤文》："滴水之恩，当涌泉相报。"当我们遇到困难时，许多人无条件伸出援手，即使只是一点点恩惠，我们也要铭记于心，加倍报答。出版读本也是如此。我们纪念拉贝，是对历史的尊重、对人类大爱和人道主义的致敬、对世界和平的守护。与拉贝的对话既是历史与当下的对话，是对历史的凝视，也是对未来的展望。

《对话拉贝》的诞生离不开许多单位和个人的大力支持。感谢所有接受我们采访的大家，感谢为我们联系采访对象的热爱和平的人们，感谢两

年来参加过采访、逐字稿转换、口述资料整理的同学们。特别感谢侵华日
军南京大屠杀遇难同胞纪念馆、南京大学外国语学院、南京大学出版社对
读本出版的赞助和支持。我们从来不曾忘记那些往事、那些人，让和平的
火炬代代相传，"拉贝日记与和平城市"团队将继续前行。

陈民　常暄
2023 年 7 月于南京大学仙林校区